Jean Jaurès

Du même auteur

La Révolution industrielle, 1780-1880, Le Seuil, 1971 et 1989.

Révolutionnaires du Front populaire, UGE-10-18, 1973.

Nationalisme et Conservatisme. La ligue de la Patrie française, 1899-1904, Beauchesne, 1977.

La France de la Quatrième République, 2 vol., Le Seuil, 1980 et 1983.

Erckmann et Chatrian ou le trait d'union, Gallimard, 1989.

France fin de siècle. Chronique des années 1889-1900, Le Seuil, 1991.

La France de l'expansion. L'apogée Pompidou, 1969-1974, Le Seuil, 1995 (avec Serge Berstein).

Tombeaux pour la gauche, Presses de Sciences Po, 1996.

Histoire culturelle de la France, t. IV : *Le Temps des masses. Le XX*e *siècle*, Le Seuil, 1998, « Points-Histoire », 2005 (avec Jean-François Sirinelli).

De Gaulle. La France à vif, Liana Levi, 2000.

Au bonheur la France, Perrin, 2004, prix Guizot de l'Académie française.

A dirigé

Pierre Mendès France et le mendésisme, Fayard, 1985 (avec François Bédarida).

Le Parti communiste français des années sombres, 1938-1941, Le Seuil, 1986 (avec Jean-Pierre Azéma et Antoine Prost).

Les Communistes français de Munich à Châteaubriant, 1938-1941, Presses de la FNSP, 1987 (avec Jean-Pierre Azéma et Antoine Prost).

La Vie culturelle sous Vichy, Complexe, 1990.

La Guerre d'Algérie et les Français, Fayard, 1990.

La Guerre d'Algérie et les intellectuels français, Complexe, 1991 (avec Jean-François Sirinelli).

La France en guerre d'Algérie, BDIC-La Découverte, 1992 (avec Laurent Gervereau et Benjamin Stora).

Fins d'Empires, Plon-Le Monde éditions, 1992.

Les Affaires culturelles au temps de Jacques Duhamel, La Documentation française, 1995 (avec Jean-François Sirinelli).

Pour une histoire culturelle, Le Seuil, 1997 (avec Jean-François Sirinelli).

Histoire culturelle de la France, 4 vol., Le Seuil, 1997-1998 (avec Jean-François Sirinelli).

La France d'un siècle à l'autre. Dictionnaire critique, 1914-2000, Hachette Littératures, 1999, « Pluriel », 2002 (avec Jean-François Sirinelli).

Affaires culturelles et territoires, 1959-1999, La Documentation française, 2000 (avec Philippe Poirrier).

La Culture de masse en France, de la Belle Époque à aujourd'hui Fayard, 2002 (avec Jean-François Sirinelli).

Deux cents ans d'Inspection générale (1802-2002), Fayard, 2002.

Jean-Pierre Rioux

Jean Jaurès

Perrin
www.editions-perrin.fr

ISBN 2-262-01295-4

Ils l'ont tué

Au dernier jour de la paix en version Belle Époque, le vendredi 31 juillet 1914, ce n'est plus franchement le sang-froid. Si les campagnes vaquent encore sans trop de fébrilité à leurs moissons, à Paris et dans les grandes villes on s'arrache les journaux, on prend langue sur le trottoir, des groupes traînassent, les bureaux de poste sont assaillis et les bonnetiers proposent de curieux articles d'été, caleçons épais, ceintures de flanelle et chaussettes de laine. Les cantines de tôle s'enlèvent dans les grands magasins. Des livrets de caisse d'épargne sont vidés et l'agence Havas passe une drôle de dépêche : « Les mobilisables sont invités à apporter une ou deux paires de souliers de marche, neufs ou en bon état, se rapprochant le plus possible du modèle militaire. La valeur des brodequins apportés sera largement remboursée à leurs propriétaires dès leur arrivée au corps. » Les officiers de réserve ont fait sortir leur uniforme de la penderie. Jaurès manifestement a vu juste ce matin-là, quand il a lancé dans son édito de *L'Humanité* : « Le plus grand danger de l'heure actuelle n'est pas dans les événements eux-mêmes [...]. Il est dans l'énervement qui gagne, dans l'inquiétude qui se propage, dans les impulsions subites qui naissent de la peur, de l'incertitude aiguë, de l'anxiété prolongée. » Et il a appelé au « sang-froid nécessaire ».

Les Allemands – pardon, déjà « les Boches » – ont trouvé le mot de la fin : *drohende Kriegsgefahrzustand*. Ces Messieurs de Berlin l'ont lancé en réplique à la mobilisation des Russes et on a pâli dans les chancelleries en le soupesant : il s'agit bel et bien d'un « état de danger de guerre menaçant ». À la Chambre des députés, c'est l'angoisse : murmure des conciliabules, assauts des journalistes, tout n'est que rumeurs, attente et pas perdus. Jaurès, pourtant bon germaniste, a farfouillé dans un, puis deux dictionnaires pour tenter de tordre les longues syllabes germaniques dans le sens de la paix. Il tempête, il part à l'assaut du président du Conseil. Trop tard : Viviani reçoit l'ambassadeur du Kaiser qui lui remet l'ultimatum allemand. À la tête d'une délégation de députés socialistes, il est enfin reçu par Abel Ferry, sous-secrétaire d'État aux Affaires étrangères. Il le conjure de dire encore une fois à notre allié russe que la France ne se précipitera pas dans la guerre sans que tout, vraiment tout, ait été tenté pour l'éviter. Non, l'attitude pacifique du gouvernement n'est pas en cause ! Mais fait-on vraiment l'impossible pour presser les Russes d'accepter la médiation proposée par les Anglais ? C'est sur-le-champ qu'il faut agir, pour brûler de vitesse Berlin qui va mobiliser ! C'est le devoir, c'est le salut ! Sinon, ajoute-t-il, « nous allons vous dénoncer, ministres à la tête légère, dussions-nous être fusillés ! » Ferry, ému, accablé, fait tous les gestes de l'impuissance. En reconduisant la délégation, il glisse à mi-voix : « Tout est fini... »

Il est vrai que tout va finir parce qu'aux quatre coins de l'Europe la partie d'échecs s'est enfiévrée, qu'on anticipe à tout hasard, qu'on force la vapeur du convoi fou des alliances. Les militaires savent qu'ils doivent amorcer la mobilisation à l'instant H moins quelques heures, pour ne pas laisser à l'adversaire le temps de prendre une avance fatale dans le rassemblement de millions d'hommes et la mise en place d'une logistique complexe. Ils poussent donc leurs civils à jouer contre la montre, à faire de l'automatisme des engagements pris le premier réflexe, à lancer l'engrenage. Dans ces calculs plus que serrés, toute médiation pousse à la faute, brise la logique de la fuite en avant. Londres est un arbitre de poids, mais la trêve qu'il propose empêcherait les chronomètres de tourner utilement, martèlent les galonnés. Dans toute la France, les maires ont d'ailleurs déjà reçu ordre des préfets d'aller discrètement sommer les propriétaires de chevaux et de voitures de les tenir prêts pour la réquisition. Il est un peu plus de 19 heures. Paris se dore aux dernières lueurs de paix.

Dans le taxi qui le conduit à trop vive allure du quai d'Orsay aux bureaux de *L'Humanité*, Jaurès plaisante : « Il va nous tuer ! » Non, répond son ami Longuet, qui l'accompagne : « C'est un bon syndiqué et un socialiste, comme tous les chauffeurs parisiens. » Et, de fait, on arrive à bon port, vers 20 heures. Jaurès, sitôt au journal, agite les dépêches, converse, rumine l'article en forme de « J'accuse » qu'il va rédiger tout à l'heure, d'un trait comme toujours, sur un coin de table. Le papier de la dernière chance, qui doit aider à convaincre Viviani d'appuyer de tout le poids de la

France la médiation britannique. Puis on descend dîner, tout près, vite fait, pour reprendre force avant de « boucler ». Là, au Croissant, Raoul Villain, un jeune instable, un insignifiant, un dérisoire qui a trop lu les appels au meurtre de la presse nationaliste, vers 21 h 15, révolvérise « Herr Jaurès » à bout portant par une fenêtre basse du restaurant, entrouverte et qui bâille sur la rue trop passante. Le pharmacien du coin refusera de céder une ampoule pour instiller le moribond : « Je ne donne rien pour cette crapule, pour ce bandit qui est responsable de la guerre ! » Par contre un officier, les yeux rougis, s'est précipité vers le corps étendu sur une table desservie et qu'un médecin vient d'abandonner, impuissant, à 21 h 40. Il dégrafe de sa vareuse sa croix de la Légion d'honneur et va la déposer sur la poitrine du mort. Le capitaine Gérard salue ainsi le socialiste, pétri de Michelet et hanté par les soldats de l'an II, qu'il a naguère aidé à composer *L'Armée nouvelle*[1].

Du lâche soulagement, de la haine assouvie à l'annonce de cet assassinat ? Il y en a, bien sûr, dès qu'est ébruitée la nouvelle de l'exécution sommaire du « vendu à Guillaume », et n'oublions pas que, le 16 juillet encore, *Le Matin* d'Urbain Gohier, un ancien camarade qui a passé l'arme à droite, soutenait que « s'il y a un chef en France et qui soit un homme, M. Jaurès sera collé au mur en même temps que les affiches de mobilisation ». Mais la douleur est tout simplement poignante quand s'assemble aussitôt une foule rue Montmartre, face au drapeau rouge de

1. Ernest Poisson, « L'assassinat de Jean Jaurès », *Bulletin de la société d'études jaurésiennes* (désormais *BSEJ*), 13, avril-juin 1964, p. 9. Ce *Bulletin*, comme celui, 19, d'octobre-décembre 1965, a donné des textes et des témoignages neufs.

l'*Huma* cravaté de noir à la hâte. Là-haut, vers Belleville, la police charge un peu après minuit pour disperser des manifestants éplorés, rageurs, impuissants. À Carmaux, dans son fief ouvrier du Tarn, toute la ville sursautera à l'aube et « Ils ont tué notre Jean ! » hurlé de porte en porte sonnera en vain, comme un tocsin. Le Conseil des ministres qui siège sans désemparer à l'Élysée a donc eu bien tort de s'alarmer ce soir-là en entendant Malvy, le ministre de l'Intérieur, faire part de l'inquiétude de son préfet de police qui craint, pour le coup, la révolution à Paris « dans les trois heures ». Mais le gouvernement a quand même retenu dans la capitale, à tout hasard, les deux régiments de cuirassiers qui devaient faire mouvement vers la frontière.

Très vite pourtant, le Parti socialiste l'a informé qu'il allait inviter au calme et les rotatives crachent déjà une *Huma* en larmes qui crie à l'attentisme. Rassuré, le président de la République, Poincaré, fait porter une lettre de condoléances à la veuve et Viviani fignole le texte de l'affiche qu'on placardera au petit matin du samedi. Celle-ci, sans vergogne, rend hommage au « républicain socialiste qui a lutté pour de si nobles causes et qui, en ces jours difficiles, a, dans l'intérêt de la paix, soutenu de son autorité l'action patriotique du gouvernement » et fait appel au sang-froid et au sens du devoir de la classe ouvrière. Cette dernière répond bien au-delà des espoirs de Viviani le 1er août. Et les feuilles les plus rouges, et même les plus noires et rouges, emboîtent le pas. Même l'organe naguère si antimilitariste de Gustave Hervé, *La Guerre sociale*, sort une édition spéciale avec trois titres dont la conjonction dit tout : « Défense nationale d'abord ! Ils ont assassiné Jaurès ! Nous n'assassinerons pas la

France ! » Plus sobrement, *Le Bonnet rouge*, pourtant si violent, confirme le ralliement : « Jaurès est mort ! Vive la France ! » Comme l'a montré soixante ans plus tard Jean-Jacques Becker, le meurtre a été lu comme un affreux fait divers sur fond de catastrophe en marche, son écho a été assourdi par la précipitation des événements. En fait, l'assassinat de « notre Jean » a scellé dans les consciences le constat de l'impuissance du mouvement ouvrier, en France comme en Europe, à conjurer la menace de guerre[2]. Pour mille et mille paysans, ouvriers, intellectuels, syndicalistes et socialistes, de Carmaux à Paris et partout ailleurs, la cause est entendue, comme un soupir désespéré : « Jaurès est mort, c'est la guerre[3]. »

Que cette mort ait eu aussi peu d'effets spectaculaires et que le flot des autres mauvaises nouvelles l'ait si aisément ennoyée montre à l'évidence que la masse des Français ne croyait plus au combat socialiste pour la paix et, surtout, sentait qu'elle n'avait plus prise sur la marche à l'inévitable. C'est ce que Jean Guéhenno résumera très tristement : « Nous sommes simplement tombés dans l'histoire et nous avons commencé de patauger dans un marécage plein de sang. » Jaurès disparaît donc, souligne avec soulagement *Le Temps*, organe du Comité des Forges, « au moment même où, après avoir paru si longtemps nuisible, son éloquence allait devenir un instrument de la défense nationale ». Dès lors, ses obsèques le mardi

2. Voir Jean-Jacques Becker, *L'Année 14*, Armand Colin, 2004, chap. 1 à 6, avec bibliographie à jour. Sur l'assassinat lui-même et l'attitude de Jaurès dans la crise, voir en fin de volume la bibliographie générale.

3. Voir Madeleine Rebérioux, « L'assassinat de Jean Jaurès », *Le Monde*, 30-31 juillet 1989.

4 août seront la première manifestation d'une opportune et inévitable « Union sacrée » et Léon Jouhaux, au nom d'une CGT qui encore hier tenait un discours si révolutionnaire, montrera au martyr de la paix, au « héros tué en avant des armées » comme dira Anna de Noailles, les poings plus serrés que tendus d'une « classe ouvrière » décidée à épouser une fois encore la cause républicaine du Peuple et à marcher au tambour pour sauver la Patrie en danger.

Jaurès a certes tenté jusqu'au bout de crier les espoirs, même amenuisés, du pacifisme ouvrier et socialiste. Mais le mardi précédent, 28 juillet, la CGT avait déjà sauté le pas quand son bureau confédéral s'est mis à la remorque de toute initiative des socialistes, avouant ainsi son incapacité à fédérer une lutte prolétarienne contre la guerre. Le vendredi soir, au moment même où Villain abattait Jaurès comme un chien, les confédérés suaient l'indécision et l'impuissance. L'annonce pendant leur réunion de l'assassinat du leader de la SFIO devenu leader ouvrier à part entière a, en fait, renforcé leur médiocre désir de « ne pas gêner l'action des socialistes » et le brave Marchand, de la Fédération des tonneliers, a carrément résumé la situation en s'écriant que l'heure était venue de « s'asseoir sur les principes ». Il est vrai que les troupes ont déjà précédé leurs chefs et que le reflux des manifestations de travailleurs hostiles à la guerre et prêts à lancer la grève générale est visible depuis la veille, jeudi 30 juillet. Partout en France les meetings et les réunions ont d'ailleurs été très calmes, trop calmes, comme emplis d'un pacifisme sincère et exprimant plus de désarroi que de détermination.

Pour leur part, Jaurès et les socialistes ont expliqué du mieux qu'ils pouvaient les décisions prises à

Bruxelles, le mercredi 29, par le Bureau socialiste international : demander aux prolétaires français et allemands de faire pression sur leurs gouvernements pour qu'ils chapitrent et calment leurs alliés respectifs, à Pétersbourg et à Vienne. Le même soir du 29, dans un meeting monstre au Cirque royal où il fut follement acclamé, Jaurès s'est porté garant des intentions pacifiques du gouvernement français. Il croit à une crise longue. Il n'a pas perdu tout espoir. Et c'est même assez paisiblement qu'il a fait au matin du 30, avant de sauter dans un train pour Paris, un long détour par le musée des Beaux-Arts pour admirer une fois encore les primitifs flamands. La CGT officiellement ralliée le jour même, la social-démocratie allemande n'ayant pas encore baissé les bras, tout serait-il encore possible ? C'était compter sans la précipitation des événements le 31, avec la mobilisation russe et le *Kriegsgefahrzustand*. C'était, surtout, surestimer la capacité offensive des travailleurs. Et sans doute Jaurès, au soir du vendredi fatal, ne doutait-il pas plus de l'imminence de la catastrophe que de l'incapacité de la « classe d'humanité » à en conjurer le déclenchement.

Est-ce à dire que son assassinat a ruiné l'esprit de résistance à la guerre ? Sa mort joua certes un rôle dans la soumission à la fatalité. Mais celui-ci fut bien faible, il faut le redire, par comparaison avec les deux évolutions qui ont tout précipité : la hâte des états-majors à mettre leurs gouvernements devant le fait accompli des mobilisations minutées ; la trahison de la cause de la paix par la troupe de choc de l'Internationale socialiste, la social-démocratie allemande. En fait, n'ayant jamais tenu le gouvernement français pour responsable de la tension qui ravage l'Europe, n'ayant pas songé un seul instant à s'opposer aux mesures de précaution militaire que son aggravation imposait, Jaurès avait dès longtemps pressenti l'atonie des énergies pacifiques. Dans son esprit – il l'a écrit dès le 18 juillet dans *L'Humanité* – il n'y avait hélas, dès lors, « aucune contradiction à faire l'effort maximum pour assurer la paix » et « si la guerre éclate malgré nous, à faire l'effort maximum pour assurer, dans l'horrible tourmente, l'indépendance et l'intégrité de la nation ».

« Sauver à la fois la paix et les patries » : sa formule colle bien au sentiment moyen des travailleurs abasourdis mais point inconscients. Mais elle est trop compliquée pour enrayer la mécanique de la seule force – brutale, étatique, chauvine, nationaliste, impérialiste, demain totalitaire. À l'été 14, nul ne peut encore qualifier la sauvagerie qui gronde. Le gouvernement français, lui, en a déduit que toutes les mesures destinées à ne pas affoler l'opinion seraient bien accueillies par ce monde ouvrier où nul ne conteste l'autorité de Jaurès. Celui-ci disparu, il pousse l'avantage et le samedi 1er août le ministre de l'Intérieur télégraphie à ses préfets de ne pas appliquer le carnet B sur lequel étaient couchées les listes d'anarchistes et de syndicalistes antimilitaristes à coffrer d'urgence à l'heure H. Un coup d'audace parfaitement réussi, à la hauteur de la stupeur générale. Dans l'après-midi à Paris, puis dans toute la France, l'affiche blanche imprimée à la hâte, avec ses drapeaux tricolores croisés, lance l'ordre de la mobilisation générale à la France entière. Il n'y aura pas de fièvre ce samedi soir : pas plus que la veille et l'avant-veille la paix n'a trouvé des défenseurs en branle. Car, comme l'a montré Jean-Jacques Becker, le sentiment des Français à cette heure fatidique se situe « à égale distance de la consternation et de l'enthousiasme, amalgamant en quelque sorte la résignation et le sens du devoir ».

Jaurès moins encombrant mort que vivant, le « républicain socialiste » devenu la première victime du conflit : cette acceptation générale de la force des choses a scellé aussi, au passage, avec toute la brutalité d'un tétanos, l'entrée en XXe siècle de la République française et du socialisme à la française. Et la détermination républicaine face au malheur de la guerre va même balayer, pour longtemps selon les uns, à jamais diront les autres, toute espérance révolutionnaire. Autour de Jaurès, héraut et héros, tout a donc tourné et basculé, de République en socialisme, avant comme après 1914. C'est ce que nous allons voir, point à point, en remontant jusqu'aux sources du Tarn puis en descendant par grandes étapes, jusqu'au drame final, le cours affreusement abrégé du voyage de Jean Jaurès[4].

4. Pour une mise en contexte, voir Jean-Pierre Rioux, *Tombeaux pour la gauche*, Presses de Sciences Po, 1996, chap. 1, et *Au bonheur la France*, Perrin, 2004, chap. 8 et 9.

1

L'enfant du Tarn

Fin mai 1876, dans la cour du collège de Castres. Premier flash, resté très vif dans la mémoire d'un camarade qui assistait à la scène : « On vit sortir du rang un garçon blond-roux, trapu, dépenaillé, avec l'allure timide et gauche d'un terrien demeuré seul devant la foule. Le haut fonctionnaire, étonné, le détaillait en souriant. Il découvrait à la fois sa tenue hétéroclite, ses gros souliers ferrés, noués de cordes épicières, son képi délavé à la visière cassée en deux et faufilée d'une ganse rouge, son veston gris jauni, soutaché aux coudes de rapiéçages désassortis. Le harangueur dépliait son papier sans le lire. Il le savait déjà par cœur. Sa voix sourde, métallique, fut d'abord rocailleuse. Quelques phrases suffirent à l'éclaircir, disciplinant aussi le tic nerveux d'une paupière lourde, le geste maladroit, l'attitude comme nouée. Un foyer de vive intelligence s'allumait peu à peu dans l'œil clair que ne voilait plus déjà la peur écolière du début. Le préfet cessa de sourire : l'éloquence du discoureur, fleurie de latinismes, déblayée des banalités habituelles, le surprenait. L'aspect hirsute de l'élève s'amendait, aux yeux du visiteur, d'une distinction soudaine ; son visage rayonnait de la joie de parler avec une élégance précoce, très consciente de son charme et de son naturel[1]. »

Dès cette première manifestation publique dont on ait conservé la trace, le dépenaillé de dix-sept ans, le surdoué sympathique, la vedette sans le vouloir de son collège, le gaillard trapu ne font qu'un : un saint Jean Bouche d'or. Rien qu'un écho sonore, un redondant, un rhéteur, un verbeux diront ses ennemis. Une intelligence, une âme qui sait de souche que, dans la vie, il faut avoir envie de parler aux gens ; qui dit nos mots avec ses mots quand on l'écoute et qu'on l'entend, rétorqueront ses amis et même nombre de ses adversaires. Cette vocation oratoire, nous n'en avons hélas aucune preuve d'archives puisque sa voix, apparemment, n'a jamais été enregistrée. Mais les témoignages concordent, les souvenirs ont convergé : non seulement Jaurès ne fut vraiment Jaurès qu'en parole, mais il est resté de ceux, trop rares, qui ont osé dire que la politique c'est du vif et du noble criés haut et fort. Et qu'il faut le proclamer partout, pour tous les publics, en visant le cœur et l'intelligence, la passion et la raison. Car, « le courage, c'est de chercher la vérité et de la dire ». En bref : moins tenter de séduire que de convaincre, à enjôler qu'à enrôler.

Face à ce préfet visitant impromptu les collégiens de la jeune République – en 1876, la Troisième du nom bataille encore pour son installation, les lois scolaires de Jules Ferry sont à venir, mais les républicains veillent au grain et veulent rebâtir un civisme –, le

1. Pierre Chabert, « À propos de Jaurès au collège de Castres : le collégien et le préfet », *Revue du Tarn*, printemps 1979, p. 49-57.

jeune harangueur ne se contente donc pas de faire étalage de ses dons. Il dit « au gouvernement que vous représentez » l'adhésion de son collège à l'éducation morale que le nouveau régime veut donner à la jeunesse après la défaite de 1870. Au nom de ses camarades, il atteste d'un goût du travail pour « la restauration de notre gloire, de notre puissance écroulée », d'un sens du service public « éclairé, volontaire, ayant pour principe l'amour du pays et des institutions », d'un patriotisme retrempé. Travail et patrie, pour une vie « vivante, sincère et pleine » : dans le respect et l'affirmation de ces valeurs chez lui fondamentales, Jaurès homme de pensée et d'action ne reniera pas le collégien en képi à visière cassée.

Ce cher Jeannot

Parler juste et haut coule de source là-bas, dans le Tarn, surtout quand une famille aimante a voulu et a su vous y inciter. C'est le cas pour notre jeune orateur, Auguste-Marie-Joseph-Jean Jaurès, bientôt dit « Jeannot » puis « Gros », né le 3 septembre 1859 à midi sonnant, rue Reclusane à Castres, de Jules Jaurès, négociant, et de Marie-Adélaïde Barbaza son épouse. Son prénom Marie-Joseph atteste de la tranquille piété catholique de la maman. Et Louis, cadet de Jean de onze mois, sera lui aussi prénommé Marie, tout comme Adèle, la petite sœur qui ne vivra que quelques semaines. Du côté maternel, chez les Barbaza, c'est du cousu main. Car aux alentours d'Adélaïde se côtoient d'actifs fabricants ou négociants de drap ; un grand-père voltairien mais croyant qui fut maire de Castres ; un frère, Louis, célibataire, saint-cyrien blessé à

Sébastopol devenu historien local et élu municipal, toujours de bon conseil et qui fera beaucoup pour ses neveux. Ajoutons un capitaine d'infanterie devenu percepteur, un professeur au collège, des sœurs de charité. Bref, rien que de l'honorable, de l'honnête, du solide à l'esprit leste. La maman elle-même, l'Adélaïde, est toute jolie, menue et pétillante, débordante de courage, de tendresse et de générosité. Et quand il le faut, elle a la tête très près du bonnet. C'est elle qui a imposé en 1852 au clan Barbaza son Jules Jaurès, un beau gaillard assez braque et à la langue bien pendue, qui a su la séduire ; c'est elle qui va couver son Jean et son Louis, et fera tout pour les « pousser » ; c'est elle qui mène la barque, tout en finesse.

Le versant des Jaurès, lui, est plus contrasté. Ceux-là sont descendus au XVIIIe siècle de Dourgne, gros bourg posé le long de la vallée du Jaur si burinée, au cœur de l'ample et rude montagne Noire qui veille sur le Lauragais et l'Albigeois. Ils ont investi ensuite le pays castrais et sont partis de peu, de l'artisanat, du tissage, du petit commerce, pour arriver eux aussi, mais plus inégalement, à la respectabilité et l'aisance bourgeoises. On croise pourtant chez eux de l'exceptionnel : un lointain cousin évêque et, surtout, deux cousins germains de Jules devenus amiraux et couverts de gloire nationale. Le premier, Charles, a contribué à prendre Alger en 1830, trimballé l'obélisque de Louqsor à la Concorde, baroudé en Indochine et à Shanghai, étudié le projet du canal de Suez et, ami du prince de Joinville, fait montre d'un orléanisme inébranlable. Le second, son frère cadet Benjamin, autrement plus républicain, et même centre gauche, a fait la Crimée, l'Indochine et la Chine, a brillamment commandé sur la Loire en 1870, avant de servir sous les ors de la Chambre, du Sénat et des ambassades de Madrid et de Pétersbourg. Il fut même chef de l'escadre de Méditerranée et ministre de la Marine à la veille de sa mort, en 1889. Il a toujours aidé volontiers Jules et ses petits. Car Jules, décidément, aura toujours été un souci. Instable, ce sympathique colosse, vaguement royaliste de surcroît, s'est vu tour à tour « négociant » aux foires de Beaucaire, transporteur de gravier puis propriétaire exploitant, replié dans sa petite ferme de La Fédial et ses six hectares alentour, tout près de Castres. C'est là que, fort démuni mais pas trop bileux, il a casé sa famille et passé les rênes à sa femme, avant de mourir en 1882, dans l'affection et l'affliction également sincères de toute sa nichée.

« Jeannot » va alors sur ses vingt-trois ans. Agrégé, jeune et brillant professeur à Albi et déjà tenté par la politique, il a récapitulé, tout en rendant les derniers devoirs à son père hâtivement mis en bière, à « ce pauvre corps usé par le mal » qui « s'en allait en pourriture ». « Sous le hangar pour le veiller la dernière nuit », il s'est revu, lui, le bon petit, le bon élève, le bon Méridional point ennemi du cassoulet. Il l'écrit à son camarade d'École normale, son meilleur ami, Charles Salomon. Bon garçon ? Il l'a été, ô combien. Il a, c'est vrai, toujours été aimé et soutenu mais il a bien rendu cet amour, dans un mélange d'intelligence avide et de bonté sincère que n'ont jamais teinté révolte ou amertume. Pas d'opposition au père, quoi qu'il arrive. Une tendresse complice et presque dévote, en revanche, pour la maman, avec bavardages sans fin, petites gaietés follettes, menus services attentifs, promenades à pas lents et même, résolument, longtemps, messe du dimanche. Un cadet, Louis, qu'il épaule solidement et qu'il surveille en riant. Une bonne grosse docilité familiale qu'il conservera jusqu'au bout, un grand respect pour les grandes personnes et les honnêtes gens, avec visites régulières aux parents éloignés, manières serviables avec tous et, chez les plus proches, solides coups de fourchette, la serviette damassée nouée autour du cou. De très rares contacts avec la violence sociale, dans la grisaille laborieuse de la petite ville de Castres ou dans l'éclat bucolique de La Fédial, avec mélange intime des odeurs d'encaustique et de maïs craquant. Rien, on le voit, qui puisse jamais nourrir plus tard en lui impatience, aigreur ou simplement soif de revanche.

Le bon garçon aime aussi prolonger sa méditation en termes virgiliens. Une journée comme il les aime, l'affectueux Jeannot, pendant les vacances d'été ? Cette quiétude foncière, cet attendrissement chronique auxquels il rêve sans doute bien souvent pendant l'année dans la grande ville ? Voici ce qu'il en dit à Salomon, sans craindre de passer pour mièvre : « Je me lève sur les 7 heures, je hume l'air frais, je fais le tour de mes terres et à 9 heures je me mets à table sur la terrasse, à l'ombre des deux acacias ; je reste sur la terrasse à causer avec papa et maman, ou je vais faire chez un de nos voisins une partie de billard. Dans le fort de la chaleur, je prends une ombrelle et mon livre de botanique, et je vais m'asseoir à l'ombre dans un vallon frais ; j'étudie un peu ou je regarde les nuages, et je reviens à l'heure du souper, à travers bois et vignes, en étudiant au passage quelques racines et quelques fleurs pour vérifier ce que j'ai lu : ce petit travail commence à m'intéresser beaucoup. Nous soupons quelquefois dans l'aire, pendant qu'on vanne, pour surveiller le grain. Après dîner, je vais au jardin, où l'on arrose, ou je garde les vaches dans un pré en compagnie de maman, ou je vais causer avec notre voisin M. Julien. Le plus souvent, nous nous asseyons en famille devant la porte ; et, à peine le soleil est-il couché, que des milliers de grillons font comme nous : ils montent de leur trou, et se mettent sur leur porte pour prendre le frais[2]. » Voilà pour la simplicité et la sociabilité, foncières l'une comme l'autre, d'une robustesse à toute épreuve.

Le murmure des sources profondes

Bref, « il n'est rien de plus sain que quelques mois de campagne ». Car Jean n'oubliera pas que là « on a pour soi, pour ses rêves, pour ses espérances, pour ses ambitions, toute l'étendue de l'horizon et toute la hauteur du ciel ». Sa souche tarnaise en a fait un fou de grand air qui étouffe en ville et y prend le mal de tête, un rural chronique qui n'aime rien tant que sortir lui aussi de son trou pour prendre le frais et scruter les étoiles. Car, tel le grillon, il sait les bruits et les odeurs de son Midi, porteurs autant de bonheur que de mélancolie. Il l'a écrit dès 1880, toujours à Salomon : « [Les grillons] sont si heureux qu'ils font une musique à n'en plus finir ; et pourtant, chose curieuse, le rythme de leur chanson a une tournure mélancolique. Je pense que c'est parce qu'il n'est pas assez varié ; il en est de même des chansons de nos paysans : ils traînent longtemps sur la même note, ils prolongent le même air, en sorte que leurs chants

2. Lucien Lévy-Bruhl, *Jean Jaurès. Esquisse biographique*, Rieder et Cie, 1924, p. 135.

d'amour ou de gaîté, quand ils se répondent le soir dans la plaine, d'un champ à l'autre, ont toujours quelque chose d'un peu triste. Voilà les graves problèmes que j'agite et que j'emporte au lit avec moi ; je dors près de la grange, et il y a toujours quelque grillon perdu dans les fourrages secs qui me berce du bruit monotone de sa chanson[3]. »

Ainsi sa sensibilité, sa pensée, sa parole resteront-elles natives de son Tarn, de son Midi mi-castrais mi-albigeois ; vrillées toutes les trois par le « grillon perdu », point trop pentues ni plates, emplies d'espaces libres, de vallées rabotées, d'horizons inégaux, de granits ronds ou escarpés ; inscrites dans cette atmosphère dorée et souvent venteuse où les couleurs, les sons et les pensées doucement mélancoliques se font écho. Dans ce pays des voix chaudes et des langues déliées, où se répandirent les cours d'amour et les haines religieuses, les Jeux floraux et les joutes d'auberge, la parole et le discours de Jaurès sont nés et ont grandi dans l'attente et l'écoute de ce scintillement vert et ocre, de cette vibration de l'air où l'éclat du soleil mêle les chants d'insectes à l'âpreté de l'accent d'oc. « Un soir, se souvient-il, je causais avec un laboureur au sommet d'un coteau qui dominait une grande étendue de pays. L'air était transparent et calme : nous regardions la montagne lointaine, d'un bleu sombre qui fermait l'horizon. Il nous sembla entendre un murmure très vague qui arrivait vers nous : c'était le vent du soir qui se levait au loin sur la montagne, et, dans la tranquillité merveilleuse de l'espace, le premier frisson des forêts invisibles venait vers nous. Le paysan écoutait, visiblement heureux ; il me dit en son

3. Lucien Lévy-Bruhl, *op. cit.*, p. 137.

patois : *"Lou tèn ès aousenc"*. L'expression est intraduisible dans notre langue. Il faudrait dire : le temps est *entendif*. Le mot exprime cet état de l'air qui est pour le son ce que l'absolue transparence est pour la lumière. »

Rien de trop paysan, pourtant, dans tout cela. Si Jeannot sait surveiller les vaches au pied, ramasser noix et châtaignes, vendanger ou labourer, il le fait par bon vouloir plus que par nécessité, avant de retrouver ses bouquins ou bavarder en paix. Il restera plutôt, lui le fou de musées et de bibliothèques, l'orateur pour salles enfumées, un rural de grand air, découvrant goulûment les paysages et scrutant les étoiles, gentil botaniste distrait par les cigales et même poète gourmand, tant il est curieux non seulement des mystères de la vie et de l'univers mais de tout ce qui touche au travail de la terre, à l'échange et l'apprêt de ses fruits, aux activités multiples des fermes, des hameaux et des bourgades. Tant il est fidèle, dans ses discours, ses écrits, sa façon d'aborder les êtres, à la sensation première, élémentaire et imagée, celle qui sourd de l'arbre et de l'eau, du vent d'autan et des feux du couchant, des bruits et des cris, du jeu de l'ombre et de la lumière. De cette lumière encore et toujours tarnaise qui peut hisser l'âme à « la conscience absolue ». « J'aperçus le ciel, quelques étoiles et un peu de verdure » : il adore ce début de la deuxième *Rêverie* de Rousseau, car tout, pense-t-il précocement, doit être ouvert, écouté et contemplé, pour mieux songer à instaurer un jour une morale ouverte et une société libre. C'est pourquoi sa métaphysique sera pleine de ce monde à feuilleter à livre ouvert, de cette réalité sensible où l'intelligence et le cosmos se télescopent et s'interpellent. Cette lumière saluée chaque jour par Jeannot sur le chemin bordé de vignes et de pêchers, de Castres à La Fédial, au marché, à la promenade et dans les prés, elle donnera tout son éclat au projet jaurésien qui voudra concilier, entre couchant de misère et aube de justice, une conception vivante de l'univers et une prise de possession familière du monde par l'humanité. Bref, « je suis du Midi, vous êtes du Midi, nous sommes tous du Midi », prédira-t-il en 1890 dans la *Dépêche.* Bref encore, ou mieux encore : restons venteux et ensoleillés, et tout ira mieux. Comme tant d'autres, Charles Péguy aimera ce Jaurès-là, « bon marcheur et bon causeur, [...] un Jaurès de plein air et de bois d'automne, [...] un Jaurès dont le pied sonnait sur le sol dur des routes. Un Jaurès des brumes claires et dorées des commencements[4] ».

Ces images d'un monde éclairé et éclairant, ces rêves à hauteur d'homme, ce mélange éclatant d'ivresse naturaliste et de sociabilité rurale irriguent la parole et la langue de ce Méridional. Et, naturellement, une part de son alchimie oratoire est activée par le patois – c'est ainsi qu'il désigne sa langue d'oc. Celle-ci n'est certes pas sa langue maternelle, hormis quelques comptines pour s'endormir le soir, quelques mots doux pour prolonger les câlins ou ces formules de réprimande qui font surtout rire les jeunes coupables. Ses parents, sa famille, ses maîtres avaient une trop claire conscience de leur rang et un trop fort désir d'ascension sociale pour parler ordinairement entre eux dans la langue des humbles et des illettrés.

4. Dans un *Cahier de la Quinzaine* de 1905, cité dans Charles Péguy, *Œuvres en prose complètes*, t. II, Gallimard, « Pléiade », 1988, p.74.

Ils n'en usaient à l'extérieur que pour les besoins du travail et, à la maison, dans de rares moments d'émotion ou de colère ou, même, quand ils voulaient et croyaient ne pas être compris par les enfants. C'est donc en français, le plus pur et le plus agile, celui des Lumières, trempé d'humanités grecques et latines, que Jaurès a grandi en famille puis a cultivé sa pensée et son verbe au collège.

Il reste qu'il est bilingue d'instinct et de raison, par fidélité aux vents et aux clartés du Tarn, par familiarité avec ceux qu'il croise ou avec lesquels il bavarde de plain-pied, librement, en ville comme aux champs. Il le restera sur place dans son action publique orale, dans ses meetings ou ses réunions électorales, dès qu'il s'agira non seulement de proclamer sa fidélité à la terre occitane – jamais il n'acceptera ni n'envisagera d'ailleurs de se présenter dans une circonscription de langue d'oïl – mais surtout de créer ou recréer une intimité complice, de souder un peu plus la chaîne du temps pour lancer l'espoir d'un avenir meilleur. À Béziers, par exemple, en 1909, il affichera le mode d'emploi de sa fidélité à cette « langue patoise », ce « patois du Tarn, cousin de celui de Béziers et de celui de Gascogne, qu'il manie aussi admirablement que le français », diront les journalistes ébahis : « Quand nous, les fils des pauvres morts, nous aurons fait la révolution sociale, alors nous parlerons patois pour annoncer à nos ancêtres, à nos chers vieux, couchés dans la tombe, que leurs descendants sont enfin heureux et libres, et cela fera joyeusement tressaillir leurs os ! » Puis : « J'aime entendre notre langue et j'aime la parler. Dans les réunions populaires les paysans et les ouvriers n'aiment pas qu'on ne leur parle que patois [...] car on paraît supposer qu'ils n'entendraient pas le français. Mais ils aiment bien, quand on leur a parlé français, qu'on s'adresse à eux dans notre langue du Midi. Cela crée entre celui qui parle et ceux qui écoutent une intimité plus étroite ; et il m'a semblé parfois qu'on touchait ainsi certaines fibres profondes. Mais le mouvement qui francise les mœurs, le langage, les institutions, les idées, est irréversible et irrévocable. Et le seul moyen de sauver ce qu'il y a de charmant dans le patrimoine méridional, ce sera de le rattacher à la culture française elle-même[5]. »

Jaurès restera, il va de soi, plus languedocien que provençal ou limousin, plus tarnais que gascon ou même toulousain. Car il admet la variété des patois et ne militera jamais pour quelque unification de l'occitan parlé au prétexte que la langue écrite aurait eu jadis ses troubadours et aujourd'hui son Mistral et ses félibres : parler patois c'est d'abord pour lui, spontanément, adresser un salut fraternel aux hommes qui peuplent une « petite patrie ». Il s'est même sérieusement démarqué du mouvement du Félibrige lancé par Mistral depuis la Provence en 1853 et qui séparait trop, à ses yeux, la civilisation et la langue d'oc de la civilisation française. Sa position restera constamment unitaire et fusionnelle, avant même que le trop élitiste Félibrige soit « trahi par le peuple[6] » : « Quiconque n'est pas capable d'aimer le Jocelyn de Lamartine n'aimera pas la Mireille de Mistral [...] Pour que la langue méridionale cesse d'apparaître au

---

5. « Culture paysanne » puis « Poésie méridionale et paysans », *La Dépêche de Toulouse*, 27 septembre et 3 octobre 1909, cités par Rémy Pech, « Jean Jaurès orateur occitan : quelques pistes », *BSEJ*, 94, juillet-septembre 1984, et André Armengaud, « Jean Jaurès et le fait régional », *BSEJ*, 44, janvier-mars 1972.

6. Philippe Martel, « Le Félibrige : un incertain nationalisme linguistique », *Mots*, 74, mars 2004, p. 55.

peuple lui-même comme un “patois”, c'est-à-dire comme une langue inférieure, déchue des hautes idées générales et des grandes ambitions, il convient qu'il apprenne à goûter dans les chefs-d'œuvre de la langue française la beauté classique et qu'il puisse ainsi reconnaître dans la littérature méridionale renouvelée une forme originale, une expression distincte du génie hérité de Rome et de la Grèce par la France totale comme par la France du Midi. »

Tant et si bien, prédit-il, que « c'est l'école populaire française, élevée, anoblie par l'effort, par l'ascension sociale du peuple ouvrier et paysan qui sauvera du naufrage la littérature du Midi ». En 1911, plus conscient sans doute que la pluralité culturelle n'est pas en contradiction avec l'aspiration fusionnelle du monde contemporain, il ira plus loin : « Pourquoi ne pas profiter de ce que la plupart des enfants de nos écoles connaissent et parlent encore ce qu'on appelle d'un nom grossier le “patois” ? Ce ne serait pas négliger le français : ce serait le mieux apprendre, au contraire, que de le comparer familièrement, dans son vocabulaire, dans sa syntaxe, dans ses moyens d'expression, avec le languedocien et le provençal. Ce serait, pour le peuple de la France du Midi, le sujet de l'étude linguistique la plus vivante, la plus familière, la plus féconde pour l'esprit. Par là serait exercée cette faculté de comparaison et de discernement, cette habitude de saisir, entre deux objets voisins, les ressemblances et les différences, qui est le fond même de l'intelligence. Par là aussi, le peuple de notre France méridionale connaîtrait un sentiment plus direct, plus intime, plus profond de nos origines latines. Même sans apprendre le latin, il serait conduit, par la comparaison systématique du français et du languedocien ou du provençal, à entrevoir, à reconnaître le fond commun de latinité d'où émanèrent la dialectique du Nord et la dialectique du Midi ; des siècles d'histoire s'éclaireraient en lui et, penché sur cet abîme, il entendrait le murmure lointain des sources profondes. Et tout ce qui donne de la profondeur à la vie est un grand bien[7]. » Jusqu'au bout Jaurès souhaita ainsi pour les autres ce qu'il avait précocement découvert en lui et dont il va faire bientôt, inlassablement, un acte de foi : tout progrès dans la connaissance des langues rend notre usage du français plus intime et plus robuste ; la parole fait jaillir l'eau de nos sources profondes ; l'habileté langagière n'est rien sans la chaleur humaine ; l'amour des mots propage le bien ; la bonne harangue mêle l'ironie et la gravité, la bonhomie et la mélancolie.

Se chanter ce qu'on dit aux autres

L'intelligence des éducateurs de ce temps-là, à Castres et bien au-delà, ce fut de laisser leurs élèves vagabonder nez au vent dans leur « petite patrie » physique, climatique et linguistique, y compris lorsqu'ils étaient bouclés et macéraient en pension ; de se garder de les déraciner ou de piétiner leur ego naissant ; de leur faire admettre aussi que les humanités fortifient la personnalité et activent le commerce des autres. Jaurès eut la chance de fréquenter nombre de ces sages qui surent exciter ainsi sa soif de

7. « L'éducation populaire et les patois », *La Dépêche de Toulouse*, 15 août 1911.

connaissances et son goût pour l'échange. Dans la modeste pension de l'abbé Séjal d'abord, qui fut son école primaire et où, dit-on, il était bien le seul à ne pas paresser et se dissiper, non seulement il a appris à lire, écrire et compter, à bien réciter ses prières et son premier catéchisme, mais il a déjà pris le goût de la lecture et forcé la vapeur en français et en latin : le bon abbé avait senti que Jeannot pourrait, qui sait, devenir receveur des Postes. Au collège ensuite, où il entre en 1869 et qu'il quittera bachelier en 1876, ce fut une marche triomphale. C'est lui seul qui a obtenu une bourse. Mais l'amiral Jaurès, alors député du Tarn, l'a fait transformer en deux demi-bourses, l'une pour Jean et l'autre pour Louis. De son côté, l'oncle Barbaza, resté vieux garçon, a bien soulagé Adélaïde et Jules, aussi ambitieux pour leurs enfants qu'impécunieux chroniques, en prenant à moitié à sa charge les frais de leur éducation.

Jeannot, en bon petit, a rendu au centuple pendant ces sept années. Élève modèle, premier à peu près partout, très docile et bien pieux[8] mais raisonneur au sourire têtu, questionnant ses professeurs à tout propos et souvent sans se soucier des programmes et des catéchismes. Il excelle en français et en latin, brille en grec et en allemand, sait assez de sciences pour soutenir Louis, son cadet, qui fera Navale. À tout propos, il improvise et récite, il mémorise et raisonne, sans notes préparatoires ni plans préfabriqués. Il sait déjà mobiliser sa capacité à s'isoler en lui-même pour convoquer sa jeune culture et échauffer sa sensibilité, puis déverser quelques minutes plus tard, ébouriffée mais impeccable, une harangue orale ou écrite. Il sait dépanner à

8. Bien qu'il ait eu semble-t-il au collège un curieux aumônier. Voir Alain Lévy, « Nouveaux regards sur la formation religieuse de Jean Jaurès », *Revue du Tarn*, 185, printemps 2002.

l'occasion, comme on l'a vu pour la visite du préfet. En classe de rhétorique et de philosophie, ses professeurs le respectent sacrément pour tout cela, tant il est vrai que l'élève plane déjà haut. Un inspecteur général de passage, catholique grand teint, fin rhétoricien et cœur d'or, Félix Deltour, ébloui par ses compositions et ses discours latins, l'a mis sur le gril et a convaincu sans peine la famille, et d'abord la maman, que le jeune homme pourrait faire mieux qu'entrer aux Postes.

S'ensuivit en 1876 une « montée » émue mais joyeuse et confiante à Paris, au collège Sainte-Barbe et au lycée Louis-le-Grand, pour préparer l'École normale supérieure. Toujours aussi sympathique qu'excellent, trop rural à forte encolure pour songer à jouer au dilettante mais trop occitan à l'œil vif pour n'être qu'une bête à concours, plutôt « modèle d'activité persévérante » comme dit un de ses bulletins scolaires, Jaurès pâture et caracole, se frotte les yeux et les mains d'avoir à bûcheronner un travail si harassant. Il se couche tôt, mais court aussi les musées, s'émeut sur les hauts lieux et rôdaille dans Paris. Surtout, il apprend, empiriquement mais sans négliger l'avis du bon Deltour qui l'invite à déjeuner le dimanche, à mettre au point son art de lire, écrire et parler ; il joue à plein de ses étonnantes facilités intellectuelles, à peine freiné par des migraines, qui ne le lâcheront plus, et cet étouffement périodique que connaît en ville tout paysan privé de grand air et d'espace. En 1878, double succès : il décroche le prix de français au Concours général[9] et il entre « cacique », premier, à la rue d'Ulm. Là, l'année

9. Sa copie de français est publiée et commentées dans *BSEJ*, 86, juillet-septembre 1982, et ses vers latins dans *BSEJ*, 82, juillet-septembre 1981. Des bulletins scolaires de Sainte-Barbe sont dans *BSEJ*, 89, avril-juin 1893.

suivante, un de ses condisciples l'a joliment et admirativement croqué : « J'ai peu connu d'âme plus simple, plus naturelle. Ce qui me frappait en lui et ce que nous admirions surtout, avec sa merveilleuse puissance de parole, c'était le fond de culture classique qu'il possédait et sa prodigieuse faculté de mémoire. [...] Il n'écrivait jamais ses leçons, non plus que les somptueux et truculents discours qu'il nous faisait souvent. Il y songeait simplement d'avance en se promenant : il les ruminait dans sa tête. Je le vois toujours avec son air rêveur et absorbé, les yeux pétillants d'intelligence, mâchonnant des bouts de papier ou des brins d'herbe et pensant. [...] Il n'avait pas besoin de “voir les mots” comme Hugo, et de mettre du noir sur du blanc ; il imaginait tout, il se parlait, se chantait à lui-même ce qu'il devait dire aux autres. Il adorait le jeu des idées, la discussion sur n'importe quel sujet. Il avait une grande finesse de dialectique, de sophistique même. [...] Il s'intéressait à tout, se passionnait pour tous les sujets. Sa facilité d'assimilation était extrême [10]. »

Retrouvons-le juste un peu plus tard, en 1880, à la veille de passer le concours d'agrégation de philosophie. Il fait un stage à Paris de futur professeur, au chic lycée Condorcet. Un élève s'en est fortement souvenu. C'est Victor Basch, futur professeur en Sorbonne et président de la Ligue des droits de l'homme. Le texte est un peu long, le portrait rétrospectivement sans doute un peu flatteur, mais tout est dit : « Et voici qu'il se mit à parler, très simple, très à son aise, sans avoir l'air de se douter qu'il faisait un début et que cinquante paires d'yeux investigateurs et malins étaient braqués sur lui. Il se mit à parler et, instantanément, ce fut un éblouissement. Il n'y eut plus en face de nous un petit homme,

10. Cité par Lucien Lévy-Bruhl, *op. cit.*, p. 29-30.

gros, ventru, hirsute, au veston usé, à la cravate lâche, il n'y avait qu'un verbe qui nous entraînait, nous emportait, nous illuminait. Son éloquence, si elle s'est enrichie par un labeur inlassable, amplifiée avec les grands problèmes qu'il a abordés, dramatisée au contact des foules dont il fut l'idole, était née avec lui, était l'une des facultés maîtresses de son tempérament. Cette éloquence éclata, triomphale, lors de la première leçon qu'il nous fit, à nous modestes potaches de philosophie. Et, tous, nous l'écoutions avec une attention, avec une ferveur extraordinaires. [...] C'est que c'était déjà le Verbe qui a soulevé l'enthousiasme de tant de milliers d'hommes, des simples et des raffinés, de ses compagnons de lutte et de ses adversaires ; cette voix métallique aux cordes d'une si extraordinaire puissance en même temps que d'une si prenante douceur, où chantait toute l'âme musicale de son Midi natal ; cette logique impeccable ; cette dialectique si aisée et si souple, ces développements par larges nappes où se balançait sa pensée toujours équilibrée, ce pathétique souverain, cette bonne humeur souriante, familière et spirituelle ; ce lyrisme enfin, qui donnait comme des ailes aux faits et aux documents qu'il accumulait infatigablement, devant ses auditeurs stupéfaits [11]. »

Les humanités ont donc bien fait leur œuvre, en laissant palpiter tout ce qu'une famille aimante, le chant des cigales et les finesses patoisantes lui avaient inspiré. Ses professeurs de Castres et de Paris, bien relayés par le cher Deltour, auraient pu n'en faire qu'un rhétoricien d'estrade et une bête à concours. Ils sont allés à l'essentiel, à ce qui pouvait piquer au vif

11. Victor Basch, « Jaurès apprenti professeur », *Floréal,* 26, 31 juillet 1920 ; repris dans *BSEJ,* 17, avril-juin 1965, p. 11-12.

le « blond-roux, trapu, dépenaillé ». Ils lui ont fait comprendre que la rhétorique, la culture, les nouveaux savoirs et les vieux tours de main devaient être mis au service exclusif de la sincérité et de la passion, ces vertus premières de l'orateur (et du militant, ajoutera plus tard le si bon élève). Sincères et passionnées resteront donc ses longues tirades de jeunesse, ponctuées de gestes instinctifs très parlants eux aussi, qui faisaient déjà lever la tête aux paysans étonnés par ce jeune « fada » qui s'en donnait vraiment sur le chemin du Fédial et enflammeront ses cothurnes rue d'Ulm. Elles resteront pleines de Démosthène et de Cicéron, d'Homère et de Virgile aussi. L'hellénisme vit en Jaurès parce que le génie grec, il le dira souvent, irradie des valeurs éternelles de justice, de liberté et d'amour qui tueront le malheur[12]. Le génie latin donne forme poétique et règle de droit à cette générosité et à cette justice combatives. La phrase et les éclats d'âme de Bossuet, dont il se repaît, cimentent et christianisent sa construction oratoire édifiée à l'antique. Ses assauts de lettré resteront aussi pétris des *Principes de composition et de style* de Deltour lui-même, si ampoulés et si livresques qu'aujourd'hui maints passages nous semblent inaudibles. Mais cet art du bien parler sera mystérieusement plein, dira Péguy, de ces « confidences », de « ces choses qu'il portait en lui », riches d'une vie intérieure que ses plus humbles auditeurs, eux, entendaient aussitôt. Jaurès a grandi en paroles et par la parole parce que, comme ce Gambetta qu'il admire tant, il sait qu'un orateur non seulement dit aux autres le vrai, le beau et le bien

12. Voir Camille Grousselas, « Un aspect de l'hellénisme de Jean Jaurès », *BSEJ*, 81, avril-juin 1981, p. 3-9.

qui brûlent en lui, mais aussi sait vivre en chœur avec « la foule des vivants » et en complicité fiévreuse avec l'univers sensible. Cet univers qui – il le croit, il brûle de le démontrer philosophiquement – crie à l'amour et à l'unité. Qui est amour et unité.

2

Le métaphysicien

L'enfant du Tarn devenu homme de parole est aussi un philosophe. Par vocation. Cette évidence n'a pas été si couramment admise, même de son vivant. Il ne faut pourtant pas craindre de l'examiner et de soupeser sa force d'entraînement chez ce jeune homme pétri d'humanités devenu grand « laïusseur » rue d'Ulm. Et même de la mettre au vif de sa pensée, de son action et d'une bonne part de son influence de tribun et d'homme politique. C'est ainsi, n'en déplaise à ceux qui ont cru de bonne foi que seules la posture d'intellectuel et la sollicitude de la classe ouvrière l'avaient révélé à lui-même. Oui, il faut le dire, Jaurès, à trente ans et après une première expédition en politique, se pose en métaphysicien. Il se donne une vision du monde, de l'homme et de Dieu sinon originale du moins fort ambitieuse, qui entremêle la substance et l'idéal, le Moi et l'être, le réel et l'être, Dieu et l'être. Comme le Socrate du *Phèdre*, il soutient aussi hardiment et naïvement qu'on pouvait l'afficher encore au XIXe siècle que la philosophie est une maïeutique et que vouer sa vie aux autres postule de vouloir marquer le cours des choses publiques d'une ambition métaphysique. Il élabore sa philosophie comme une propédeutique de l'action, un idéal privé et une morale citoyenne. Il donne, pour toujours, un fondement à son appel au dépassement et à l'unité. À tous ceux qui entrent en politique en distinguant d'abord leur précieux Moi et en s'émerveillant de leur propre engagement, Jaurès oppose le sens du don total et réfléchi à un idéal qui croit pouvoir tout brasser et tout unifier.

Une vocation

Le cheminement de cette vocation de métaphysicien unitaire ? Ce fut l'année de « philo » au collège de Castres puis la préparation au concours et, succulente, la scolarité à Normale où il s'est gavé d'immenses lectures et a reçu le solide enseignement d'Émile Boutroux, tout en suivant de près le travail de ses camarades Baudrillard, le futur cardinal, et Bergson, son rival. En 1881, il est reçu troisième à l'agrégation de philosophie, derrière Bergson justement, après avoir vraisemblablement indisposé son jury à l'oral en se laissant un peu trop emporter par son éloquence dans une salle pleine à craquer et prête à manifester un enthousiasme trop juvénile. Dix ans plus tard, en 1891, pas rancunier, il prouve qu'il ne déteste pas l'onction universitaire et la forme académique : il achève ses thèses, qu'il soutient en février et mars 1892. Le voici en bonnet carré et bientôt, qui sait, professeur d'université.

Sur ces entrefaites, il a mis de l'ordre dans ses affaires intimes. Il a enterré son père en 1882, on l'a vu. Il a entouré sa très chère maman, aidé son frère et à peu près oublié son premier et dernier gros chagrin d'amour. Mieux, il a épousé dans les formes et en passant par l'église, en 1886, une très avenante demoiselle Bois tout à fait tranquille sinon déjà lasse, gentiment dotée et qu'il aimera de tout son cœur et son âme simples. Il se régale en outre chaque été dans la propriété dont avec son épouse ils ont hérité au Bessoulet, près de Villefranche-d'Albi : charmante, peuplée de beaux cèdres et de châtaigniers, avec jeu de croquet, vue superbe sur la vallée du Tarn au fond de l'enclos et cathédrale d'Albi à l'horizon. Le jeune couple a même, ô joie, une fille bien-aimée, Madeleine, en 1889. Tout va paisiblement et sûrement, donc, et le jeune homme fait preuve de la même sagesse souriante en public qu'en privé : professeur à Albi, ses premières tentations politiques ne l'ont pas distrait de ses lectures, toujours immenses, et de son cours, très incisif mais tout à fait classique et calé sur le programme, qu'il dispense en 1882 et 1883 à ses cinq puis ses quatorze élèves. En 1883 puis 1884, le recteur, fort satisfait de ses prestations albigeoises, lui a confié une conférence de licence puis le cours de morale à la faculté des lettres de Toulouse. Député du Tarn de 1885 à 1889, collaborateur de la *Dépêche*, il reviendra sans rancune et même avec plaisir à ses étudiants et à ses chères études en 1889, après sa défaite électorale.

Il sait ce qu'il veut en devenant docteur. Non pas renoncer à la politique, dont l'envie le tenaille : dès 1890 le voici élu de nouveau, cette fois au conseil municipal de Toulouse, toujours en suivant l'« amicale pression » de ses amis républicains du cru. Il avait d'ailleurs bien signifié à son camarade Salomon, dans la torpeur de l'été 1882, entre mondanités républicaines, cris du cœur et chant des grillons, en plein « optimisme incurable » donc : « Je suis à bien des lieues de la politique, car il y a entre elle et moi une multitude de secrets qu'après bien d'autres, et tout naïvement, je cherche à deviner. Mais, comme j'espère avoir résolu tous les problèmes d'ici quatre ans, la politique n'est qu'ajournée. Quand j'aurai touché le fond de l'univers, il faudra bien revenir à la surface, très mêlée et très agitée. [... Car] je crois qu'on rencontre à fleur de terre plus de problèmes et de plus rudes épreuves pour les illusions de l'esprit que dans les cavernes profondes où loge la philosophie. » En novembre de la même année, jeune professeur toulousain qui enflamme ses auditoires, il avoue déjà péremptoirement qu'il sait et saura comment explorer puis quitter la caverne : « Je voudrais démontrer, contrairement à toutes les doctrines idéalistes, que le monde extérieur, quoique transformé par notre cerveau, a hors de nous sa réalité propre et indépendante. Notre conscience renforce, éclaire toutes les impressions qui lui viennent du dehors, mais elle ne les dénature pas. Il y a hors de nous du rouge, du bleu, du violet, et, si tous les yeux qui sont ouverts au monde venaient à se fermer, il y aurait encore du rouge, du bleu et du violet. De même pour toutes les classes de sensations qui composent le monde extérieur. De même aussi pour l'espace et pour le temps, qui ne sont pas, comme le dit Kant, des formes de notre sensibilité groupant et ordonnant pour son usage des faits sans aucun lien réel, mais des formes naturelles et essentielles de l'univers. De même enfin pour toutes les notions de substance, d'être, de cause, qui ne sont pas des abstractions et des fictions de notre esprit, mais le sentiment immédiat, profond, de la réalité et des lois selon lesquelles elle se développe. Par là l'esprit humain peut se prononcer sur le fond, l'origine et la destinée du monde, et la métaphysique n'est pas une chimère [1]. »

Chez lui la métaphysique est donc au cœur, à la base, comme chez Descartes, et c'est pour cela que dans sa spécialisation universitaire il a voulu devenir métaphysicien et non pas logicien, psychologue ou moraliste. Et le questionnement philosophique, chez lui, n'est jamais dissocié de la question religieuse et, de même, celle-ci sera très mêlée à celle du socialisme, sans qu'intervienne sur ce cours linéaire de sa pensée et de son action aucune coupure épistémologique, comme chez Marx. Il affichera par conséquent, et jusqu'au bout, sa confiance dans la vertu théologale, centrale, de la métaphysique telle qu'il l'entend et tente de la mettre en pratique : en 1901, quand une hideuse campagne de presse lui reproche d'avoir laissé sa fille faire sa première communion, il réplique en rééditant sa thèse sans en changer un mot. En 1910, à la Chambre, il réaffirme à la tribune sa conviction et renvoie ses accusateurs laïques, une fois de plus, à sa thèse, qui donne « la substance de sa pensée ». Oui, « dans ma pauvre tête fatiguée, il y a Dieu ». Oui, « c'est Dieu qui est, pour l'homme le plus simple, la mesure et l'essence de la réalité ».

Il a fait tout cela, sans doute, en se remémorant ses angoisses de Sainte-Barbe et de la rue d'Ulm, au moment même où il récusait – il l'a avoué à Baudrillard – l'Incarnation et la Résurrection, et, par conséquent, toute version d'Église d'un Dieu vivant. Mais il n'oublie pas son saisissement de petit Tarnais ému au spectacle de la détresse morale des foules à Paris :

1. Cité par Lucien Lévy-Bruhl, *op. cit.*, p. 168 et 173-174.

« Dans la ville immense, [j'éprouvais] une sorte d'épouvante sociale. Il me semblait que les milliers de milliers d'hommes qui passaient sans se connaître, foule innombrable de fantômes solitaires, étaient déliés de tous liens. Et je me demandais avec une sorte de terreur impersonnelle comment tous ces êtres acceptaient l'inégale répartition des biens et des maux, et comment l'énorme structure sociale ne tombait pas en dissolution. Je ne leur voyais pas de chaînes aux mains et aux pieds, et je me disais : par quel prodige ces milliers d'individus souffrants et dépouillés subissent-ils tout ce qui est ? [...] La chaîne était au cœur, la pensée était liée, la vie avait empreint ses formes dans les esprits, l'habitude les avait fixées. Le système social avait façonné ces hommes, il était en eux, il était en quelque façon devenu leur substance même, ils ne se révoltaient pas contre la réalité parce qu'ils se confondaient avec elle. »

Il ne néglige pas davantage le commerce cosmique et campagnard avec la réalité de cette Nature infinie qui le hante toujours dès qu'il lève le nez de ses chers livres : « Un soir, sur ma couchette d'écolier, par la demi-fenêtre qui donnait sur le ciel, je vis dans les profondeurs une petite étoile d'une douceur inexprimable ; je ne voyais qu'elle et il me semble que toute la tendresse que pouvaient contenir les sphères lointaines, que toute la pitié inconnue, qui répondait peut-être dans l'infini à nos inquiétudes et à nos souffrances, que tous les rêves ingénus et purs qui avaient rayonné des âmes humaines depuis l'origine des temps dans le mystère de la nuit, résumaient leur douceur dans la douceur de l'étoile, et un moment je goûtai jusqu'aux larmes cette amitié mystérieuse de l'âme et de l'espace infini. Puis peu à peu, et sans qu'aucune pensée précise expliquât ce changement, je sentis comme une rupture. Les profondeurs amies se creusèrent en un abîme d'indifférence et de silence. Je me dis que le foyer de pensée et de poésie juvéniles qui brûlait en moi s'éteindrait sans avoir pu réchauffer ces espaces glacés. Bossuet avait dit : "Allons méditer le silence sacré de la nuit." Pascal avait dit : "Le silence éternel de ces espaces infinis m'effraie." Tous deux avaient l'âme chrétienne et je venais de passer en quelques instants de l'expansion de l'un au resserrement de l'autre. » On soupçonne que la philosophie s'est glissée en lui à la jonction de la double préoccupation dont attestent ces deux textes ; qu'elle l'a envahi au spectacle de cette réalité si douce-amère et si angoissante, qu'elle a accompagné le « resserrement » de l'âme.

Le réel et l'idéal

Prenons donc Jaurès en 1891. Ses thèses sont achevées, rédigées d'un trait, pleines de rigueur et d'emphase à la fois, pétries d'humanités et d'émerveillements d'enfant, mélange de phrasé et de robustesse. La thèse principale, en français, dispute *De la réalité du monde sensible* ; la thèse annexe, rédigée directement en latin comme il était de règle à l'époque, traite *Des Premiers Linéaments du socialisme allemand chez Luther, Kant, Fichte et Hegel*[2]. L'été, au Bessoulet,

---

2. La première est publiée chez Alcan à Paris, la seconde chez Chauvin à Toulouse, fin 1891. Une traduction en français de la thèse annexe paraît dès 1892 dans *La Revue socialiste*. Le tome III des *Œuvres* (voir la bibliographie générale en fin de volume), par Annick Taburet-Wajngart, donne l'édition critique de l'une et l'autre, avec en prime l'essentiel du *Cours de philosophie* d'Albi de 1882-1883.

il met aussi au net ses réflexions sur la question sociale et la question religieuse jetées naguère dans les colonnes de la *Dépêche*[3]. Et surtout il écoute, il hume, il accueille un monde nouveau. La République des opportunistes sort pantelante des assauts du boulangisme et du scandale de Panama, elle fait tirer sur des ouvriers à Fourmies : la voilà entre « marécage et carnage », note Barrès. Pis, l'avenir républicain semble bouché aux yeux de la jeune génération intellectuelle, qui critique ouvertement Renan, Lachelier ou Gambetta, qui récuse les certitudes trop raides de la morale kantienne, vomit le positivisme, ose mettre en doute le Progrès et le Patriotisme avec des majuscules. Chez certains, l'anarchisme de plume fait même très bon ménage avec l'immoralisme du Moi. Chez d'autres, bien plus nombreux, c'est la quête d'une foi de substitution, la célébration d'une religiosité vague, l'heure de Wagner et de Nietzsche. Contre le scientisme et le naturalisme flotte un nouveau mysticisme à base d'intuition et de durée – Bergson a « grillé » son petit camarade en soutenant et publiant sa thèse en 1889, *Essai sur les données immédiates de la conscience* –, d'attrait pour le mystère et l'irrationnel, de compassion pour les victimes de la misère. S'étalent les jeux de l'âme et bientôt le « style nouille » (nom donné alors à l'Art nouveau naissant, qui n'attirera guère Jaurès), les complaintes sur l'impuissance à maîtriser le temps, la soumission aux forces naturelles contre la raison et l'énergie collective. Jaurès refuse de cautionner ces démissions et il dénonce leurs

3. Elles resteront inédites jusqu'à leur publication partielle par Michel Launay sous le titre *La Question religieuse et le socialisme* en 1959 (voir la bibliographie).

implications sociales, politiques et religieuses. D'autant que le catholicisme paraît reprendre l'offensive, contre l'école publique qui s'installe, contre la déchristianisation ouvrière qui ravage : coup sur coup, Albert de Mun lance en milieu populaire ses Cercles catholiques de jeunes gens enflammés et un christianisme social puise une ardeur nouvelle dans l'encyclique *Rerum novarum* que notre philosophe n'est pas loin de lire comme un « manifeste socialiste ».

Que faire devant tant d'assauts, de tentations, de mutations spirituelles et sociales ? Réponse : s'accrocher au réel, à ce « monde sensible » que Jaurès voit traversé de lueurs nouvelles, un « mouvement » ouvrier qui s'ébroue, une nouvelle Internationale, un socialisme qui sort de l'état sectaire et part à l'aventure. Déjà, il refuse de démêler l'action de l'idéal, la lutte de la réflexion. Il ne distingue pas les problèmes métaphysiques les plus éthérés des questionnements les plus concrets. Le catholicisme peut-il se rénover ? Le socialisme détruira-t-il la religion ? Peut-on chanter encore les vieux airs du spiritualisme et du positivisme ? À la veille de l'étape décisive de sa vie, il annonce la couleur du monde dont il participe et dont il voudrait tant accélérer la marche, il dit la saveur d'une humanité qu'il aime trop pour ne pas vouloir la bonifier. Il soutient donc des thèses où il martèle que jamais sa philosophie ne sera une construction solitaire, abstraite des fureurs du monde nouveau, car on ne transformera pas le monde sans l'avoir interprété.

Elles ne marqueront pas l'histoire de la philosophie française. Elles resteront atypiques, peu référencées, et n'auront pas de descendance, même si quelques-uns y liront avec une certaine indulgence une prescience de la phénoménologie de la perception, « un relais entre Maine de Biran et Merleau-Ponty ». Elles ne subodorent guère les inflexions théoriques qui s'annoncent et dont Bergson vient de poser un jalon : le refus du système qui amoindrit la pensée, la réintroduction du sujet dans sa souveraineté spirituelle, l'irruption d'un mouvement de la durée distinct de l'espace et du temps classiques, « cette création continue d'imprévisible nouveauté » qui marque l'aube philosophique du XXe siècle[4]. Elles procèdent plutôt par cumuls et reports, par relecture des grands anciens plus que par intuition déroutante ou renversement de perspective, par obstination de bon élève plus que par raccourci subversif. Mais quelle application à argumenter et à convaincre, servie par une plume rapide, une culture immense et un émerveillement constant !

Le titre de la thèse principale, *De la réalité du monde sensible*, résume le projet : montrer, contre les spiritualistes, que le monde extérieur a autant de réalité que la conscience humaine, puis tenter de concilier idéalisme et réalisme en démontrant qu'il y a interpénétration de la conscience et du monde. Jaurès argue de cette réconciliation pour dépasser le vieux débat sur l'antagonisme entre la liberté de conscience et le déterminisme naturel et social, que le scientisme avait posé en termes plus modernes. Pour lui, l'être qui existe dans des systèmes définis – l'univers, la vie, la société – mêle liberté et détermination, contient toujours des possibilités de développement futur. L'être

4. Voir Frédéric Worms dir., *Le Moment 1900 en philosophie*, Lille, Presses universitaires du Septentrion, 2004, qui dresse un panorama. Bruno Antonini y dit l'essentiel d'une vieille question : « Méthode philosophique et politique, ou les fondements métaphysiques du socialisme chez Jean Jaurès », p. 389-399.

c'est le réel, c'est tout ce qui est. Il s'agit bien d'une métaphysique moniste où l'être et son devenir tendent à fusionner à terme dans l'unité. Tout ce qui existe est à la fois matériel et spirituel, l'être est un « infini en acte » qui participe d'une force d'harmonisation et d'une « conscience absolue », c'est-à-dire de Dieu. Avec Hegel, Jaurès présente donc un monde en marche vers l'unité et fait même du développement rationnel et spirituel de l'aspiration unitaire la marque et la mesure du réel. Ici, pas d'opposition, comme chez Bergson, entre l'intuition et la raison, la vie et la science, l'organique et le mécanique, le temps et la durée : l'unité et la pénétration universelles conduisent au contraire à l'animation universelle, à une sanction divine de cette tendance générale à l'harmonie. Espace et sensibilité s'interpénètrent, la vie fleurit partout et s'inscrit dans l'être universel. Jaurès est ainsi nettement démarqué de tout matérialisme. Mais à l'inverse il maintient contre les idéalistes – et d'abord l'idéalisme kantien qui s'impose alors au lycée, à l'Université et dans la morale officielle de la République – la réalité du monde sensible, l'incapacité du Moi et de la subjectivité à saisir le tout, l'interdépendance des idées et du réel, l'identité de l'être et du monde.

On peut classifier cette philosophie, l'habiller en termes d'école ou d'influence. Les commentateurs n'y ont pas manqué. Son plaidoyer pour l'unité du monde physique et moral, sa prégnance d'une loi universelle embrassant tous les phénomènes conduisent Jaurès aux limites d'un esprit de système que pourtant il déteste : c'est parce qu'il veut d'abord poser une pensée cohérente et harmonieuse de la totalité du réel. Mais il s'installe sans conteste aux côtés des grands panthéistes, Platon, Spinoza ou Goethe. Ce serait donc un théisme, a-t-on dit aussi, voire un « panenthéisme », tant le monde chez lui n'est pas séparable du sacré et de Dieu. Ou plutôt un « néoplatonisme évolutionniste », un « panthéisme mystique » de Plotin mis à la sauce moderne, une phénoménologie avant la lettre. Ou même une traduction contemporaine du meilleur d'Aristote dans sa définition de l'être « en acte » et « en puissance », du Leibniz mais sans monade, du Schelling par idéalisme objectif et souci d'une « réalité idéale » ? Laissons là les classifications, dont la profusion montre assez la faible originalité du propos. Ne retenons que l'essentiel, que Jaurès ne cessera plus de professer : le monde sensible est réel ; l'être, la sensation, la vie et la conscience ne font qu'un ; l'Unité est là, transcendant les avatars de son devenir, toute palpitante de vie, moteur d'un progrès immanent à l'être et au monde.

Les âmes réconciliées

De ce constat ontologique et métaphysique, Jaurès a tiré la certitude que la rénovation du christianisme était impossible. Au plan strictement philosophique, suivant l'enseignement que lui a prodigué l'Université et qu'il a repris lui-même dans ses cours, il en est venu à refuser l'Incarnation en des termes que n'auraient désavoués ni Spinoza, ni Hegel, ni Taine ou Renan : « Il est absurde qu'un individu particulier, concret, soumis à la loi du temps et de l'espace, soit l'absolu. » Il va même jusqu'à lire de travers le texte évangélique quand il affirme que « le Christ ne dit point qu'il soit

Dieu ou fils de Dieu[5] ». Le dogme catholique – tel qu'il le voit, car sa théologie reste rudimentaire et il n'aborde jamais, entre autres, la question de la Trinité – entretient la confusion en posant que l'universel peut devenir particulier. Si Dieu est absolu, répond Jaurès, il ne peut pas s'incarner. Au reste, pense-t-il, l'Église devra un jour s'incliner devant les progrès de la critique historique et reconnaître la nature humaine du Christ. Il dénonce aussi le miracle comme une imposture qui nie les lois scientifiques de la nature : « Pour nous tout est nature, c'est-à-dire qu'il n'est aucun effet déterminé dans les choses et dans les âmes qui ne s'explique par une force déterminée ayant sa place dans la série des forces et soumise à des lois. Par là s'évanouit le miracle enfantin, par là aussi s'évanouit le dieu de la superstition, le dieu idole, extérieur au monde qu'il détraque de ses caprices et qu'il pervertit par la peur. » Puis l'argument civique clôt la liste des critiques : le christianisme sera sans cesse « nié par l'esprit de liberté et de justice », car tout Dieu personnel entretient une autorité dogmatique, car toute théocratie reste « au service de l'iniquité sociale » et maintient les fidèles en dépendance, car toute institution despotique aliène la conscience et refuse le libre arbitre. Au passage, Jaurès croit contribuer à ruiner aussi, et définitivement, non seulement le protestantisme mais surtout le christianisme social naissant et le spiritualisme « de flirt avec les Évangiles ».

Contre l'empirisme et le spiritualisme, contre Kant et les kantiens, il n'admet donc et ne révère qu'un Dieu révélé par la raison, par l'entêtement métaphysique,

5. Jean Jaurès, *La Question religieuse et le socialisme*, éditions de Minuit, 1959, présentation de Michel Launay, p. 36.

par le goût du beau, du bien et du vrai ; un Dieu sans dogme ni révélation, sans Incarnation ni Église. Mais il reste trop religieux pour ne pas tenter de combler le vide qu'ouvre à l'énergie et à l'espoir humains le Dieu si sec et trop abstrait des philosophes et des savants, celui dont la jeune école publique de Jules Ferry avance encore très volontiers le nom. L'élan de la science moderne et le progrès des connaissances sur l'évolution le confortent au contraire dans son souci de ne pas isoler Dieu du monde, car « la conscience a besoin de Dieu et elle saura le saisir malgré les sophistes qui n'en parlent que pour le dérober » (est-ce un avertissement préalable à tous les laïques qui rêveront d'inverser à jamais la question religieuse ?).

En toute hypothèse, il maintient l'idée d'un Dieu central, impersonnel certes mais « point d'unité de l'univers », « point d'attraction » qui vit « dans la profondeur des choses » ; un Dieu-univers, force de vie. moteur d'un monde en marche vers l'Unité – et non vers l'Un : Jaurès n'est pas moniste et sa métaphysique unitaire est le dépassement d'une pluralité ; un Dieu de raison, de sensation et de feu sacré. Ce Dieu-là, pense-t-il, vivra et revivra sans fin, par élargissement et accélération du progrès, par avènement du « sens métaphysique, qui est tout ensemble le sens de l'absolu, le sens de la justice et le sens de la démocratie ». Voilà les grands mots lâchés : Jaurès maintient que le spirituel et le sacré survivront à la critique des religions installées et oppressives, mais que seuls la démocratie et son prolongement socialiste permettront ce renouvellement des religiosités grâce auquel l'univers retrouvera le sens du divin. Il croit même que l'humanité socialiste sera pleinement religieuse car, en abolissant la propriété et les classes, elle aura mis fin à l'aliénation capitaliste qui isole les consciences, brise le corps social et sépare l'homme de la nature et de Dieu. Le socialisme, pour Jaurès le métaphysicien, sera nécessairement « la conscience en marche », la « fusion de toutes les âmes réconciliées » dans la promesse d'une Cité harmonieuse qui se confondra avec la Cité de Dieu. Dès 1890 il a affirmé que « quand le socialisme aura triomphé, les hommes comprendront mieux l'univers. Car, en voyant dans l'humanité le triomphe de la conscience et de l'esprit, ils sentiront bien vite que cet univers dont l'humanité est sortie ne peut pas être dans son fond brutal et aveugle, qu'il y a de l'esprit partout, de l'âme partout et que l'univers lui-même n'est qu'une immense et confuse aspiration vers l'ordre, la beauté, la liberté et la bonté ».

Par son application méthodique du principe panthéiste de pénétration universelle (tout est lié par une substance commune, tout s'enchevêtre et se répond, l'univers est un organisme), Jaurès installe « une sorte de démocratie cosmique où tout est organiquement lié, où tout se tient et où tout soutient et fait vivre tout », dira Charles Rappoport. Avant de conclure : « Il y a un fond solide dans ce panthéisme : c'est l'unité du monde physique et moral, la réalité d'une loi universelle embrassant tous les phénomènes. [...] Cette idée de l'unité universelle transportée dans le domaine social porte un autre nom : la solidarité universelle. Et nous retrouvons à chaque pas de l'action féconde et vivante de Jaurès les idées fondamentales de son œuvre philosophique : unité et pénétration universalités, solidarité et vie universelles[6]. » Rappoport

6. Charles Rappoport, *Jean Jaurès. L'homme, le penseur, le socialiste* (1915), Anthropos, 1984, p. 106 et 293.

n'ajoute pas, mais nous le signalons plus volontiers aujourd'hui, que dans le processus unitaire qui soude la métaphysique jaurésienne, un Dieu est toujours sous-entendu, souvent cité sinon constamment invoqué, puisqu'il est et demeurera chez Jaurès la totalité, en acte comme en puissance, de l'être et du réel. Encore faudra-t-il, ajoute-t-il, que les âmes militantes et les consciences éclairées soient prêtes à l'admettre. Car « aucune force ne peut agir sur les consciences et sur les âmes si elles ne sont pas antérieurement prédisposées à l'action de cette force[7] ».

L'envolée est noble, mais le raccourci vers la bonté paraît bien hardi, très instinctivement optimiste et, pour tout dire, gentiment rhétorique. Ce cheminement harmonieux, cette synthèse en marche entre idéal socialiste et aspiration religieuse risquent de boiter bas. Mais, au bout du compte, le tremblement conceptuel de Jaurès sur la divinité était et demeure très moderne. Les meilleurs commentateurs ont certes buté sur son indécision, sans pouvoir trancher. La pente la plus aisée conduit à conclure, avec Madeleine Rebérioux, à un « idéalisme évolutif » ou à une sorte de « panthéisme de la conscience dans l'histoire », voire avec Bruno Antonini à un panthéisme réassorti. Encore ne faut-il pas ignorer, comme le rappelle Jordi Blanc qui préfère parler de « théocentrisme », que Jaurès a cité volontiers Paul qui, dans les Actes des Apôtres, a martelé que « nous sommes sa lignée » et qu'en Dieu « nous vivons, nous nous mouvons et nous sommes ». Et qu'il admire la formule de Malebranche : « Nous voyons dans le regard de Dieu, ce regard est immense, et tous les êtres voient en lui ;

7. Jean Jaurès, *op. cit.*, p. 39.

en voyant tous en lui, ils voient de même[8]. » On voit combien, à la suite de Pierre Leroux et tout en dédaignant Tocqueville, Jaurès était original et fécond quand il posait ainsi explicitement, vers 1890, que l'humanisme kantien pour fin de banquets n'avait pas d'avenir. Et qu'il n'y aurait ni démocratie ni socialisme sans examen sérieux et constant non pas de la question religieuse telle que la nouvelle République l'abordait depuis Gambetta, mais de l'ordre et de la place du fait religieux dans le devenir du monde contemporain, dans la lutte sociale et la bataille socialiste.

Rien ne fait de mal ?

Il reste qu'en amont de cet acte de foi Jaurès laisse en suspens une question pour l'éclaircissement de laquelle le christianisme – dans sa version plus évangélique que catholique romaine, certes – s'est mieux battu, lui, que l'idéalisme dépersonnalisé, le spiritualisme à vocation sociale ou, surtout, le panthéisme de pénétration universelle affiché dans la thèse : celle du Mal et de la chute. Le Dieu de Jaurès, on l'a vu, est l'être tout entier. Il y a donc identité de l'idéal au réel, passage en continu du second au premier et réciproquement ; les âmes et les consciences se rattachent à l'infini « d'où elles procèdent et où elles vont ». Comment résoudre alors la question qui hanta Plotin, Spinoza ou Fichte (que Jaurès a pourtant lus ligne à ligne) : pourquoi l'Absolu a-t-il accepté de déchoir ?

8. Voir Jordi Blanc, *Jaurès philosophe*, thèse de doctorat, université de Toulouse-Le Mirail, 1996, 2 vol. multigr., et Bruno Antonini, *Ontologie et Socialisme chez Jean Jaurès*, thèse de doctorat, université de Paris 1-Panthéon-Sorbonne, 2002, 263 p. multigr.

Comment la multiplicité des êtres peut-elle procéder de l'Un tout en s'éloignant de lui ? À l'origine de l'existence multiple n'y aurait-il pas un schisme, une division, une chute ? Cette dialectique brisée de la chute et du retour dépasse l'exercice d'école, car de cette fracture jaillit le Mal et le cours infini de l'être est dès lors déphasé par rapport à l'histoire tragique de l'humanité.

Jaurès a répondu, sans convaincre tout à fait, dans un beau texte : « La chute n'est pas un événement particulier de l'histoire humaine ou de l'histoire universelle. L'univers tout entier est une chute en ce sens que l'unité de Dieu y est dispersée en des centres innombrables de force et de conscience qui se combattent et s'excluent. Ou plutôt, comme cette dispersion même permet à chacune de ces forces de faire retour à l'unité de Dieu par un acte sublime de liberté, il n'y a chute que lorsque ces forces et ces consciences, au lieu de se rattacher à l'infini et à Dieu, s'isolent dans leur égoïsme et se constituent à l'état de centre absolu. Il y a relèvement au contraire lorsque ces forces reconnaissent pratiquement que c'est l'infini ou Dieu qui est leur centre. La chute et le relèvement ne sont donc pas les deux actes successifs d'un drame historique. L'univers est tout ensemble une chute éternelle et un relèvement éternel[9]. » Alors que pour Plotin c'est l'individualisation qui constitue la chute, Jaurès argue, on le voit, d'une notion morale, l'égoïsme, qui n'emporte pas la conviction car il ne dit pas où naît, d'où vient et de qui procède cet égoïsme. Mais cette affirmation morale suffit à fonder son optimisme sur deux bases qui chez lui resteront intangibles : le Mal absolu n'existe pas, la souffrance et le vice contiennent toujours une parcelle de bien ; l'histoire de l'humanité ne basculera pas dans le tragique,

9. Jean Jaurès, *op. cit.*, p. 38-39.

elle ne connaîtra ni quête des fins dernières ni apocalypse, car elle s'insère dans un balancement de l'univers entre chute et relèvement qui ne s'apaisera que dans une contemplation finale de l'unité du Bien, du Beau et du Juste.

En admettant que la lutte et la contradiction sont partie intégrante de la conscience universelle, Jaurès est prêt à accueillir toute dialectique de l'histoire à la Hegel et à saluer la philosophie du jeune Marx. Mais il se distingue d'eux en refusant de faire du jeu de la dispersion et du retour à l'Un le devenir de l'humanité, en n'acceptant pas de confondre progrès et cheminement, histoire et dialectique. Il pose, au contraire, une exigence spiritualiste et laisse même s'activer une logique de progrès et de justice qui participe d'une exigence divine. Le voici donc métaphysiquement et incurablement optimiste, même si l'on sent parfois poindre en lui quelque mélancolie assez pascalienne. Pourtant, il n'a guère analysé et géré la question du Mal et il répondra un jour à son jeune camarade d'Ulm Célestin Bouglé que « rien ne fait de mal » : formule dont la naïveté et l'aveuglement déclencheront la colère de Péguy contre « le grand pontife de l'optimisme officiel ». Socialiste, élu du peuple et leader ouvrier, il va bientôt découvrir toute l'étendue de la violence sociale et de la souffrance individuelle qu'elle entretient, mais il vivra toujours cette part du monde qu'il hait sur fond d'optimisme, car l'unité restaurée sera d'Amour, car « tout effort dans la justice est une prise de possession de Dieu ». Il retrouvera parfois des accents bibliques pour exalter la Jérusalem à venir, mais il lui faudra se convaincre toujours un peu plus difficilement, quand l'âge viendra, quand l'insulte coulera à flots, quand les espoirs reculeront. La joie et la souffrance sont certes complémentaires, la douleur sera peut-être vaincue par la volonté de retour à l'être unifié, mais la question du mal, visiblement, ne cesse pas de la hanter. Qu'elle est dure à dissiper, cette mélancolie qui flotte sur le monde « comme un air bleu imperceptiblement flétri, triste et doux » !

Le mal, la vie éternelle, Dieu. Y aurait-il, comme l'a dit si fortement Henri Guillemin, une « arrière-pensée » de Jaurès, métaphysique et à forte consonance religieuse ? Le socialisme français, fût-il en version jauressiste, ne l'a pas cru assez, semble-t-il. Gardons-nous toutefois de trancher lourdement une question qui, à tout prendre, engageait son être tout entier mais qui n'était pas alors et ne pouvait pas être à l'ordre du jour de la bataille. Jaurès fut certes un des rares à avoir la prescience que, malgré toutes les séparations et contre tous les laïcismes étroits, le républicanisme et le socialisme, un jour, ne feraient pas l'économie de la question religieuse. Mais il saura temporiser en intégrant à sa métaphysique les chocs politiques et moraux de l'après 1891, en accueillant la lutte des classes et une certaine vision du marxisme. Il fallut bien l'admettre : si l'esprit et la volonté humaine parviennent moins vite et moins bien à l'unité et à la Pâque auxquelles aspire le jeune docteur en Sorbonne, c'est que l'aliénation et le tragique – deux grands mots du XXe siècle qui pointe et que Jaurès n'accepte pas – existent, qu'ils tissent l'histoire de l'oppression et fondent la division, la misère et la guerre. Et si, décidément, le mal était dans l'homme ? Question terrible pour tout homme qui marche à gauche [10].

10. Et question très peu posée au sein de la gauche française. Voir Jacques Julliard, *Le Choix de Pascal*, Desclée de Brouwer, 2003.

L'avenir, de fait, ne sera pas celui dont il rêvait en 1891. Les compromis et la tactique seront nécessaires. Jaurès le philosophe ne rendra pas les armes métaphysiques, mais il a su choisir un camp, son camp, où les arrière-pensées n'avaient pas cours. Dès janvier 1893, tout juste élu député par Carmaux, il a répondu à Barrès : « Marchons ! Pas de subtilité ! Pas de vaines ténèbres ! Allons au but qui est la justice. Éclairons les esprits, affranchissons le travail. Une fois émancipé, tout homme cherchera lui-même son chemin. » Et il ne polémiquera pas davantage avec les athées sommaires, les matérialistes pompeux ou les vagues spiritualistes. Parce qu'il garde foi dans le but final, il accepte de ne pas mettre son credo en première ligne et il renonce même à convaincre ses camarades. En 1896, sur la tombe d'un jeune socialiste, il a affiché une foi, la sienne : « Je crois d'une foi profonde que la vie humaine a un sens, que l'univers est un tout, que ses forces, tous ses éléments aspirent à une œuvre et que la vie de l'homme ne peut être isolée de l'infini où elle se meut et où elle tend. » Puis : « C'est Dieu qui se disperse dans les forces et les consciences par une sublime recherche de perfection qui est la perfection elle-même » et « Dieu est l'unité achevée ». Mais aussi sa résolution dilatoire : « Nous ne chercherons pas le secret profond de la vie tant que tous les salariés, tous les écrasés ne pourront pas la chercher librement avec nous. Nous ne voulons pas dissiper en des rêves hautains ou vagues sur l'univers ou la destinée notre énergie de combat[11]. » En 1904, il convient certes qu'il ne faut pas cesser de réfléchir à la question religieuse, mais il fait encore plus confiance à la « pensée laïque,

---

11. *La Petite République*, 17 novembre 1896.

libre de toute entrave, libre de tout dogme » pour activer la réflexion.

La philosophie l'a jeté précocement, pour le meilleur et pour le pire, dans un état permanent d'« insurrection optimiste » (Madeleine Rebérioux). Sa politique a tenté de mettre en acte sa métaphysique. Sous ce que l'on a trop commodément convenu d'appeler l'« humanisme » ou l'« idéalisme » de Jaurès, il faut toujours sentir, vivante, cette soif du jeune métaphysicien pour l'« harmonie des choses » dans l'humanité réconciliée, son choix délibéré de cette « action vaillante et juste qui continue, en quelque sorte, l'œuvre de Dieu » et dans laquelle il s'est jeté si volontiers.

3

Le canard à l'eau

Que fut donc, de 1882 à 1892, cette action « juste et vaillante » qui « continue l'œuvre de Dieu » ? Rien moins que la navigation d'un jeune philosophe, devenu précocement un républicain assez solitaire, vers une fraternité et un combat désignés le plus souvent sous l'adjectif « socialiste ». Jaurès lui-même n'a jamais manqué de rappeler, notamment en 1904 dans sa préface à l'édition de ses premiers discours parlementaires[1], que cette décennie, décisive pour lui, ne fut pas tant le passage brutal de l'opportunisme au collectivisme, avec trahison de l'un comme de l'autre, comme on l'en accusa aussitôt, qu'une confrontation salutaire de l'idéal et du réel, une synergie entre métaphysique et socialisme dont il fallut faire un idéal en ordre de bataille. Il le rappellera fièrement en 1897 : « Ce n'est ni ma doctrine ni mon inspiration générale qui ont varié. De très bonne heure, dès mon entrée au Palais-Bourbon en 1885, l'étude des philosophes et

1. Jean Jaurès, *Préface aux discours parlementaires. Le socialisme et le radicalisme en 1885* (1904), présentation de Madeleine Rebérioux, Genève, Slatkine Reprints, 1980.

des systèmes socialistes, le sentiment presque immédiat de la vanité et de la médiocrité de la besogne parlementaire si elle n'a pas pour objet l'entière refonte sociale, et aussi le dégoût de l'ignoble vie humaine d'aujourd'hui, le besoin de la perfection humaine et sociale pour consoler l'humanité des grands rêves disparus et lui en ouvrir des plus beaux, tout m'avait d'emblée élevé au socialisme. »

Mais, ajouta-t-il, « je commettais une erreur grave. Je croyais que la majorité républicaine au milieu de laquelle je siégeais et avec laquelle j'avais été élu pouvait, par le même chemin de pensée, aller de la République au socialisme. Il me semblait que par une évolution intérieure et logique toute la République gouvernementale devait tendre vers l'idée d'égalité sociale, vers l'organisation fraternelle du travail et de la propriété. Cette illusion a duré, toujours décroissante, de 1885 à 1888. Mais chaque jour, la vanité des intrigues parlementaires, les scandales qui éclataient sous nos pas et nous révélaient le pouvoir caché et souverain de la finance, le mouvement de recul dont le ministère Rouvier fut la marque, tout m'apprenait qu'il s'était constitué dans la République une oligarchie bourgeoise. Demander plus longtemps à cette oligarchie de renoncer d'elle-même à sa fructueuse exploitation, eût été vraiment trop candide. Et je vis bien qu'il s'agissait au fond d'une lutte entre la classe qui détenait tout et la classe dépouillée de tout. Je vis bien qu'il n'y avait de salut pour la République et d'avenir pour le socialisme que dans la force du prolétariat. Et je rejoignis les militants socialistes de la première heure. [...] Par une autre route, à travers les ornières de la réaction et les flaques de boue de la

République gouvernementale, je suis parvenu au parti de combat[2]. »

Le volcan qui vomit la glace

Comment ne pas le croire, même si le prolétariat et le combat prolétarien n'ont pas si souvent été dénommés ainsi sur-le-champ ? Il est vrai que la politique républicaine, au sens le plus large, le plus ouvert sinon le plus flexible, n'a pas cessé de le hanter, depuis les discussions familiales d'avant 1870 auxquelles, enfant, il prêtait déjà l'oreille ; depuis ces années de collège où il ne s'est jamais privé de crier son patriotisme ; depuis ses laïus enflammés rue d'Ulm quand il refaisait et développait devant ses camarades tel discours de son cher Gambetta ou qu'il s'indignait en brandissant un journal réactionnaire. Dès 1882, jeune agrégé à Albi plongé dans Plotin, il n'ignorait pas, on l'a vu, à quelle date le député local devrait céder la place. L'année suivante à Toulouse, le « jeune homme distingué, d'un commerce agréable et qui récompense par un amour filial touchant les soins d'une mère dévouée », selon son doyen à la faculté des lettres, a appris à sentir et tenir une salle et, « orateur d'une rare puissance », à faire avec bonheur et succès des conférences militantes. En 1884, il cède donc volontiers aux invites de deux de ses anciens professeurs du collège et accepte d'être porté candidat aux législatives pour l'année suivante, en queue de liste, par le comité

2. Lettre du 11 septembre 1897 au directeur d'un journal où il avait été attaqué, reproduite et commentée par Madeleine Rebérioux, « Dans une lettre inédite, Jaurès évoque sa marche vers le socialisme », *BSEJ*, 58, juillet-septembre 1975.

républicain local et ses notables d'arrondissement. Benjamin, le cousin amiral, peut dire alors à Adélaïde, inquiète de voir son Jeannot renoncer peut-être à la vie paisible d'un universitaire, « Jean va à la politique comme le canard va à l'eau ».

Sa première campagne est acharnée – comme le seront d'ailleurs toutes les autres – mais avec des ardeurs de point du jour. Jaurès l'a vécue comme une plongée inaugurale et inoubliable dans son terroir physique, moral et politique, ce Tarn qui chante en lui. On le vit rural à la foire de Lacaune, patoisant et trinquant à l'auberge, faisant à toute heure des dégagements oratoires sur les Lumières philosophiques ou l'esclavage antique ; pataugeant dans les cours de ferme autour de Dourgne et de Saïx ; professoral dans les salles enfumées où il chante l'instruction publique émancipatrice qu'installe Jules Ferry ; tâtant maladroitement les coriaces mineurs et ouvriers de Carmaux, auxquels pourtant il a parlé déjà à bon escient de retraites et de secours mutuel. Bref, il fut dans son élément, accroché à sa terre, soucieux d'être entendu et non pas admiré par son peuple bouche bée, partout faisant grosse impression. Il a en quelques semaines appris la politique au ras du sol, avec ses microclimats de canton qui mettent en turbulence et en conflit, sous l'œil gourmand des agents électoraux payant à boire au bistrot, la géologie des chemins creux et la peine des hommes, les vieilles violences religieuses et les fidélités claniques à l'ordre ou au progrès.

Car son Tarn, à majorité républicaine depuis 1881, conserve une géographie électorale contrastée et plus qu'incertaine. De part et d'autre du minuscule cours du Dadou, le nord du département, autour de Gaillac la viticole, d'Albi la bien-pensante et de Carmaux la gueule noire, s'oppose au sud dominé par Lavaur la cathare, Castres la commerçante et Mazamet l'industrielle, sans qu'on puisse en revanche distinguer aussi clairement l'est quasi montagnard de l'ouest des plaines qui plongent vers le Toulousain. Et, Jaurès le sait bien, le clivage le plus profond reste inextricablement religieux, social et politique. Au nord, les grands domaines et la vigne ont fait un pays de Cocagne où règne « *lou barou* » Reille, allié aux Soult et épaulé par son gendre, le royaliste marquis de Solages, propriétaire des mines de Carmaux. Ils ont fait la liste adverse, dite d'Union conservatrice, où l'ordre moral enrôle les légitimistes et les bonapartistes encore très vaillants : les frémissements de gauche des mineurs et des verriers de Carmaux ne pèsent guère face à cette droite réactionnaire au catholicisme d'Ancien Régime qui brûle d'en découdre. Au sud, autrement tourmenté, la conjoncture est plus favorable car la petite propriété vouée à la polyculture est un meilleur terreau républicain, et vers Mazamet la lutte de classe ne défavorise pas la République car les patrons de la mégisserie et du délainage sont protestants et par conséquent progressistes, tandis que leurs ouvriers, descendus des montagnes avoisinantes, sont restés catholiques et conservateurs mais votent souvent comme eux.

Tant et si bien que le 4 octobre 1885, à vingt-six ans, Jaurès est élu dès le premier tour, avec plus de 48 000 voix, et que son succès personnel a entraîné celui de sa liste républicaine, qui triomphe derechef, comme en 1881, un peu à la surprise générale. En face, Reille est le seul élu chez les conservateurs, avec 110 voix de moins que le jeune champion du « petit bavardage de professeur » si méprisé par les roitelets locaux. Mais ce résultat du Tarn est à l'inverse de la tendance nationale. Les républicains modérés, dont l'opportunisme avait dominé la législature précédente[3], ont été pris en tenaille : les royalistes et les bonapartistes sont revenus en force, les radicaux menés par Clemenceau sont passés à l'offensive, les socialistes ne comptent guère mais effraient le bourgeois. Dans un climat de forte instabilité gouvernementale et d'indécision et même d'impuissance chronique, tandis que se noue la crise boulangiste, le jeune Jaurès est à la Chambre « comme un volcan qui vomit la glace ». Inquiet, déçu autant par Jules Ferry, qui vu de près « s'arrête au seuil du problème social », que par le sectarisme des socialistes, il vote centre gauche, écoute et travaille beaucoup, hésite à parler, devient par ailleurs collaborateur régulier de *La Dépêche de Toulouse* dès janvier 1887. En fait, il patauge, faute de trouver sa place dans ce « grand parti républicain » unifié dont il rêve et qui brasserait hardiment toutes les idées et les questions modernes, et d'abord la question sociale.

Vrai patriote fils de 1789, admirateur de longue date de Gambetta, il ne déteste même pas le premier Boulanger, actif, social et très tricolore ministre de la Guerre en 1886 quand revient la tension franco-allemande. Il vote sans broncher les crédits militaires pour la poursuite de l'implantation de la France au Tonkin. Il défend aussi en 1889 le scrutin de liste contre le scrutin d'arrondissement, rétabli par le gouvernement Floquet, pour ne pas défavoriser les minorités ouvrières et socialistes, mais sans voir que cette ruse électorale sera de bonne guerre contre le populisme boulangiste. Il condamne la violence lors de la

3. Voir Jérôme Grévy *La République des opportunistes (1870-1885)*, Perrin, 1998.

grève de Decazeville de janvier 1886 mais apporte un peu plus tard son soutien aux mégissiers de Graulhet. Ses premières interventions vraiment écoutées par ses pairs, et qu'il reprend ou explicite dans ses papiers de la *Dépêche*, sont pour venir en aide aux paysans, aux ouvriers et aux instituteurs. En 1888, à la Chambre comme à la distribution des prix au lycée d'Albi, il dit déjà toute sa tendresse aux maîtres d'école, auxquels il demande d'abord de faire lire l'élève Peuple, à toute force : « Savoir lire vraiment sans hésitation, c'est la clef de tout. [...] Vous ne devez pas lâcher vos écoliers, vous ne devez pas les appliquer à autre chose tant qu'ils ne seront point par la lecture aisée en relation familière avec la pensée humaine. » En 1887, il rapporte sur la loi instituant des délégués mineurs à la sécurité et dit à cette occasion son évangile du travail et de la justice. Il exige aussi des aides pour les fermiers, les métayers et les ouvriers agricoles frappés par la crise, ce qui lui a valu compliment dans *La Revue socialiste* de Benoît Malon mais ne l'a pas lié d'amitié avec ses très sectaires rédacteurs.

« C'est ainsi qu'au Parlement de 1885, je restai en définitive un isolé. » Car, malgré ses premiers succès à la tribune, il a cherché sa voie tout seul, en tâtonnant. Rejeté par les modérés, serré de près par les radicaux, mal vu des socialistes, rêvant d'alliance entre le peuple et une « bourgeoisie républicaine » aux contours bien flous et au sens du progrès trop peu marqué et point trop vaillant : il reste accroché à ses espérances messianiques et salvatrices de justice sociale, d'égalité vraie, de souveraineté du travail. Il croit que pour résoudre les problèmes sociaux, il suffirait d'appliquer énergiquement et uniment « les formules posées en 1789 ». Il ne craindra pas de le confesser plus tard, en

1904, quitte à durcir un peu cette ligne de conduite d'avant 1889 : « Dans mes premières années d'études, j'avais ou pressenti ou pénétré tout le socialisme de Fichte à Marx. [...] J'ai toujours été un républicain, et toujours un socialiste : c'était toujours la République sociale, la République du travail organisé et souverain, qui a été mon idéal. Et c'est pour elle que dès les premiers jours, avec mes inexpériences et mes ignorances, j'ai combattu. » En fait, dira-t-il aussi avec moins d'assurance, c'est qu'il « cherchait en un travail profond et souvent inaperçu le point d'équilibre de sa vie intérieure et de la vie mouvante des choses ».

Aux élections de 1889, il paie comptant ses hésitations, sans pouvoir tirer bénéfice de ses combats et de ses réflexions. Avec le rétablissement du scrutin d'arrondissement, qui avantage les visages connus dans les circonscriptions fermement tenues, Reille et Solages sont autrement plus à l'aise qu'en 1885. Leurs mouchards et leurs hommes de main ont quadrillé pour eux la 2e de Castres et la 2e d'Albi. Ils ont mis face à Jaurès un conservateur grand teint, Abrial, dans la 1re de Castres. Mais le sortant, en vrai enfant du pays, a bien senti à mille petits riens que cette fois il avait peu de chances, faute d'avoir pu chauffer particulièrement la circonscription qui lui échoit : il a déjà demandé à Jules Ferry sa réintégration dans l'enseignement. Il tombe même dans le piège d'un appel à la générosité sociale jugé très déplacé, en promettant des caisses de secours, des syndicats, des retraites et des emplois d'abord aux ouvriers, en allant jusqu'à prêcher dans des élans oratoires bien expéditifs « la croisade prolétarienne contre le capital dirigeant », ce qui agace les bourgeois républicains du cru et effraie les paysans. Le clergé tonne contre lui. Ses protecteurs, comme le sénateur Bernard Lavergne ou les petits notables des comités, craignent que son sympathique programme d'équité et de fraternité ne dérive en collectivisme bien trop saignant. Sans soutiens assez fermes, mal compris et mal entendu, Jaurès est sèchement battu après une très rude campagne. Il a la majorité à Castres-ville, mais les campagnes ont fait défaut : il lui manque près de mille voix. Reille et Solages, eux, sont grands vainqueurs dans leurs fiefs, y compris à Carmaux l'ouvrière.

Jaurès va reprendre son enseignement, pas trop mécontent finalement de vérifier que son département est une fois de plus à rebours de l'évolution nationale, qui voit, elle, une franche victoire républicaine. Quoi qu'il en soit, dit-il à ses électeurs, « je sors de la vie publique sans découragement et sans amertume, le cœur ferme et le front haut ; on peut servir puissamment son pays dans la vie privée, par la pensée, le travail et l'honneur ».

Monsieur l'adjoint

Il se réinstalle donc à Toulouse, tout aux joies de la famille, de l'étude, des sociabilités et de la première d'entre elles, la parole en public. Louise, la fidèle indolente, vient, on s'en souvient, de lui donner au Bessoulet une fille, Madeleine, sa « Malou », qu'il cajole en père ébahi par cette nouvelle merveille du monde. Il promène la maman Adélaïde installée à proximité du jeune couple, marie son frère Louis, consent à de gentilles mondanités et on le voit même, tout confus de son inexpérience, esquisser quelques pas de danse. En plus de ses cours publics à la faculté, il donne souvent après souper, avec un succès grandissant, des conférences sur Dieu, le socialisme allemand, Auguste Comte ou Pythagore. Il réfléchit, rumine, boucle ses thèses, baguenaude, court à la bibliothèque et aux Augustins mais hante le Capitole et les fêtes foraines, écrit d'un trait, au milieu des visiteurs, des cris de Malou, des langueurs de Louise, des bruits de la rue : joyeux somme toute, comme toujours, mais particulièrement de pouvoir tracer sa route sur la question religieuse et le socialisme en pleine gaieté toulousaine. Un tableau d'Henri Martin nous le montre en promenade, le canotier bien enfoncé, nez et barbe au vent, corroborant la vision qu'eut alors de lui le jeune Vincent Auriol : « Jaurès marchait lentement, les mains derrière le dos, la tête haute, les yeux levés vers le ciel comme s'il puisait sa vie dans cet infini qui l'attirait, voulant y retrouver tout le sens de la simplicité de la vie profonde et mystérieuse[4]. »

N'allons pas croire pourtant que le philosophe en promenade a échappé à la politique. Jaurès a eu la chance, alors que le Tarn semblait s'être dérobé, de rentrer presque aussitôt dans l'arène. A la demande du maire, Camille Ournac, il est en effet élu conseiller municipal de Toulouse sans peine, en juillet 1890, à une élection partielle. Confirmé aux élections de mai 1892, il deviendra même deuxième adjoint dans une équipe d'« union républicaine radicale et radicale-socialiste » flanquée d'une poignée de socialistes « locaux », où il a été surtout enrôlé, il est vrai, pour ses talents d'universitaire et son agenda parisien d'ancien député plus que pour sa ferveur socialiste. Professeur

---

4. Cité par Maurice Andrieu, *Jean Jaurès citoyen adoptif de Toulouse*, Privat, 1987, p. 4.

très populaire, il prend naturellement en charge les dossiers de la culture et ceux, bien plus lourds, de l'instruction publique. C'est le domaine le plus exaltant pour un républicain socialiste mais il exige une gestion politique, administrative et financière précise puisqu'on installe et développe alors avec enthousiasme à Toulouse à la fois l'école pour tous, sur fonds de la ville, et l'université nouvelle, avec l'aide de l'État.

Jaurès va donc faire ses classes d'élu local dans les meilleures conditions et sa réflexion personnelle tirera grand profit de l'expérience. C'est même le seul moment de sa vie publique où il a réglé presque quotidiennement des problèmes de gestion, et toujours avec simplicité et hauteur de vue. Tout va bien donc, sauf au conseil municipal où il doit surtout ferrailler non pas avec les modérés et les radicaux, qui le respectent et souvent l'admirent, mais avec les quatre élus « ouvriers » autrement plus frustes et qui voudraient n'aider que les prolétaires. Ses joutes avec le plus acharné d'entre eux, Charles de Fitte, un aristocrate ruiné devenu blanquiste expéditif, de surcroît anticlérical et maçon forcené (un jour il est entré à cheval dans une église), ne manqueront pas de sel. Mais sa ligne à lui restera unitaire, simplement : « Pour moi, je me sens plus près, par la raison et par le cœur, d'un républicain, si modéré soit-il, qui verra dans la République non seulement le fait mais le droit, que des prétendus socialistes qui se tiennent à l'écart du grand parti républicain. Notre but doit être, non pas de fonder des sectes socialistes en dehors de la majorité républicaine, mais d'amener le parti de la Révolution à reconnaître hardiment et explicitement ce qu'il est, c'est-à-dire un parti socialiste. Avant peu, il y sera contraint. »

Ainsi fait-il soutenir, toujours contre de Fitte, la poésie et l'art oratoire aux Jeux floraux, le théâtre et les arts au Capitole, la recherche aux sociétés savantes. Il aide à laïciser les hospices, à transformer les bataillons scolaires en équipes d'éducation physique, à lancer une société municipale de gymnastique pour adultes avec tambours et bérets rouges. Il s'échappe parfois vers son cher lycée d'Albi, où est fondée en 1891 une association athlétique dont il est président d'honneur et d'où essaimera après 1901, à sa grande joie, le premier club de rugby tarnais. Surtout, il gère la transformation de l'École de médecine et de pharmacie en faculté, l'agrandissement de la faculté des sciences puis de celle des lettres, il suit les projets pour le droit et les beaux-arts. Très confiant dans la vocation universitaire de Toulouse, porte du Sud-Ouest avec regard sur l'Espagne, il active à Paris le dossier de création de son université, qui ouvrira en 1896. Dès 1891, recevant le président Sadi Carnot venu inaugurer la nouvelle faculté de médecine, il donne une leçon de démocratie et de méritocratie bien dans son style : « Il faut que le progrès de quelques-uns dans la vérité se traduise par le progrès de tous dans la justice ; et de même qu'en ces jours de mai le beau jardin qui enveloppe ces demeures envoie, jusque dans les laboratoires et les bibliothèques, les souffles et les parfums de la terre renouvelée, il faut que la haute science et la haute pensée soient comme pénétrées par le renouveau fraternel des sociétés humaines. » « Qui sait, ajoute-t-il, si cette université ne nous rendra pas dans la cité moderne en l'étendant à ceux-là même qui, il y a deux mille ans, étaient des esclaves, cette universalité de la culture qui a fait la beauté de la cité antique ? » Car, il le sait, « la démocratie française est à peine à ses débuts ».

Son action dans les autres ordres d'enseignement montre mieux encore que pour lui, en pleine fidélité à la République conquérante, la démocratie et l'école vont de pair. Il l'a déjà dit à la Chambre et dans la *Dépêche* en 1888, il le répète en toute occasion à Toulouse : « L'enseignement est à l'heure présente la seule richesse du peuple[5]. » Pour l'enseignement secondaire, où il y a peu de marge de manœuvre, il se contente de souhaiter le mariage des sciences et des humanités classiques et voudrait qu'on songe à développer conjointement un enseignement primaire supérieur et, surtout, un enseignement professionnel digne de ce nom. Pour le primaire en plein développement, au contraire, il sait se dépenser sans compter, mène les discussions du conseil, assiège les gestionnaires, soutient les maîtres. Et, heureux, va voir les enfants en classe : « Monsieur Jaurès, accompagné de Monsieur Bonnefond, chef de bureau à l'Instruction publique, note une institutrice de l'école des filles de Saint-Martin-du-Touch, vint visiter l'école. L'éminent professeur daigna adresser quelques questions d'histoire aux élèves. Il fit réciter aussi *Le savetier et le financier* de La Fontaine. Monsieur Jaurès donna comme témoignage de satisfaction deux jolis prix aux deux meilleurs élèves, ainsi que des tablettes de chocolat aux plus jeunes[6]. » Partout, hélas, ce ne sont aussi que soucis matériels, qu'il connaît bien par sa présidence de la très active Caisse des écoles : la location de locaux pour abriter les premières classes de

5. Deux articles de *La Dépêche de Toulouse*, du 15 janvier 1888 et du 8 juin 1892, disent l'essentiel, en fière continuité.

6. Cité par Maurice Andrieu, *op. cit.*, p. 51.

maternelle, la défense du salaire des instituteurs, l'affectation d'un « médecin spécial », les marchandages d'un tarif préférentiel auprès de la compagnie d'électricité, les chantiers de construction à surveiller, le lancement des travaux manuels, les cantines à organiser, les prix et distinctions à distribuer, les fêtes et les galas d'entraide à égayer.

Chacune de ses victoires matérielles est aussi pour le vieil enfant du Fédial l'occasion de rappeler le primat de la morale et de la famille, d'offrir la tolérance et l'espérance à tous, de dire la force émancipatrice qu'a pour les jeunes la combinaison ardente de la tendresse filiale, du travail, du savoir et du mérite. Le ton est d'une générosité qui aujourd'hui fait souvent sourire, mais qui alors n'étonna jamais chez « Jeannot ». « C'est la vie de famille qui nous permettra de donner à la démocratie française une éducation toujours plus haute, sans jamais faire de déclassés », car « les joies du savoir et les affections de la famille pénètrent dans ces jeunes âmes et la science que nous rêvons pour la démocratie française ne sera pas une étrangère, arrogante et dédaigneuse, boudant au foyer domestique et au métier familier. Elle apparaîtra tous les soirs dans la famille populaire sous les traits de l'enfant bien aimé qui a dans les yeux la lumière de la vérité entrevue et qui, en retrouvant le père et la mère, fait de cette lumière de vérité un nouveau et plus ardent éclair de tendresse filiale », dit-il à la distribution des prix du primaire d'août 1890. Point trop d'idéalisme toutefois, ajoute-t-il à l'usage des lycéens en juillet 1892, car dans le monde moderne qui attend la jeunesse, dans l'ordre politique comme dans l'ordre économique et industriel, « partout les énergies individuelles sont comme prises dans un mécanisme d'acier ». Et pourtant, martèle-t-il, si fortes soient les inquiétudes du présent, si lourdes soient les oppressions, si vivaces soient les aspirations collectives, seules les individualités « énergiques et résistantes » peuvent entrevoir l'avenir : « Il faut que vous appreniez à dire "moi", non par les témérités de l'indiscipline ou de l'orgueil, mais par la force de la vie intérieure. [...] Il faut que vous vous arrachiez parfois à tous les soucis extérieurs, à toutes les nécessités extérieures, aux examens de métier, à la société elle-même, pour retrouver en profondeur la pleine solitude et la pleine liberté. [...] Alors, jeunes gens, vous aurez développé en vous la seule puissance qui ne passera pas, la puissance de l'âme ; alors vous serez haussés au-dessus de toutes les nécessités, de toutes les fatalité et de la société elle-même, en ce qu'elle aura toujours de matériel et de brutal. Alors, dans les institutions extérieures, en quelque manière que l'avenir les transforme, vous ferez passer la liberté et la fierté de vos âmes. Et, de quelque façon qu'elle soit aménagée, vous ferez jaillir dans la vieille forêt humaine, l'immortelle fraîcheur des sources. » Ainsi parlait-il aux gamins et aux potaches : en métaphysicien et en moraliste, « sous d'interminables ovations[7] ».

Mais déjà son action d'élu municipal le conduit bien plus loin et le contraint à frotter ses idées républicaines et socialistes à la réalité ouvrière. En 1890, il fait prêter un bout d'école pour installer des cours professionnels, fréquente les fondateurs de l'Union des syndicats, soutient que « pour obtenir, pour créer l'union du parti socialiste en France, il faut qu'il y ait

7. Voir Maurice Andrieu, *op. cit.*, p. 71.

un très grand nombre de travailleurs rassemblés, réunis, groupés dans des syndicats unis[8] ». Et il salue les premières grandes manifestations du 1er Mai. A l'été 1891, son aide est même décisive pour régler le conflit des traminots, qui risque de dégénérer. A cette occasion il a déjà appris beaucoup sur la ruse patronale, la dureté du combat, la force de la négociation et le sens du compromis. Le spectacle de la violence le conforte même dans l'idée « qu'à un moment donné la grève peut être pour l'ouvrier une nécessité de défense mais qu'elle ne constitue pas le moins du monde un moyen d'émancipation et de progrès[9] ». En juillet 1892, à l'ouverture de la Bourse du travail avec l'aide de la municipalité et surtout des ouvriers eux-mêmes, qui ont largement participé à sa construction, il voit dans cette heureuse issue d'une revendication ouvrière originale, une œuvre de solidarité positive et donc une marque de progrès républicain. Et il ne manque pas d'évoquer l'union indispensable du peuple et de la bourgeoisie de progrès. Une chose est donc certaine : dans l'avancée de son républicanisme vers le socialisme, c'est le spectacle des travailleurs en marche, de leur unité, de leur initiative propre et non pas celui des sectes socialistes qui l'a convaincu, et dès avant son installation politique à Carmaux.

C'est pourquoi il n'est pas parvenu à trouver un terrain d'entente avec les petits groupes socialistes qui se disputent les ouvriers toulousains en difficulté, face à la crise et au chômage qui sévissent pendant ces années-là. Il a surtout bien peu à dire aux moins mal organisés d'entre eux, les guesdistes, au point qu'il

---

8. *La Dépêche de Toulouse*, 17 décembre 1890.
9. *Ibid.* 5 février 1891.

refuse de parler au meeting tenu par Jules Guesde le 27 mars 1892 et que la longue entrevue qu'il a ensuite avec lui dans une chambre d'hôtel a été sans suite. En mai 1892, aux élections municipales, Jaurès est aisément réélu avec la plupart des sortants. Les guesdistes, qui ont fait bande à part, ne recueillent que 500 voix : c'est la preuve, conclut-il, que le sectarisme ne paiera pas. Ce qui le conforte dans le sentiment que « si le Parti socialiste a le droit et le devoir d'être [un jour] un parti distinct, il ne doit pas être un parti isolé ou un parti d'aventure ». Et qu'il lui faudra d'abord s'unir « d'une entente loyale et cordiale » avec les radicaux et, ensuite, aider à réduire « ces antagonismes profonds d'intérêts » que d'aucuns appellent, plus crûment que lui, la lutte des classes. C'est à ce point exact du raisonnement jaurésien, à la fin de 1892, que les mineurs de Carmaux en grève vont faire irruption dans sa vie en venant le prier d'être leur représentant.

Socialisme et démocratie cosmique

Pourtant il faut comprendre et admettre que c'est un métaphysicien docteur en Sorbonne qui répond, quelques mois à peine après sa soutenance, à l'appel de Carmaux. Sa thèse annexe sur les origines du socialisme allemand a appliqué au socialisme français la « démocratie cosmique » ou le « panenthéisme » qu'il professait dans sa thèse principale en déblayant la question de Marx et du marxisme, celle qui hante et active déjà tout outre-Rhin, mais qui arme si médiocrement en France, et d'abord chez les guesdistes. Marx philosophe ? Jaurès ne le rejette pas, tant il retrouve chez lui son propre souci de la totalité, de l'unité de l'être et du réel, de la pensée et de l'action. Il croit même pouvoir le ranger parmi les héritiers du « souffle allemand de l'idéalisme » en ne voyant dans sa dialectique qu'un concept qui aide à ramener la nature humaine à sa perfection originelle. Dès 1889 il a plongé dans *Le Capital*, « vigoureux et algébrique », il médite et il s'informe auprès de Lucien Herr ou de Gabriel Deville, il entretient de ses découvertes ses lecteurs de la *Dépêche* : c'est un net éblouissement. Mais, fort de sa bonne connaissance des textes en allemand – il criera d'ailleurs dans un désert : la première traduction française du *Manifeste*, par Andler, date de 1901 –, il pose des questions qui étonnent les tenants d'une vulgate réduite à quelques citations expéditives.

Ce qu'il récuse, et à jamais ? C'est le mince bagage guesdiste qui nourrit des analyses sans nuances : l'économie commanderait et les contradictions du capitalisme seraient fatales ; prolétariat et bourgeoisie camperaient face à face, prêts à en découdre ; la République bourgeoise ne saurait enrayer la paupérisation ; l'État se laisserait prendre d'assaut ; la crise finale serait inéluctable ; un parti structuré serait l'instrument privilégié du passage au socialisme. Fatalisme de la révolution, refus d'une autonomie du politique, primat de la rupture et médiocre aspiration unitaire, déni de la République réformatrice : Jaurès hait déjà, pour toujours, cette paresse d'analyse, cet activisme mis au service d'un fatalisme, cette caporalisation du combat. « À quoi bon proclamer le socialisme et grouper en corps d'armée tous les soldats du socialisme si, par leur marche même, les choses réalisent peu à peu le socialisme ? », et « en quoi est-il démontré qu'une nouvelle forme de société, produite par une nécessité aveugle, serait meilleure et plus équitable ? » Il y a pire : le *Manifeste* est « dépassé par les événements », car on n'observe ni paupérisation absolue du prolétariat, ni cataclysme économique armant les travailleurs et favorisant l'effondrement violent de la bourgeoisie et, dès lors, « la soudaine révolution prolétarienne, la révolution de dictature ouvrière, sont également ruinées ». Donc, « ce n'est pas par le contrecoup imprévu des agitations politiques que le prolétariat arrivera au pouvoir, mais par l'organisation méthodique et légale de ses propres forces sous la loi de la démocratie et du suffrage universel ».

Jaurès adhère néanmoins déjà à un socialisme qui ne se distingue pas de l'humanité en gésine et qui réconcilie Kant et Marx, Fichte et Hegel. Il s'agrège à un combat collectif qu'il voit d'abord comme l'union, toujours à élargir, de tous les esprits épris de justice sociale : « Le socialisme dialectique s'accorde avec le socialisme moral, le socialisme allemand avec le socialisme français, et l'heure est proche où convergeront et se joindront de toutes parts, en un seul et même socialisme, toutes les âmes, tous les esprits, toutes les forces et facultés de la conscience, et aussi la fraternelle communion chrétienne, la dignité et la véritable liberté de la personne humaine et même l'immanente dialectique des choses, de l'histoire et du monde. » Pourtant, ce socialisme moral et dialectique restera infirme et impuissant s'il n'est pas d'abord républicain, s'il ne propose pas, s'il ne guide pas le tracé d'un prolongement démocratique et social de la République : cette conviction en forme d'idée fixe résume Jaurès tout entier dès 1892 et le résumera jusqu'au bout, mystique et politique, métaphysique et unitaire, refusant de réduire l'action socialiste à une lutte des classes. Philosophe, porteur de parole, parlementaire et édile, Jaurès en 1892 est déjà Jaurès tout court, parce qu'il pense qu'il existe « un immense parti socialiste qui s'appelle tout simplement le parti républicain », que « l'idée socialiste n'est point liée à l'organisation actuelle du parti, elle est beaucoup plus forte et beaucoup plus vaste que celui-ci » et que « les socialistes les plus absolus travaillent contre eux-mêmes lorsqu'ils s'isolent du grand parti républicain [10] ».

Dès 1885 il savait qu'il faudrait, d'une part, arracher le socialisme aux doctrinaires sans âme et aux dogmatiques rêvant d'une lutte des classes porteuse de la rupture révolutionnaire et, d'autre part, convaincre le « grand parti républicain » qu'il ne peut être que conquérant et soucieux d'améliorer le sort des démunis et des exploités. La République socialiste doit sortir en continu, sans rupture ni haine, de la République « bourgeoise », de la République tout court : voilà, d'entrée, son credo, dont il soutiendra toujours qu'il a été d'emblée celui d'un socialiste. Aux opportunistes et aux radicaux comme aux socialistes sectaires, il n'a pas dès lors cessé de dire que « le pouvoir républicain a envers la nation tout entière et surtout envers les humbles, un immense devoir d'initiative réformatrice, méthodique et graduée, mais immédiate et continue jusqu'à la pleine justice ». Cet activisme républicain, Jaurès constate bientôt qu'il est conflictuel, car il n'a eu aucun mal à repérer, à la Chambre comme à Toulouse, que de « prétendus » républicains, autour de Ferry comme autour de Clemenceau, se satisfont de la révolution bourgeoise et n'entendent pas pousser

10. *La Dépêche de Toulouse*, 27 octobre 1889.

plus avant les feux du réformisme social ; et que, symétriquement, trop de socialistes ne sont pas de « vrais républicains » et refusent l'action progressive. Il conviendra même en 1899 que c'était « une illusion enfantine : ce que la vie m'a révélé, ce n'est pas l'idée socialiste, c'est la nécessité du combat ». Car « la vérité, pour être toute la vérité, doit s'armer en bataille ».

4

L'élu de Carmaux

À l'automne 1892, Jaurès est prêt. Réélu aux municipales à Toulouse, fort de sa discussion décevante mais passionnée avec le grand aîné Jules Guesde, il a affermi dans ses articles de la *Dépêche* des réflexions philosophiques, politiques et sociales qui nourrissent en lui une certitude : l'heure est venue de croire en l'avenir d'un « parti socialiste ouvrier », et non plus « socialiste » tout court, qui aura une organisation distincte, un programme propre et des candidats à lui. « Si l'on objecte comme on le fait souvent, précise-t-il, que c'est là de la politique de classes, il est aisé de répondre qu'il y a, en effet, dans l'ordre social actuel, des antagonismes profonds d'intérêts et que ce n'est pas en jetant sur cet antagonisme le voile complaisant des mots qu'on parviendra à le résoudre. » Et d'ajouter aussitôt, en républicain de progrès : « Si le parti socialiste a le droit et le devoir d'être un parti distinct, il ne doit pas être un parti isolé ou un parti d'aventure. Il ne doit pas se coaliser au hasard des intérêts électoraux avec n'importe quel parti. [...] C'est avec le parti radical qu'il peut et doit s'unir d'une entente loyale et cordiale [1]. »

1. *La Dépêche de Toulouse*, 11 mai 1892.

Mais Jaurès voudrait aller bien au-delà des intérêts de classe et des ententes électorales. « Même si les socialistes éteignent un moment toutes les étoiles du ciel, je veux marcher avec eux dans le chemin sombre qui mène à la justice, étincelle divine, qui suffira à rallumer tous les soleils dans toutes les hauteurs de l'espace » : si le métaphysicien entré en politique va suivre ce « chemin sombre » plutôt que de se contenter de ce qui l'a nourri et comblé jusqu'alors, la lumière de son Midi, les soleils de la pensée, la morale pour enfants sages et la République des honnêtes gens, c'est que socialiste il l'est déjà « par pensée, par parole, par action et par omission », comme dans la vieille prière. Et il va l'être de façon plus intense, plus singulière et plus significative à Carmaux, grâce à Carmaux. En 1914, à quelques mois de la guerre, il avouera à ces mineurs et ces verriers qu'il vit et sut porteurs de tant d'espoirs : « Je ne demande qu'une chose, c'est de rester digne de vous. » Autrement dit, c'est à votre aune aussi que désormais je veux être mesuré.

À pleine bouche

Quand à la fin de novembre 1892 des socialistes de Carmaux viennent le prier de gagner en leur nom le siège de député laissé libre par la démission du marquis de Solages le 14, Jaurès est très au fait de la situation là-bas, qu'il a signalée ainsi dans la *Dépêche* : « À Carmaux, il y a deux mille ouvriers mineurs. Le baron Reille qui les administre ne les connaît même pas de vue. Il habite Paris l'hiver, il habite Saint-Amans l'été. Les ouvriers de Carmaux ne sont pour lui que des jetons de présence qui s'accumulent dans sa caisse avec d'autres jetons de toute origine. [...] Et tous ces hommes qui ont un cerveau et un cœur, comme lui, plus que lui, ne seraient que des mannequins noircis de charbon et déposant dans l'urne, d'un geste automatique, le bulletin de vote rédigé par lui ? » Non, ils ont osé : aux élections de mai, coup de tonnerre, la municipalité de Carmaux a été conquise par les socialistes contre les hommes du baron et de la « gent marquisarde », et c'est le meilleur d'entre eux, un ajusteur employé à la Compagnie des mines, Jean-Baptiste Calvignac, qui est devenu maire le 15. Le nouvel élu est un vieux combattant de la Sociale. Il a lancé la Chambre syndicale des mineurs après le semi-échec d'une grève sur la durée du travail en 1883, il est passé du républicanisme au socialisme en rejoignant le groupuscule d'Allemane, très anticlérical mais féru d'action syndicale, et en organisant une petite et hétéroclite Fédération ouvrière du Tarn qui édite une vaillante et maigre feuille, *La Voix des travailleurs*.

Un pareil homme ne pouvait pas manquer de poser le dilemme : comment exercer au mieux les fonctions de maire sans demander des congés ou des heures libres à la Compagnie ? La réponse patronale a été cinglante : Calvignac doit choisir entre son métier et son mandat et, pour se faire mieux comprendre, la Compagnie l'a licencié sans phrases le 2 août. Le 15, la protestation des mineurs a tourné à l'émeute, le marquis de Solages a quitté précipitamment son château et, le lendemain, la grève était générale à Carmaux. Elle a duré dix semaines et a eu des échos dans tout le pays, avec meetings de soutien, collectes, interpellations à la Chambre et, en réplique, une détermination accrue du patron à rester maître chez lui. Sur place, le président du Conseil a envoyé la troupe, des grévistes sont coffrés, mais des anarchistes douteux se trouvent à rôdailler, les femmes sortent les griffes, les « jaunes » sont serrés de près : tout aurait pu dégénérer. Le baron Reille, dont l'intransigeance méprisante a été dénoncée par Millerand à la Chambre, a donc dû accepter un arbitrage et celui-ci est rendu le 30 octobre : Calvignac est réintégré, les grévistes emprisonnés seront libérés ou graciés. Le 3 novembre, la reprise du travail s'est faite au chant de *La Carmagnole* et une ville en liesse a porté en triomphe ses prisonniers élargis.

Reste à remporter la victoire électorale. Les citoyens-camarades carmausins renoncent à présenter Calvignac, de peur d'effrayer les ruraux des cantons voisins. Aucun de leurs amis socialistes ne faisant mieux l'affaire, ils acceptent finalement ce Jaurès dont les Toulousains disent si grand bien. Encore faut-il un programme à défendre : celui que le Parti ouvrier français de Guesde vient d'adopter à son congrès de Marseille en septembre conviendra, car on y fait enfin des propositions sensées sur l'agriculture et les ruraux. Jaurès tope là, convaincu que ce programme est le moins mauvais en la circonstance et, surtout, qu'il ne peut pas refuser son aide à Carmaux. S'ensuit en décembre une campagne très tendue, où l'on s'empoigne sur les impôts injustes, sur l'avenir de la grande propriété agricole à socialiser et de la petite à maintenir, où le socialisme est présenté comme une défense des fermiers, des métayers et des journaliers autant qu'une émancipation des ouvriers d'industrie. En vain : les cantons ruraux ne voteront guère pour un « rouge » partageux et seul l'appui ouvrier massif de Carmaux lui permet, en janvier 1893, d'être élu avec une courte avance de 474 voix. Jaurès quitte Toulouse et s'installe à Paris avec sa famille. Il se lance au plan national dans une action parlementaire et militante très vigoureuse, mais il sait garder le contact avec sa circonscription, reçoit et écoute des camarades sûrs qui deviennent ses meilleurs agents électoraux, passe scrupuleusement tout l'été au Bessoulet et joue à plein de sa connaissance intime du « pays ». Si bien qu'il est réélu sans difficulté aux élections générales d'août 1893, avec cette fois 1 789 voix d'avance. Il a même pu voler au secours d'autres camarades en France et contribuer directement au premier grand succès des socialistes qu'ont été ces élections.

Désormais il ne quittera plus cette circonscription difficile, aux majorités aléatoires, soumises aux caprices des campagnes et aux véhémences ouvrières, où les Solages et les Reille entendent toujours régner directement, où la petite paysannerie républicaine ne s'en laisse pas conter, où les préfets, les gendarmes et les juges sont toujours à cran et à poigne. Parmi ses électeurs, les rares socialistes déterminés, souvent blanquistes d'origine, croient au très proche avènement de la révolution, rêvent de grèves à répétition, de manifestations de rue avec drapeaux rouges en tête, et ne dissimulent donc pas qu'ils surveillent le nouvel élu. « Quand on est enfin devenu socialiste, grondent-ils, l'on ne peut plus reculer, tout pas en arrière est une trahison, la marche en avant seule est permise. Jaurès le comprendra ; il ne s'arrêtera pas en route ; désirant le but, il voudra les moyens ; socialiste aujourd'hui, il ne tardera pas à devenir un fervent révolutionnaire. C'est à cette seule condition d'ailleurs qu'il pourra continuer à représenter à la prochaine législature les révolutionnaires carmausins[2]. » Cette mise en tutelle aurait pu l'inquiéter car chacun, à l'exception de ces diables de Carmausins, s'était fait une idée de son progressisme plus conforme au portrait résumé que la *Dépêche* avait publié au début de la campagne : « Un tribun à l'éloquence ennemie des sonorités creuses, mais admirable d'harmonie et d'élégance avec de ces envolées qui vous poignent à l'âme et vont au cœur des foules. D'ailleurs il garda le meilleur de ses affections à ces foules pour lesquelles il combat sans lassitude, à ce peuple dont il veut le perpétuel développement intellectuel, l'incessante amélioration matérielle et, qu'en ses théories de philosophe socialiste fait plus vibrant d'espérance par un spiritualisme religieux, il a rêvé actif, intelligent et loyal, c'est-à-dire libre. Signe particulier : le plus parfait des bourgeois, adore sa femme et ne fume pas[3]. »

Ledit bourgeois sortira vainqueur de cette accumulation de contraintes et de contradictions grâce à sa connaissance des soucis de chacun, à son respect de ses auditoires, à sa qualité d'enfant du pays au moins autant qu'à l'organisation du soutien socialiste et ouvrier que sa fidélité mérite. Il tiendra à affirmer qu'il ne représente pas un parti ou une faction : il s'installe au contraire et prend ses aises avec ses qualités propres et des propositions nuées aux couleurs locales, mettant ainsi au défi ceux qui déniaient à la gauche le droit de retourner en sa faveur ce scrutin d'arrondissement qui personnalise tant le pouvoir. Il

2. *La Voix des travailleurs*, 5 mars 1893, cité par Madeleine Rebérioux, « Deux portraits de Jaurès en 1893 », *BSEJ*, 47, octobre-décembre 1972, p. 15.

3. *La Dépêche de Toulouse*, 2-3 janvier 1893, *art. cit.*, p. 14.

sait pouvoir compter sur la fidélité de quelques militants très proches, Calvignac en tête, de leurs femmes et leurs familles qui l'accueillent, l'escortent et parfois même recousent ses boutons et lavent sa chemise, lui l'éternel mal fringué pas trop « tenu » par son épouse. Et surtout, l'enfant du Tarn est chez lui, sa petite patrie le porte, humanise et ensoleille son action en toutes circonstances.

Laurent Naves, témoin oculaire, l'a rappelé : « On s'est bien souvent demandé comment cet homme qui enchantait les élites les plus difficiles, pouvait mettre ses développements oratoires à la portée des rudes travailleurs de la mine ou des champs qui se pressaient à ses réunions publiques. On oubliait que c'est précisément au milieu d'eux qu'il était à son aise, et là encore que s'extériorisait dans toute sa plénitude sa joie puissante de vivre. Il était lui-même un paysan, par sa forte carrure, son cou large et court, ses grosses mains, sa démarche pesante et ses négligences vestimentaires. Il n'y avait assurément rien d'affecté dans la cordialité de ses manières et les paysans, au début réservés ou hostiles, étaient bientôt conquis par sa naturelle simplicité et sa bonhomie. Il leur parlait dans leur patois, s'entretenait amicalement avec eux de leur famille, de leurs travaux, de leurs difficultés. Il riait aux éclats à leurs plaisanteries, de son bon rire franc et joyeux. Lui, que la nature avait comblé des dons les plus prestigieux et qui portait dans sa tête la plus vaste culture qui se puisse concevoir, se délassait ainsi dans le libre abandon de cette familiarité avec ces braves gens auxquels il se sentait lié par de secrètes et profondes affinités. [...] Il venait ici renouveler périodiquement ses forces après ses luttes épuisantes, au contact de cette terre nourricière et de ce peuple dont il était issu. [...] Mon père m'a souvent parlé des repas en sa compagnie au fameux restaurant Panis, à Valence-d'Albigeois. Jaurès dévorait de son énorme appétit les bons plats cuisinés par la patronne de l'auberge. Il aimait particulièrement les confits d'oie, spécialité de la région. Il mangeait à pleine bouche, avec un plaisir de bon vivant, sans se soucier des miettes de pain qui s'accrochaient aux poils de sa barbe ou traînaient sur son gilet. Dans cette modeste salle de restaurant de campagne, entouré de convives paysans, militants du parti, il était détendu, jovial, pleinement heureux. Il déclara un jour en riant : "Nous ne sommes pas des ascètes"[4]. »

À vrai dire, rien à Carmaux ne pouvait le porter à l'ascétisme. Le paysage n'y a rien de commun avec celui du Nord que Zola a décrit dans *Germinal*, et l'envoyé spécial du *Temps*, certes point trop favorable aux mineurs gréviculteurs, a d'abord vu « sous un ciel gai, un soleil bienfaisant, un air pur, des prés, des bois, des cultures. Les puits de mine n'ont rien de désolé ; ils émergent de verdoyants bouquets d'arbres, châtaigniers, acacias ou chênes qui enveloppent la cité du charbon de leurs feuillages et la parent de leur poésie[5]. » Les mineurs ont été recrutés par la Société des mines de Carmaux (SMC) chez les paysans les plus pauvres de la région, ils ont souvent conservé quelques parcelles ou de petites propriétés familiales et donc ils donnent encore souvent priorité aux travaux agricoles, surtout l'été, et entendent conserver leur rythme de vie et leur culture populaire à l'ancienne. Surtout, considérant que la mine ne leur fournirait jamais qu'un salaire d'appoint, ils ne voulaient

4. Laurent Naves, « Jaurès à Carmaux. Témoignage », *BSEJ*, 7, octobre-décembre 1962, p. 15-16.
5. *Le Temps*, 11 octobre 1892.

pas prolonger leurs séjours au fond et restaient rebelles à l'organisation, à la discipline et aux cadences industrielles, vomissaient ingénieurs et petits chefs, prétextaient de tout pour protester puis revendiquer. Non sans raisons d'ailleurs, car la SMC cultivait, et souvent assez bien, à la fois l'image d'un patronat paternel à l'ancienne, avec ses œuvres de charité et ses caisses de secours, ses logements en cités, son label de bonne vie et mœurs, et celle d'une entreprise moderne, soucieuse d'abord de rendement et de cohésion militaire dans le travail d'équipe, inflexible sur les salaires et punissant tout désordre. C'est ainsi, exemple entre cent, que le règlement intérieur de la mine, drastique, n'était jamais communiqué aux mineurs à l'embauche mais invoqué par contre pour tout licenciement. De surcroît, toutes les notabilités, clergé et fonctionnaires, préfet et juges, élus et gens d'honnête aisance, savaient être peu ou prou à ses ordres.

Toutefois, la crise aidant, les profits baissant, la situation s'est tendue depuis le milieu des années 1880 et la grève de 1892 a signalé sa gravité. La SMC est en effet devenue très offensive, a beaucoup embauché (2 100 employés en 1889, près de 3 000 en 1895), a su imposer une meilleure discipline et de plus fortes cadences. Si bien que peu à peu un sentiment de classe, plus réfléchi et plus vaste que la simple résistance à cette police moderne du travail, a saisi les mineurs et les autres ouvriers du bassin. Et leur lutte est devenue exemplaire au plan national car, forte de ses particularismes locaux, elle a su mieux que d'autres à la fois organiser syndicalement l'action ouvrière, prolétariser le socialisme embryonnaire et relancer le progrès républicain : trois variables d'un combat émancipateur, ailleurs dispersées et confuses mais qui à Carmaux ont été manifestées, unifiées et, finalement, incarnées et magnifiées par Calvignac puis par Jaurès. Chez le baron Reille tout n'est donc pas aussi noir que dans les zones à plus forte concentration du capital et du travail, ou même à Toulouse, à Mazamet ou à Decazeville si proches. Car la mixité sociale et culturelle y a donné à l'affrontement social et démocratique une vivacité et une générosité particulières, une coloration et une luminosité plus riches. Jaurès le sait, s'en réjouit et saura désormais arguer partout du refus carmausin de l'uniformité, de l'ascétisme et de la grisaille[6].

La Verrerie des verriers

Exemplarité, vivacité, générosité mais complexité aussi de la lutte sociale à Carmaux vont être bien vite confirmées à Jaurès. Plus que les mineurs, ce sont les verriers qui se mettent à battre inopinément le rappel et font du nouveau député, jusqu'alors homme de bon conseil et de belle conviction, un leader aussi passionnément aimé que violemment détesté et combattu. Tout a commencé à l'été 1895, quand les verriers l'ont arraché aux douceurs de Bessoulet pour qu'il vienne les aider à affronter Rességuier, leur vieux et terrible patron, âpre au gain et sans scrupule. Ils soufflent le verre pour lui à l'usine de Sainte-Clotilde et en font des bouteilles. L'entreprise est solide, bien assise dans toute la région, elle a du stock, Solages et Reille l'avantagent depuis longtemps en lui vendant à petit prix le

6. Voir Rolande Trempé, *Les Mineurs de Carmaux (1848-1914)*, Les Éditions Ouvrières, 1971, 2 vol.

charbon pour ses fours. Trois verriers sur quatre ne sont pas originaires du Tarn et aucun n'est à demi rural comme les mineurs : hautement spécialisés, ils œuvrent souvent dans toute la France et reçoivent un bon salaire pour leur terrible travail.

« Sait-on assez, écrit Jaurès, que pour pouvoir suffire, sans y dépenser tout le sang de leurs veines, à l'énorme transpiration que provoque la fournaise, ils sont obligés de boire au moins vingt litres d'eau par jour ? Quand cette eau, tiède, et à Carmaux malsaine de surcroît, est passée dans leur estomac, ils n'ont plus ni appétit ni force ; et quand la femme du verrier, voyant que le mari ne mange plus, cherche une nourriture un peu délicate pour exciter l'appétit mort, les bons opportunistes et les bons bourgeois réactionnaires s'écrient : "Quels gourmands que ces verriers ! Il leur faut tous les bons morceaux !" Ah ! les honnêtes gens ! » Néanmoins, ces souffleurs à haut risque ont créé leur syndicat local dès 1887 et se sont organisés pour faire face aux foucades de Rességuier, rendu soudain très intrépide par sa complicité avec un nouveau préfet, de choc, paradoxalement nommé Doux. Quand le patron s'est mis en tête de défalquer plus fortement sur leur paie – ils sont bien payés mais à la tâche – les bouteilles mal formées, le rebut et la casse, ils sont allés à la bataille.

Le conflit n'a d'abord été qu'une suite de celui de 1892, et dès l'année 1894 patrons et notables avaient d'ailleurs multiplié les coups d'épingle. Si bien qu'en mars 1895 le préfet Doux a assez intrigué à Paris pour faire de nouveau destituer Calvignac de ses fonctions de maire. En mai, malgré la réélection triomphale de ce dernier, nouvel assaut : traîné en justice pour injures à son pâle successeur, Calvignac est déclaré inéligible pour cinq ans et un leader syndical des verriers, Beaudot, est condamné lui aussi. Le 28 juillet, les Carmausins réélisent les deux hommes au conseil général et au conseil d'arrondissement. En vain. Le 30 juillet, Rességuier croit pouvoir porter l'estocade : il licencie Beaudot, poussant ainsi les verriers à la grève. Aussitôt Jaurès propose son arbitrage, ou du moins s'engage à faire désigner des arbitres à la Chambre. Toujours en vain. Le 7 août, alors que les verriers seraient prêts à reprendre le travail pour favoriser enfin une négociation, Rességuier lock-oute brutalement, licencie tout son monde et annonce qu'il ne reprendra la fabrication qu'avec des verriers venus d'ailleurs. L'affaire prend dès lors un méchant tour et à Carmaux même, pour trois longs et durs mois, la situation restera explosive. La solidarité ouvrière s'est organisée, mais les commerçants et les « jaunes » grognent très haut. Les élus locaux sont désemparés. Les notables et les patrons convainquent sans peine le préfet d'assurer l'ordre encore plus solidement. Les indics et les provocateurs s'affichent, les arrestations et les procès se multiplient. Jaurès lui-même est visé en pleine rue par des charges de gendarmes à cheval, le bruit court de son proche assassinat et Rességuier l'assigne puis le fait condamner en justice pour « coalition accompagnée de manœuvres ».

Tandis que les verriers entreprennent un tour de France pour expliquer leur lutte et trouver des secours, Jaurès assiège à la Chambre le gouvernement Ribot pour lui arracher un arbitrage, une aide, un regard. Victoire apparente le 28 octobre 1895, sur interpellation victorieuse des socialistes après que Jaurès a plus qu'éloquemment plaidé la cause des verriers : le radical Léon Bourgeois succède temporairement aux opportunistes désormais camouflés en

« progressistes ». Mais d'arbitrage et de compassion parlementaire, point. C'est la gauche républicaine, socialiste, syndicale et ouvrière qui, à défaut des élus du peuple, va seule débloquer la situation, dans un grand remuement d'opinion fortement entretenu par la presse. En effet, Henri Rochefort, l'ancien adversaire de Badinguet encore boulangiste il y a peu mais opportunément converti aux causes de gauche, peut mettre miraculeusement cent mille francs à la disposition des verriers – l'argent vient d'une délicieuse vieille dame indigne de Boulogne-sur-Seine, Mme Dembourg, qui adore aider les démunis – s'ils décident de se mettre à leur compte.

Mais où ? À Carmaux, avec l'appui des mineurs et des élus, pour mieux narguer Rességuier mais en sachant que Solages leur refusera le charbon, ou à Albi où le terrain est libre, où le logement et le charbon sont moins chers ? Et sous quelle forme : coopérative ou non ? Et qui doit discuter et décider de tout cela ? Les seuls verriers de Carmaux ? Sont-ils appelés, sans se soucier de Proudhon et de Marx, à devenir des ouvriers producteurs ou des ouvriers propriétaires d'un bien de production ? Et que faire en ce cas des verriers de la France entière dans leurs syndicats ? Des ouvriers qui les soutiennent ? Des organisations ouvrières qui encadrent plus ou moins ces travailleurs ? Des élus d'extrême gauche ? Des sectes et partis socialistes ? Des coopérateurs ? Des syndicalistes des Bourses du travail ? Imbroglio théorique, maladresses tactiques, affrontements entre les organisations, les clans et les personnes : la fièvre qui monte à Carmaux signale très nerveusement les maladies infantiles d'un mouvement ouvrier et socialiste qui, pourtant, se flatte de pouvoir bientôt toucher au port. Et qui, dans l'action, improvise, innove et avance.

Jaurès, pour la première fois, fait mieux que concilier et arbitrer. Malgré le risque qu'encourt son siège de député, car les verriers sont une part très active de son électorat, il assume peu à peu le rôle de leader implicite d'une action proprement ouvrière, locale, singulière sinon exemplaire, en favorisant les solutions qui dépossèdent le moins possible les verriers de leur ambition foncière : créer leur petite république du travail. Il laisse donc le champ libre à la commission nationale d'arbitrage laborieusement mise en place et qui se prononce au début de janvier 1896 en faveur d'Albi, au grand dam de Carmaux où l'inquiétude croît et où d'aucuns crient à la trahison des verriers. Il ploie sans rompre sous les sarcasmes de la grande presse et de ses collègues de la Chambre. Aux premiers jours, il n'était pas loin de croire les guesdistes et les blanquistes, ennemis des coopératives dont ils n'attendaient rien pour hâter la victoire du socialisme et qui, selon eux, seraient bientôt noyées dans le libre jeu du capitalisme. Mais il n'a pas rejoint le camp adverse, celui des coopératistes et des mutuellistes, des syndicalistes des Bourses du travail, des socialistes allemanistes qui, au contraire, pensaient qu'ainsi les travailleurs prendraient en main leurs affaires et pourraient ensuite aider les syndicats à devenir « le groupement de production et de répartition, base de réorganisation sociale » puis, qui sait, à hâter la révolution par « la grève générale des bras croisés ». Il n'abonde pas davantage dans le sens d'une spontanéité ou d'un localisme innés de l'action ouvrière, d'un « conseillisme » dira-t-on plus tard.

Par contre, il célèbre à l'envi les mérites du groupement et de l'entraide, la vertu propre de l'action collective, la capacité d'invention et d'initiative des travailleurs coalisés. Loin des théories et des rivalités, il plaide pour les solutions évolutives et souples, rappelle « qu'il n'y a pas d'idée plus grande » que celle de constituer « une usine ouvrière dont les actionnaires seront tous les groupements ouvriers du pays[7] ». Surtout, il laisse aux travailleurs en lutte la pleine responsabilité des décisions et de leurs conséquences. C'est ainsi qu'à la fin de janvier 1896, les verriers ont gagné Albi en cortège, qu'ils ont fait établir les plans de leur verrerie, ont trouvé les nouveaux financements indispensables et laissé parler les beaux parleurs. Ce fut vraiment une « verrerie ouvrière » qui s'édifia, propriété des multiples souscripteurs ouvriers du Sud-Ouest et de la France entière, offertoire populaire chanté et amassé sou par sou dans la rue ou les cours d'immeubles ; une construction par les verriers devenus charpentiers et maçons, avec popote commune et, pour ceux qui avaient laissé la famille à Carmaux, aller-retour quotidien, à pied, sur seize kilomètres. Dans leur esprit d'initiative et leur sens de l'entraide, Jaurès a vu l'ébauche de sa propre formulation de l'avenir socialiste, que plus tard il résumera ainsi : « Ce n'est point par la pesante monotonie d'une bureaucratie centrale que sera remplacé le privilège capitaliste. Mais la nation, investie du droit social et

7. « Unité et action », *La Dépêche de Toulouse*, 11 décembre 1895. Voir Rolande Trempé, « Jaurès et la Verrerie ouvrière », dans *Actes du colloque Jaurès et la Nation*, Association des publications de la faculté des lettres et sciences humaines de Toulouse, 1965, p. 199-217, et Marie-France Brive, « Jean Jaurès et la Verrerie ouvrière d'Albi », *BSEJ*, 83, octobre-décembre 1981, p. 3-17.

souverain de propriété, aura des organes sans nombre, communes, coopératives, syndicats, qui donneront à la propriété sociale le mouvement le plus souple et le plus libre, qui l'harmoniseront avec la mobilité et la variété infinie des forces individuelles. »

L'inauguration de cette Verrerie, le 25 octobre 1896, sera un de ces moments qui comptent dans une vie militante. Cortèges et guirlandes, bannières et drapeaux sur tout le parcours, orphéons prolétariens et gendarmes affables pour l'accueil, puis un banquet monstre de mille cinq cents couverts et Jaurès, déchaîné, debout sur la table, qui entonne cette *Carmagnole* tant chantée depuis un an : oui, « les bourgeois ont fini leur bail, bientôt régnera sur la terre la République du Travail » ! Plus tard, quand est allumé le premier four, dans un silence religieux, Jaurès se laisse emporter au vent nouveau du Tarn : « À deux pas d'une cathédrale que nous devons admirer, bien qu'elle symbolise tant de siècles d'ignorance et de douleurs, la classe ouvrière a érigé sa première basilique où les cœurs chanteront, non dans le tonnerre des orgues, mais dans la majestueuse mélodie des machines. Un fleuve rouge, notre Tarn, sépare le passé et l'avenir. Là-bas, au bout du pont, Albi et ses vestiges de rempart, Albi qui représente encore le Moyen Age ! Que dis-je, Albi ! Toute la France, toute l'Europe, le monde entier autour de nous, avec ses barrières, ses lois d'oppression, d'étouffement, de spoliation ! Le monde entier, avec ses usines qui sont des prisons, ses lieux de plaisir où l'on pleure de tristesse, ses églises d'où Jésus serait chassé s'il pouvait y parler ! Sur cette rive à jamais illustre, vous avez élevé, citoyens, un temple que l'humanité considérera toujours comme le berceau de la liberté ! »

Rien n'est réglé, hélas, malgré cette envolée. À Carmaux déserté par les verriers, le ressentiment et la division restent latents et Jaurès ne récupérera pas leurs voix perdues, ce qui explique en partie sa défaite aux élections de 1898. Pour la Verrerie, les difficultés de tous ordres commencent : de maîtrise technique et commerciale face à la concurrence capitaliste, qui voudra briser l'expérience dans l'œuf ; d'ordre interne aussi, quand il s'avérera très difficile d'associer pleinement les ouvriers à la gestion de leur « coopé [8] ». Aux moments de crise pourtant, en 1906 comme en 1912, Jaurès ne se permettra « aucune ingérence indiscrète ». Cette Verrerie pour laquelle il s'est dépensé sans compter est restée à ses yeux la preuve tangible que le socialisme n'était plus seulement une utopie féconde ou une doctrine généreuse, mais une incarnation, une proximité, un proche avenir. Et, plus que tout, de Carmaux à Albi, de mineurs en verriers partis ainsi en quête, a été rendu définitivement et âprement humain et concret, violent mais palpable, son souci philosophique, intellectuel et politique de toujours « faire connaître en toute conscience ce qu'il croit la vérité [9] ». Jamais il n'oubliera ces verriers d'Albi qui lui ont révélé que le socialisme, s'il veut rester synonyme de liberté et d'émancipation, devra être indistinctement, indissolublement, volonté et pensée, autonomie et fédération [10].

---

8. Voir Guy Sabin, « Une entreprise du XXIe siècle, la Verrerie ouvrière d'Albi », *Revue du Tarn*, 95, automne 1979, p. 403-421 ; Marie-France Brive et Roger Loubet, *La Verrerie ouvrière d'Albi*, Scandeditions, 1993.

9. *L'Humanité*, 1er octobre 1912.

10. Il le dit explicitement dans un article-programme, « Le socialisme français », *Cosmopolis*, janvier 1898.

Sur tous les fronts

Il a fait montre du même espoir et du même souci du vrai dans son action parlementaire depuis 1893. Et c'est évidemment grâce à elle qu'il acquiert alors une stature politique nationale et se distingue dans les rangs socialistes, en jouant activement sur les deux registres du progrès par la République et de l'affirmation irrésistible du socialisme. Il est vrai que cette fois-ci il a de la marge. Les socialistes ne sont plus tout à fait une secte puisqu'ils ont séduit 600 000 électeurs et envoyé à la Chambre une cinquantaine de députés, une cohorte disparate mais dont Jaurès pourra quelquefois discipliner l'action. Toutes les tendances, toutes les sensibilités du socialisme y sont représentées, chez des hommes qui se côtoient ou s'affrontent sans jamais se confondre. Et sans que leur action et leurs querelles gênent vraiment les deux forces sociales extrêmes, autonomes et fort méprisantes à leur égard, qui montent en parallèle en se nourrissant, comme eux, aussi bien de la dénonciation de la République des « chéquards » du Panama que de la poussée, qu'on croit irrésistible, des violences sociales et des grèves ouvrières.

D'abord, un courant anarchiste très virulent, descendant direct de Proudhon, Bakounine ou Kropotkine, tenté ces années-là par la stérilité assassine du terrorisme individuel et de la « propagande par le fait », mais qui peut séduire dans les milieux intellectuels ou artistiques, qui a d'infatigables propagandistes multipliant les causeries et diffusant une presse vivace, qui est présent dans les Bourses du travail et les syndicats. Ensuite, précisément, ce mouvement ouvrier à dominante syndicale où la coopération et la mutualité sont encore d'un grand poids, qui reste toujours faible par comparaison avec celui de Grande-Bretagne ou d'Allemagne mais qui prend du muscle (140 000 adhérents en 1890, 400 000 en 1894), s'inscrit dans tous les replis de la réalité du travail et de l'exploitation, s'organise (la CGT naît en 1895 mais dès 1892 le réseau des Bourses du travail s'est densifié) et affiche son ambition propre, émancipatrice, apolitique et populiste, antibureaucratique et ennemie de l'institution, résolument hostile aux « sectes », fussent-elles socialistes. Lutte pour le salaire, les conditions de travail et la journée de huit heures, pour les caisses de secours et la formation professionnelle, maniement de l'arme de la grève pour s'entraîner à tout révolutionner par la grève générale des « bras croisés » : associés, syndiqués et grévistes sont les plus offensifs.

Face à tant d'impatiences, les socialistes, peu ouvriers dans leur recrutement, ne peuvent que camper à la marge ou surenchérir en affichant un credo et un messianisme révolutionnaires où le verbe vaut action. Faute d'organisation et de doctrine cohérentes, ils ne peuvent compter en fait que sur leur soutien aux luttes ouvrières, leur confiance dans la valeur émancipatrice de l'école et du suffrage, leur conquête de mandats électoraux et leur dévouement d'élus. Sur leur action républicaine, pour l'essentiel : juste intuition d'ailleurs, de celles qui réjouissent Jaurès, puisque les élections municipales de 1896 ont confirmé les succès des législatives de 1893. Mais l'unification de leurs ambitions reste un vœu pieux, malgré la montée des luttes sociales. Les guesdistes – 17 000 à peine en

1900 – forment la moitié la plus disciplinée du bataillon, avec des chefs prestigieux comme Guesde et Lafargue, une doctrine, le marxisme, dont ils tirent quelques recettes simplistes, des fiefs dans le Nord et le Pas-de-Calais mais aussi le Midi paysan « rouge », des élus et des municipalités efficaces, un parti dénommé Parti ouvrier français (POF) en 1893 dont 60 % des adhérents sont des ouvriers, une audience à l'étranger grâce à leurs vieux liens avec Marx et l'Internationale.

C'est d'abord par rapport à eux, à leur puissance et leur cohérence relatives, que se dessinent et redessinent les mouvances et les alliances. Ainsi les blanquistes, pris en main par Edouard Vaillant, peu nombreux mais bien inscrits dans le mouvement ouvrier et très présents dans la Seine, le Centre et le Nord, sont-ils devenus si partisans de l'unité socialiste qu'ils peuvent parfois s'allier à Guesde. Et les amis de Jean Allemane regroupés depuis 1890 dans un petit Parti ouvrier socialiste révolutionnaire (PSOR), en revanche, sont si proches des syndicalistes, si ouvriéristes et si partisans de la grève généralisée qu'ils ont peu de chance d'étendre leur audience. À l'inverse, ceux de Paul Brousse, ou « possibilistes », si respectueux eux aussi de l'autonomie ouvrière et rejetant le marxisme, misent d'abord sur la conquête du pouvoir communal et l'extension des services publics : ils rêvent de travaillisme et ferraillent donc volontiers contre les guesdistes, et même ne sont pas hostiles aux alliances ponctuelles avec les radicaux. Entre ces regroupements partisans disparates, des individualités comme Viviani, Millerand et Jaurès animent les « indépendants », venus des professions libérales, élus déjà notoires et parlementaires actifs qui souhaitent l'unité (Millerand fait une franche proposition en ce sens dès 1896 à Saint-Mandé), mais à condition qu'elle soit forgée à la fois dans l'exercice politique du suffrage universel, dans l'expérimentation concrète des meilleures formes, locales et étatiques, de collectivisation des moyens de production et dans la bataille revendicative. Ainsi, pensent-ils, s'imposera pas à pas un socialisme enfant de la République sachant faire l'économie de la violence révolutionnaire.

Cette disparité se retrouve trait pour trait à la Chambre de 1893 : cinq guesdistes, cinq allemanistes, quatre blanquistes, deux broussistes, soit seize « organisés », cohabitent avec une vingtaine d'indépendants que peuvent rejoindre quelques « radicaux socialistes ». L'ensemble constitue un groupe parlementaire, dont les allemanistes se retirent et que dominent Millerand et Jaurès. Celui-ci rêve alors d'unité socialiste à la base, par fédération des bonnes volontés et des luttes spontanées, sans secours des « sectes », mais parfois ses positions sont proches de celles du POF : à Paris comme à Carmaux, il cultive l'écart, il hésite, expérimente et reste donc délibérément un « non-inscrit » même si, au temps de l'Affaire, il va aider à mettre sur pied une Fédération des socialistes indépendants qui, glissement sémantique très significatif, ne vivotera quelque temps qu'en prenant le nom de Fédération socialiste révolutionnaire ! Jaurès, au vrai, préfère se poser en arbitre entre les prétendus « révolutionnaires » et les « réformistes » supposés, en homme de bonne volonté qui ne perd pas le contact avec le mouvement ouvrier, en intellectuel souffleur de feu et d'idées, en leader du groupe parlementaire, en grand ténor efficace et redouté.

C'est dire qu'il fait feu de tout bois, mêlant à un

rythme effréné, tout juste apaisé par les séjours d'été au Bessoulet, les grandes réunions publiques, les prestations de presse (il écrit désormais chaque semaine non seulement dans la *Dépêche*, mais dans *La Petite République* de Millerand puis de Gérault-Richard, sans rompre tout à fait avec *Le Socialiste* de Guesde), les arbitrages, les plaidoiries, un surabondant travail parlementaire, les grandes interventions à la tribune (pas moins de vingt-quatre pour la seule année 1893) et les premières escapades à l'étranger, à titre privé (il découvre notamment l'Algérie en avril 1895, pour des vacances qui tiennent de la convalescence après son accumulation de deux années de fatigues intenses) ou pour des réunions de l'Internationale. C'est au premier chef grâce à lui que le socialisme entre alors dans le débat public, pourrait devenir un phénomène d'opinion et sera peut-être capable un jour d'atténuer ses querelles en faisant l'union « entre ceux qui veulent manger l'œuf social par le gros bout et les délicats qui veulent commencer par la pointe », comme disait Eugène Fournière. Et Jaurès est porté dans son combat par l'exaltation du moment, comptabilisant les traits d'audace, rappelant les grandes espérances, soutenant que le socialisme est à dix ou quinze ans, pas davantage, de l'accession au pouvoir, clamant en tous lieux que « le procès de l'ordre social finissant est commencé » et, par conséquent, que la bataille décisive est engagée.

Dès février 1893 le voici sur tous les fronts, mettant en difficulté le gouvernement Dupuy en flétrissant la corruption et l'escroquerie dans l'affaire de Panama : « Nous assistons à une décomposition sociale » ; intervenant sur la fiscalité ou les importations de blés étrangers ; élargissant les propositions guesdistes pour une politique paysanne et harcelant Méline sur ce point jusqu'en 1898[11] ; poursuivant un réactionnaire mal élu à Albi ; organisant de mai 1893 à janvier 1895 l'aide aux étudiants tentés par le collectivisme, puisque « c'est avec l'homme tout entier que le socialisme doit aller au combat[12] ». En 1894, il condamne bien sûr les attentats anarchistes : « Ils ne sont pas seulement criminels, ils sont insensés et absurdes. Ce ne sont pas les hommes qu'il faut haïr, il faut simplement haïr les institutions mauvaises qui font les hommes mauvais. » Mais il ne peut empêcher l'adoption des « lois scélérates » en juillet, dont on accablera tous les « meneurs » quels qu'ils soient. Puis il fait scandale en novembre en défendant le journaliste Gérault-Richard poursuivi aux assises pour avoir violemment attaqué le président de la République, Casimir Perier, au nom des travailleurs ; en décembre, il est exclu temporairement de la Chambre pour avoir déchaîné un trop violent tumulte par sa dénonciation des conseils de guerre et doit même se résoudre à se battre en duel avec Barthou : « Depuis quelque temps, je les sens tous là, prêts à m'insulter et même dans ma femme ou dans ma fille. Je reçois des lettres d'ordures. [...] Je ne veux pas qu'on se croie tout permis[13]. »

Il a donné, pour la première fois, en toute indépendance de pensée, sa pleine mesure d'intellectuel, de

11. Voir Harvey Goldberg, « Jaurès et la formulation d'une politique paysanne socialiste (1885-1898) », *BSEJ*, 57, avril-juin 1975, p. 2-19, et Edouard Lynch, « Jaurès et les paysans », *BSEJ*, 128-129, avril-septembre 1993, p. 3-17.

12. *La Petite République*, 13 mai 1893, citée par Madeleine Rebérioux, « Jaurès et les étudiants parisiens au printemps de 1893 », *BSEJ*, 30, juillet-septembre 1968.

13. Voir Jean-Noël Jeanneney, *Le Duel. Une passion française (1789-1914)*, Le Seuil, 2004, p. 154-160.

socialiste et d'élu ce 21 novembre 1893, quand sa réponse à une déclaration du président du Conseil Charles Dupuy a entraîné la chute du cabinet, ce qui a assuré son extraordinaire réputation d'orateur, de parlementaire et d'homme politique[14]. À ces républicains tentés, comme Dupuy ou Méline, de rallier, au-delà même de l'opportunisme, un conservatisme apeuré, à ces députés empêtrés dans les crises et compromis dans l'affairisme qui s'apprêtent à punir grévistes et syndicalistes, il fait une démonstration de politique à vraie hauteur, critique, réflexive et morale à la fois. Il dénonce leur souci « d'arrêter la poussée des hommes et des choses », récuse leur « programme négatif » sur les enjeux cruciaux, demande pourquoi ils ne veulent pas rouvrir la question religieuse, séparer l'État des Églises et laïciser davantage, lever enfin un impôt sur le revenu, sauver la démocratie rurale et affirmer celle de l'atelier et de l'usine, lancer des réformes sociales ; et donc tenter de dénouer ainsi, peu à peu, la contradiction qui mine la République, prise entre l'émancipation politique des producteurs par le suffrage universel et leur oppression économique et sociale par le développement du capitalisme d'industrie. Vous désertez ce combat-là, leur dit-il, et refusez d'admettre « que la République politique doit aboutir à la République sociale ». Et pourtant, poursuit-il, par les lois d'instruction vous avez préparé l'émancipation intellectuelle des travailleurs, lancé le mouvement qui vous dépassera : « Vous avez interrompu la vieille chanson qui berçait la misère humaine [...] et la misère humaine s'est réveillée avec

14. Reproduite et présentée dans les *Cahiers Jaurès*, 169-170, juillet-décembre 2003, p. 67-83.

des cris, elle s'est dressée devant vous et elle réclame aujourd'hui sa place, sa large place au soleil du monde naturel, le seul que vous n'ayez point pâli. » Si bien que « je suis en droit de conclure que le socialisme est à ce point un mouvement profond et nécessaire, qu'il sort si évidemment, si puissamment de toutes les institutions républicaines, laïques, démocratiques, que, pour combattre le socialisme, vous allez être condamnés dans tous les ordres, dans l'ordre politique, dans l'ordre fiscal et dans l'ordre syndical, à une œuvre de réaction. Eh bien ! faites-la, essayez-la ! et pendant que vous userez ce qui peut rester de force et de prestige à lutter contre le peuple en marche, dans les intervalles que nous laisseront vos persécutions impuissantes [*Rumeurs au centre*], nous apporterons les projets de réforme que vous n'avez pas apportés ; et, puisque vous désertez la politique républicaine, c'est nous, socialistes, qui la ferons ici [*Applaudissements à l'extrême gauche*]. »

C'est un grand cri de socialisme républicain, qui passera comme tel à la postérité et qui évoqua sur-le-champ la frayeur ou l'enthousiasme. L'affaire Dreyfus va bien vite le remettre en cause, sinon en doute, puisqu'il faudra, une fois encore, d'abord défendre la République.

5

Le dreyfusard

7 juillet 1898, par un soir d'été parisien, chez Léon Blum qui a décrit ce « moment atroce » où pourtant l'intervention de Jaurès a été libératrice[1]. Cavaignac, ministre de la Guerre du nouveau cabinet Brisson, vient d'annoncer à la Chambre qu'il restait convaincu de la culpabilité de Dreyfus ; et d'arguer de nouveaux documents, tous faux il va de soi, mais dont il a feint de croire qu'ils accablaient un peu plus le capitaine traître. Les députés, tout à leur lâche soulagement, ont voté, unanimes, socialistes compris, l'affichage de son discours, croyant tourner ainsi la page. Millerand lui-même, vieux complice de Jaurès et leader lui aussi des parlementaires socialistes « indépendants », a écrit aussitôt dans *La Lanterne* que Cavaignac avait « libéré la conscience publique ». Les dreyfusards, naturellement, sont atterrés. Les politiques une fois encore les désavouent, l'opinion abusée acquiesce, l'injustice et le mensonge triomphent. Et même, qui sait ? n'existerait-il pas vraiment des « preuves », jusqu'ici cachées, de la culpabilité de Dreyfus ?

---

1. Léon Blum, *Souvenirs sur l'Affaire* (1935), Gallimard, « Folio », 1981, p. 132-133.

C'est alors que Jaurès leur a sauvé la mise. Blum s'en souviendra : « Nous restions, la tête dans nos mains, muets et immobiles. Pleurions-nous ? L'oppression contraignait-elle nos larmes ? Je ne sais trop. Je cherche en vain les mots qui rendraient communicable cette pesanteur d'abattement, de consternation, de deuil. Tout à coup, la sonnette tinta et Jaurès poussa la porte. Nous nous tournâmes tous trois vers lui, toujours sans mot dire, d'un mouvement qui signifiait : "Asseyez-vous là, pleurez avec nous..." Mais au contraire il se mit à nous invectiver avec un accent que j'entends encore, où il y avait de la véhémence, de la colère, mais aussi quelque chose de triomphant et de radieux : "Alors, quoi ? Vous aussi ? Tout à l'heure, à la sortie de la Chambre, j'ai dû me débattre contre un groupe de camarades. Ils s'imaginent que tout est fini, les nigauds, ils m'adjuraient de clore ma campagne. Mais ne comprenez-vous pas que maintenant, et pour la première fois, nous tenons la certitude de la victoire ? Méline était invulnérable parce qu'il se taisait. Cavaignac parle, discute, donc il est vaincu. Nos seuls adversaires dangereux étaient le mystère et le silence. Maintenant que Cavaignac a donné l'exemple, il faudra tout publier, tout exhiber, il faudra que l'État-Major épuise ses réserves. On ne pourra plus nous glisser à l'oreille : 'Mais, vous savez, il existe une pièce secrète qui...' Nous contrôlerons tout, nous vérifierons ce qui est authentique et ce qui est faux. Les pièces que Cavaignac a citées tout à l'heure, eh bien ! moi je vous jure que ce sont des faux. Elles sentent le faux, elles puent le faux. Ce sont des faux, d'ailleurs imbéciles, fabriqués pour couvrir d'autres faux. J'en ai eu la certitude rien qu'à l'entendre et j'en ferai la preuve. Les faussaires sont sortis de leur trou ;

nous les tenons maintenant à la gorge... Ne prenez plus ces airs d'enterrement ; faites comme moi, réjouissez-vous..." »

« Il avait raison, ajoute Blum. Je me sentais inondé par la même joie de résurrection que pendant la lecture de *J'accuse.* » Dès le lendemain, Jaurès a annoncé la contre-attaque dans le journal dont il est devenu le directeur politique en juin, *La Petite République*, par une lettre ouverte à Cavaignac où il félicite presque le ministre d'avoir fait œuvre à double effet : utile en parlant et criminelle en plaidant le faux. Il est vrai que, battu à Carmaux en mai, il n'est plus député et n'a plus de tribune officielle. Il lui reste d'abord la presse, comme ce Zola condamné pour son article du 13 janvier dans *L'Aurore* et qui, pour ne pas faire de prison, gagne Londres le 18 juillet, laissant ainsi à d'autres, plus chanceux, le soin d'élaborer une suite à son *J'accuse.* Le 10 août, après un travail acharné d'enquête et de réflexion pour reconstituer cette histoire à chaud et critiquer toutes ses sources, Jaurès publie dans son journal le premier article réfutant les accusations contre le bagnard de l'île du Diable et disséquant les multiples « preuves » de sa culpabilité qui ont été avancées. Son dernier papier paraîtra le 20 septembre et l'ensemble de ces textes d'été sera aussitôt publié et diffusé en volume sous le titre *Les Preuves* [2].

Intellectuel, socialiste, républicain, historien, journaliste : Jaurès seul, mais Jaurès tout entier, de toutes

2. Voir Jean Jaurès, *Les Preuves. Affaire Dreyfus* (1898), La Découverte, 1998, réédition commentée par Jean-Denis Bredin, Madeleine Rebérioux et Vincent Duclert. Un reprint est paru aux éditions Le Signe en 1981, avec préface de Madeleine Rebérioux.

ses forces, avec toutes ses contradictions et ses difficultés aussi, a donc largement contribué à relancer l'Affaire et Cavaignac lui-même en a convenu. L'Affaire, en retour, a remis en cause sa vision de la République et du socialisme, mis en doute l'ordre de ses priorités politiques et rendu plus perçant et plus mélancolique le regard qu'il va porter désormais sur les hommes et le monde. Certes, écrit-il aussitôt, « nous ne sommes pas tenus, pour rester dans le socialisme, de nous enfuir hors de l'humanité ». Mais panser l'humanité blessée en défendant les valeurs et la justice républicaines, en élevant à l'exemplarité universelle le malheur d'un individu, tâches désormais prioritaires, n'est-ce pas aussi reporter dangereusement l'espoir de pouvoir imposer bientôt cette République sociale à laquelle il croit tant, depuis Carmaux, depuis 1893 ? Et, d'une certaine façon, détourner l'action socialiste de son cours naturel ?

Garder des entrailles humaines

À la fin de 1894, quand Dreyfus a été jugé, condamné et déporté, Jaurès n'a pas plus que d'autres contesté sa culpabilité. Même s'il ne cultivait en rien l'esprit de revanche, il voyait trop dans l'armée une école de patriotisme et de démocratie pour songer à mettre en cause le verdict d'un conseil de guerre composé d'officiers français. Mais quand Mercier, ministre de la Guerre, a proposé à la Chambre de rétablir la peine de mort en cas d'espionnage et de trahison, qui avait été abolie en 1848, il est intervenu violemment, on l'a vu, pour faire au contraire abolir les articles du Code de justice militaire qui, eux, punissaient carrément de mort les simples soldats coupables d'insubordination même légère. C'est par esprit de caste, a-t-il conclu, que le conseil de guerre n'a pas voulu condamner Dreyfus à mort en invoquant, comme il l'aurait pu, le terrible article 76 du Code. Ce qui déclencha un beau chahut, la censure et l'exclusion temporaire de l'orateur. Mais qu'il ait été privé temporairement de tribune pour insulte à un membre du gouvernement ne permet pas de croire qu'il avait ainsi particulièrement défendu le capitaine condamné. Au contraire Jaurès le condamne, avec tous ses amis socialistes, en des termes qui aujourd'hui étonnent : « On a surpris un prodigieux déploiement de la puissance juive pour sauver l'un des siens. [...] Dreyfus livrait les documents secrets pour de l'argent, voilà tout », a-t-il écrit dans la *Dépêche* le 24 décembre 1894. Son souci initial est et restera, jusqu'à *L'Armée nouvelle*, l'armée, son esprit de caste, son déni de la République, son refus de la démocratie, son mépris des conscrits.

Les juifs, l'argent, la trahison : avec Dreyfus, s'étend un très vieil antisémitisme qui avait été ragaillardi, et jusque dans les milieux les plus « populaires » et « ouvriers », par les scandales et les crises qui assaillent depuis si longtemps le pays. À gauche aussi, même chez les socialistes déclarés comme chez les militants conscients d'un mouvement ouvrier qui se cherche, il a resurgi sous cette forme instinctivement populiste d'hostilité immédiate et viscérale aux « youtres » manieurs d'argent et usuriers exploiteurs du peuple ; il a relancé l'argumentaire antijuif de tous les anticapitalistes sommaires et, en 1895, il s'est même trouvé des blanquistes notoires pour saluer leurs camarades autrichiens qui chassaient le juif dans Vienne. Séjournant alors brièvement en Algérie, Jaurès lui-même a certes compris que le peuple arabe avait le droit de « surveiller notre gestion » et saurait s'émanciper un jour, mais il a admis étrangement vite que les juifs appliquent là-bas « leurs procédés d'extorsion et d'expropriation », et il n'a guère reproché au jeune « parti socialiste algérien » de prendre âme et élan militant, bel euphémisme, « sous la forme un peu étroite de l'antisémitisme ». On ne l'a certes jamais vu parader, comme certains de ses camarades, avec des antisémites déclarés, même quand il fallut à tout prix aider les verriers d'Albi et que *La Libre Parole* et Drumont auraient pu être sollicités ; il a toujours tenu pour l'idée, foncière chez lui, qu'il n'y a « qu'une race, qui est l'humanité ». Et il est tout aussi vrai, en revanche, que les premiers dreyfusards ont convaincu et mobilisé des républicains – un petit groupe que Jaurès a défini comme « judaïsant et panamisant » – qui avaient trempé dans le scandale de Panama et étaient restés très hostiles aux socialistes : par exemple, ce Ludovic Trarieux, auteur de l'appel, décisif, dont sortira en juin 1898 la Ligue des droits de l'homme, qui a rapporté sans broncher sur les « lois scélérates » en 1893 et qui, garde des Sceaux en 1895, a directement soutenu Rességuier à Carmaux. Si bien qu'il n'est que trop clair qu'à la différence de Zola, Jaurès n'est pas d'abord devenu dreyfusard par haine de l'antisémitisme[3]. Et pour comprendre qu'il ait si tardivement

3. Voir Madeleine Rebérioux, « Jaurès : “pour l'amour de l'Humanité” », *Mil neuf cent. Revue d'histoire intellectuelle*, 11, 1993, p. 60 ; « Classe ouvrière et intellectuels devant l'Affaire : Jaurès » dans Géraldi Leroy dir., *Les Ecrivains et l'affaire Dreyfus*, PUF, 1983, p. 185-198 ; « Jaurès en 1898 », *Jean Jaurès. Cahiers trimestriels*, 151, janvier-mars 1999, p. 13-18.

soutenu Dreyfus, faudrait-il en outre admettre qu'en lui l'intellectuel a été tenu en lisière par le socialiste ?

Quand en novembre 1897 Mathieu Dreyfus réveille ce qui devient « l'Affaire » en dénonçant Esterhazy comme l'auteur du bordereau, Jaurès est sans aucun doute intimement convaincu déjà de l'innocence de Dreyfus : son ami Lucien Herr, le prestigieux bibliothécaire de l'Ecole normale qui fit tant pour insuffler du socialisme dans le milieu intellectuel, l'a copieusement chapitré et, mieux encore, l'a mis en relation directe avec des cadets déjà en pleine bataille et aussi exceptionnels que Blum ou Péguy. Il n'empêche qu'il entre en campagne avec prudence et que c'est un petit groupe de marginaux et de jeunes non inféodés au socialisme, ou plutôt dévoués à un socialisme fortement voire exclusivement intellectuel, qui mène la danse après le coup de tonnerre de *J'accuse*, le 13 janvier 1898. Alors, engagement personnel, adhésion collective, certitude d'intellectuel ? Où est-il donc, d'où parle-t-il ? Et qu'est-ce pour lui que le vrai ? « Jamais époque ne fut plus trouble et plus féconde », avoue-t-il.

Le début de son argumentaire, sur-le-champ, n'est pas du Zola, il est vrai. Pourtant il voit loin, à défaut d'être très ferme et assez assuré : « Que Dreyfus soit ou non coupable, je n'en sais rien. [...] Non : la question n'est pas là. Il s'agit de savoir si, sous un prétexte quelconque, prétexte de juiverie ou de drapeau, ou de patrie, des juges militaires peuvent saisir et frapper, sans garanties légales, un citoyen quel qu'il soit. [...] Voilà la question, la vraie, la seule. Il y a contradiction absolue entre les droits élémentaires de la civilisation humaine et cette juridiction militaire qui s'affranchit de tout contrôle et aussi de toute règle. Même contre

Judas ces procédés sont inexcusables et intolérables, et la nation qui les souffrirait retournerait à la barbarie. » Et Jaurès de concentrer le tir sur l'armée : « Vraiment le prolétariat socialiste ne peut que se réjouir de l'aventure. C'est sur la force réactionnaire de la haute armée que les privilégiés comptaient pour arrêter le peuple en mouvement. Mais voilà que cette haute armée se discrédite et se déshonore elle-même. » Si bien, écrit-il le 22 janvier dans *La Lanterne*, « qu'il est temps aujourd'hui, si nous ne voulons pas périr, de révolutionner la haute armée par la loi républicaine. Soldats du peuple de France, ceux-là sont des criminels et des insensés qui comptent sur vous pour confisquer la République, pour plier le socialisme sous une dictature ou pour noyer dans le sang votre rêve de justice ». Dans un tumulte effroyable, il réitère cette accusation à la Chambre, tonnant en outre contre « les généraux de cour protégés par l'Empire [...] les généraux de jésuitières protégés par la République ».

Ce sont là propos qui veulent contenter d'abord les socialistes. Mais même s'il n'intervient qu'en son nom personnel, assure-t-il, quand il dit toute son admiration pour Zola et sa compassion pour Dreyfus, le socialiste en lui le pousse à ne pas parler d'abord et totalement en dreyfusard. Ainsi, toujours le 22 janvier mais dans *La Petite République*, loue-t-il sans aucun doute Zola, et hautement, pour « avoir fait en affirmant sa pensée, acte d'homme ; et en s'attaquant à la haute armée tout entière, à tout le système des grands chefs militaires, à leur puissance de ruse, de mensonge et d'oppression, il a fait acte révolutionnaire. Ceux-là seuls ne l'en loueront pas qui ont le cœur timide ». Et pourtant le socialiste en lui conseille à l'auteur de *J'accuse* « de ne pas isoler son acte du milieu social où il se produit ». Car, « derrière lui, derrière son initiative hardie et noble, toute la bande suspecte des écumeurs juifs marche, sournoise et avide, attendant de lui je ne sais quelle réhabilitation indirecte, propice à de nouveaux méfaits ». Bref, il faut faire campagne « en même temps contre tout le système social, afin que le capitalisme juif ne puisse regagner ce que perdra le militarisme clérical » : on a bien lu le « capitalisme juif »... Il faut protester à la fois « contre le Capital, contre l'Église, contre la haute armée » et « réserver à l'action révolutionnaire du parti socialiste et de la classe ouvrière toute son ampleur, toute son efficacité, toute sa liberté »[4].

Cette liberté, Jaurès ne l'a pas marchandée à ses camarades socialistes. Il a aimé la noblesse de Vaillant et de Guesde qui, avec lui, ont senti que la lettre ouverte de Zola était un grand acte révolutionnaire ; il a détesté l'opportunisme d'une grosse majorité de ses camarades au cul calé sur leurs certitudes de classe, et surtout celui des plus proches de lui, ses frères d'armes Viviani ou Millerand ; le 19 janvier, il a signé à contrecœur et par pure tactique, pour ne pas accroître la division et en songeant aux prochaines élections, le manifeste du groupe des parlementaires qui a carrément invité les travailleurs à l'abstention : « Prolétaires, ne vous enrôlez dans aucun des clans de cette guerre civile bourgeoise ! [...] Entre Reinach et de Mun, gardez votre liberté entière ! [...] Tout est hypocrisie, tout est mensonge » ; néanmoins, « contre le capital, le dogme et le sabre, groupez-vous et

---

4. Cité dans *Œuvres de Jean Jaurès*, tome VI : *L'Affaire Dreyfus* 1, Fayard, 2001, p. 111-112.

combattez en pleine clarté pour la République sociale ! » Mais si le socialiste s'est montré discipliné, l'intellectuel, l'élu donne des coups autrement plus dreyfusards à la Chambre et dans la presse. À ses amis qui refusent de défendre un militaire bourgeois et d'entrer ainsi dans le conflit qui, disent-ils, oppose dans la classe dominante une fraction cléricale et réactionnaire à une fraction républicaine et anticléricale, il répond, faisant fi de toute tactique, que si Dreyfus est innocent, « il est dépouillé, par l'excès même du malheur, de tout caractère de classe, il n'est plus que l'humanité elle-même au plus haut degré de misère et de désespoir qui se puisse imaginer. [...] Nous pouvons, sans contredire nos principes, et sans manquer à la lutte de classes, écouter le cri de notre pitié ; nous pouvons, dans le combat révolutionnaire, garder des entrailles humaines. »

Le 22 janvier, dans son intervention à la Chambre, il dit en termes tout à fait modernes et bien éloignés du marxisme que le Parlement et la tribune sont de vrais champs de bataille, que l'argumentation et l'éloquence sont de vraies armes, que la démocratie s'énonce d'abord, vraiment, en termes politiques, que la République sait vraiment entendre tous les « clans » et les départager au seul nom de la Vérité. De même, tout plein de ses récents contacts avec les étudiants collectivistes et de sa fréquentation devenue plus active de ses « petits camarades » de la rue d'Ulm, oppose-t-il aux antisémites, aux résignés, aux vieux de toutes les classes et de toutes les familles de pensée, la jeunesse des Péguy et des Blum, de « tous ces jeunes hommes, cette élite de pensée et de courage qui, sans peur, proteste publiquement contre l'arbitraire croissant des porteurs de sabre, contre le mystère dont ils environnent leur palinodie de justice ». Même ton quand il vient témoigner au procès Zola. Nul doute que ce fut alors pour lui sinon une sorte d'électrochoc du moins une découverte intellectuelle et politique capitale, éblouie, d'une question inouïe que pose très crûment la modernité de l'Affaire : et s'il fallait aborder autrement le politique, faire autrement de la politique à l'âge des foules et des masses, de la presse toute-puissante et de l'opinion souveraine[5] ?

Puis tombe pourtant, très vite, le silence. C'est que là-bas, dans le Tarn, la campagne électorale pour les législatives se charge de le convaincre, hélas sans peine, qu'il n'a guère été habile de mettre l'Affaire au cœur du débat électoral. Dans sa circonscription d'Albi 2, qui le mobilise très rudement, où il est plus malmené encore qu'à l'habitude, tout va mal, tout se coalise pour battre « Jaurès la misère ! Jaurès la honte ! », Jaurès aussi traître que le traître qu'il défend. La Verrerie d'Albi peine toujours à trouver son rythme de production et son rapport d'autorité dans la gestion, si bien que le chanteur de *Carmagnole* doit tempérer son propos émancipateur : « Je ne saurais trop vous redire : le capital et le travail sont inséparables, déclare-t-il à Blaye. Il faut des patrons aux ouvriers, comme il faut des généraux aux soldats » ; « il y a des moyens sages et pratiques de régler la question sociale », ajoute-t-il en plaidant pour l'achat d'actions par les syndicats. À Carmaux aussi, l'affaire de la Verrerie a laissé des traces, les commerçants ont

5. Voir Jean-Pierre Rioux, *Au bonheur la France*, *op. cit.*, chap. 3. Sur l'abstention massive du monde ouvrier, voir Yves Lequin, « Dreyfus à l'usine ? Le silence d'une mémoire », dans Pierre Birnbaum dir., *La France de l'affaire Dreyfus*, Gallimard, 1993, p. 385-408.

perdu de bons clients, les mineurs serrent les dents, les réunions publiques sont à peu près impossibles à tenir depuis dix-huit mois, la ville est passée au crible par les agents de Solages, qui distinguent bons et mauvais citoyens et, surtout, paient à boire largement. Et sur les affiches du marquis tous les arguments sont bons, jusqu'à celui-ci : « Mineurs, en vous rendant suspects à vos patrons, Jaurès empêche qu'on embauche vos enfants. »

Solages, main dans la main avec Rességuier et soucieux de ne pas commettre les mêmes erreurs qu'en 1892, joue ses atouts habituels, journaux à sa botte, argent distribué à la volée, notables cajolés, administration mobilisée. Mais il a su se donner le visage rajeuni d'un catholique et d'un royaliste définitivement rallié à la République, d'un patron plus paternel, plus chrétien et social que jamais. Dans les bourgs ruraux, Jaurès est souvent accueilli aux cris de « À bas Zola ! », les pierres volent, il doit être étroitement escorté. Partout, le jour du vote, le 8 mai 1898, policiers et gendarmes doivent surveiller les bureaux. Las : Jaurès n'a que 99 voix d'avance à Carmaux, il est laminé dans les cantons ruraux et, finalement, son adversaire l'emporte aisément, avec plus de 1 500 voix d'avance. Quand on lui propose de « monter » chercher, au deuxième tour, une circonscription sûre à Paris, il refuse : « Je ne quitterai Carmaux que lorsque Carmaux me chassera. » Partout en France socialiste c'est la même déception : la percée de 1893 n'est pas confirmée, Guesde lui-même est battu dans son fief de Roubaix. C'est la fin, à tout le moins, des espérances et des illusions sur une conquête imminente du pouvoir, la fin d'une époque.

Jaurès, épuisé, dit-il, par « cinq années d'activité

sans relâche », songe alors à « renouveler » l'énergie perdue et à « rejoindre le mouvement des idées, retrouver les vastes horizons de pensée et de lumière » : le philosophe, l'intellectuel, l'homme de plume autant que de parole vont-ils reprendre le dessus ? Et d'autant mieux qu'ayant perdu son indemnité parlementaire et sans autres ressources, il lui faut bien vivre et entretenir sa famille. C'est le journalisme qui vole le premier à son secours : dès le lendemain de son revers électoral il peut, on l'a vu, devenir codirecteur de *La Petite République* avec Gérault-Richard. Il avance aussi, on le verra, ses travaux d'histoire. Mais sa chère *Alma Mater*, elle, courageuse mais point téméraire, se dérobe sans gloire : en juillet, une majorité (21 contre 16) de professeurs de la faculté des lettres de la Sorbonne refuse au docteur Jaurès, par crainte de désordres politiques et malgré le soutien remarqué des historiens Lavisse et Aulard, l'autorisation de faire à partir de novembre, en plein Paris si agité par l'Affaire, un cours libre sur « les principes du socialisme, d'un point de vue tout philosophique et doctrinal[6] ».

Qu'importe ! Jaurès – déçu ou affecté par cet affront ? On ne sait trop – se tourne vers ses amis socialistes et leur expose plus que jamais, en vieux pédagogue qui a désormais un peu plus de temps devant lui, que faire campagne contre l'injustice, soutenir Dreyfus, rallier les bourgeois et les jeunes dreyfusards, c'est redonner au parti la force de rayonnement qu'il vient de perdre aux élections ; c'est combattre dans la classe ouvrière la tentation de l'isolement social, politique et moral, attaquer et ruiner en

6. Voir Michel Launay, « Jaurès, la Sorbonne et l'affaire Dreyfus », *BSEJ*, 26, juillet-septembre 1967, p. 14-19.

elle l'antisémitisme ravageur ; c'est ouvrir par une étape d'idéal humain, de lutte pour la vérité et la justice en République, la marche à l'unité que le socialisme doit accélérer s'il veut arriver au pouvoir. En vain. Le 24 juillet, le POF a rappelé, toujours sans ciller, que « les prolétaires n'ont rien à voir dans cette bagarre. [...] Seules comptent la lutte de classe et la révolution sociale ». Pour raisons tactiques, des chefs comme Guesde et Vaillant se dérobent à tout propos et, surtout, c'est bien clair, ne veulent pas abandonner à Jaurès seul le soin de fédérer d'éventuelles nouvelles énergies. Il lui est même imposé à plusieurs reprises de toujours préciser qu'il intervient pour Dreyfus en son nom personnel, sans être mandaté ni « couvert » par quiconque.

Très rares sont les militants, surtout des allemanistes lecteurs de Lucien Herr dans leur journal *Le Parti ouvrier*, qui le supplient d'apporter encore, et bien vite, aux ouvriers et aux classes populaires « la clarté convaincante de sa parole » et de son « rayonnant esprit ». Plus de siège et de tribune, pas de chaire, plus beaucoup d'écoute dans son parti : c'est un Jaurès défait et dépouillé, mais convaincu de demeurer ainsi fidèle à lui-même, qui lance à l'été 1898 l'offensive des *Preuves*. Tout en entreprenant une tournée de conférences et de meetings sur l'Affaire dans son cher Midi, où la base ouvrière et populaire, souvent guesdiste, dit très haut et sans gêne aucune qu'elle n'a que faire d'un traître, d'un capitaine, d'un bourgeois, d'un juif.

Des certitudes modernes

Les Preuves exposent d'abord en août, avec talent rhétorique, habileté d'argumentation et grand souci pédagogique, que Dreyfus a été condamné illégalement puisqu'un « dossier secret » a été communiqué à ses juges : Jaurès ne cessera plus de réfléchir au lien nécessaire, en République, entre la défense du droit et l'exigence de justice, entre la loi, le code et la politique. Ensuite, il démontre soigneusement que le bordereau ne peut qu'être l'œuvre d'Esterhazy et que les pièces dites « décisives » sont des faux, que Cavaignac a été abusé par le « syndicat des traîtres » qui a tissé sa toile dans les bureaux du ministère de la Guerre. La démonstration en est là quand les événements se précipitent : le 30 août, le colonel Henry a avoué qu'il était l'auteur d'une lettre signée Dreyfus et que Cavaignac tenait encore pour accablante, puis il s'est suicidé dans sa cellule.

L'événement lui donnant déjà terriblement raison, Jaurès poursuit en septembre la publication de ses articles, approfondit son investigation, prouve que Dreyfus n'a pas pu écrire, notamment, à Guillaume II (en vain, d'ailleurs, puisque ce faux bruit, entre autres, courra encore au second procès de Dreyfus à Rennes). Son ton s'est fait vengeur : « À genoux devant la France, coquins qui la déshonoriez ! Pas de huis clos ! Pas de ténèbres ! Au plein jour la justice ! Au plein jour la révision pour le salut de l'innocent, pour le châtiment des coupables, pour l'enseignement du peuple, pour l'honneur de la Patrie. » Victoire : le 26 septembre, le gouvernement saisit la justice civile et transmet à la Cour de cassation une requête en révision du procès de Dreyfus en 1894. La vérité est enfin en marche. Jaurès a joué un rôle essentiel cet été-là pour faire admettre un peu moins mal qu'un individu pouvait témoigner pour tous les hommes, que l'immense souffrance d'un innocent condamné et le frêle soutien dont il faut l'entourer font partie de la lutte politique et de la bataille sociale, puisque que toute cause morale a valeur universelle et, plus que tout, que les « formes juridiques » sont la garantie suprême en démocratie ; que le droit et la justice scellent la République et n'ont rien d'exclusivement « bourgeois ».

Cette première victoire ne l'a pas démobilisé, tout au contraire. Il se lance ensuite dans la défense républicaine au premier rang des dreyfusards, multiplie les meetings, tente sans trop y croire de mettre un peu d'ordre dans l'action très timide d'un Comité de vigilance socialiste fondé en novembre puis dans les minuscules et presque ridicules Fédérations concurrentes des « socialistes révolutionnaires indépendants » et des « socialistes indépendants ». En fait il agit d'abord à titre personnel, malgré son épuisement, car il faut faire face aux ligues nationalistes et antisémites qui tiennent la rue, de parer au danger imminent de coup d'État, notamment en février 1899. Il s'indigne quand le gouvernement, en octobre 1898, ne songe qu'à briser la grève du bâtiment à Paris, mais il reste plus qu'inquiet en voyant par ailleurs que tant d'ouvriers se mêlent à l'agitation populiste et raciste, et, pour tout dire, battent eux aussi le pavé pour renverser la République. Il défend le colonel Picquart injustement accusé à son tour. Et il adhère de toutes ses forces à la défense républicaine qui se met en place sous la direction de Waldeck-Rousseau après que le gouvernement de Dupuy a été renversé en juin 1899.

À peine tout est-il ainsi en bon ordre de bataille que la bâtardise du verdict au procès de Rennes remet tout en cause, le 9 septembre. Dreyfus est en effet condamné de nouveau, avec circonstances atténuantes, à dix ans de réclusion. Sur place, Jaurès a vu enfin Dreyfus avec l'émotion qu'on imagine, il s'est lié d'amitié avec lui et sa famille, il a fraternisé avec le petit clan dreyfusard venu le soutenir : « Plus je le vois, plus je le plains [...] et on se demande parfois si une lassitude infinie n'aura pas raison, avant la réhabilitation suprême, de cette volonté héroïque, si obstinée pourtant à vivre pour l'honneur. » Au spectacle de cette bataille entre l'« infaillibilité militaire » et la « conscience nationale », il vomit les juges militaires et le public hostile : « Il me semble que je suis au bord d'une mare peuplée d'êtres bizarres et difformes qui jamais n'étaient montés au jour. Et tout à coup, une lourde pierre tombant au fond de l'eau trouble fait monter par milliers des êtres inconnus, des formes étranges de sottise et de scélératesse, des têtards ridicules et mauvais, gonflés de bêtise et de venin. » Pourtant, quand il s'agit de demander la grâce du condamné pour raison de santé et qu'il s'avère que Waldeck-Rousseau serait prêt à l'accorder et à faire dire à l'armée que « l'incident est clos », Jaurès, consulté, n'hésite pas et, contre Clemenceau, conseille de l'accepter.

Mais il a rédigé lui-même la déclaration publique que fait aussitôt le capitaine ainsi libéré : « Le gouvernement de la République me rend la liberté. Elle n'est rien pour moi sans l'honneur. Dès aujourd'hui, je vais continuer à poursuivre la réparation de l'effroyable erreur judiciaire dont je suis encore victime. Je veux que la France entière sache, par un jugement définitif, que je suis innocent. Mon cœur ne sera apaisé que lorsqu'il n'y aura plus un Français qui m'impute un crime qu'un autre aura commis. » La réparation complète que souhaite tant Dreyfus n'interviendra, on le sait, qu'en 1906, quand la Cour de cassation le réhabilitera de manière définitive. Entre-temps, Jaurès n'a jamais marchandé son dévouement dreyfusard ni abandonné la surveillance active du fonctionnement de la justice républicaine, contrairement à d'autres anciens amis de Dreyfus qui ont jeté l'éponge dès 1900. C'est notamment lui, et lui seul, qui en avril 1903 comme en avril 1904 saura produire de nouveau devant les députés tout ébaubis les arguments tirés des *Preuves* et les convaincre de faire saisir de nouveau la Cour de cassation, pour en finir une bonne fois[7].

Le défenseur tardif mais si déterminé de Dreyfus n'a donc pas été contesté depuis l'été 1898. Bien au contraire : il est là à sa place d'honnête homme, dans son rôle d'intellectuel, et au tout premier rang. Il n'en est pas tout à fait de même du socialiste et du républicain, ou plutôt de cet homme politique assez atypique, assez inextricable et assez génial pour agir sciemment sous le double label, dans le même élan et la même logique historique d'une République dont il faut sans répit relancer le triomphe et d'un socialisme à

7. Voir Vincent Duclert, « Un engagement démocratique : Jaurès et la troisième affaire Dreyfus (1900-1906) », dans Vincent Duclert, Rémi Fabre et Patrick Fridenson dir., *Avenirs et Avant-gardes en France (XIXe-XXe siècles). Hommage à Madeleine Rebérioux*, La Découverte, 1999, p. 307-325.

construire aussi laborieusement. Car l'Affaire a bousculé chez lui l'agencement de jeunesse. Défendre bec et ongles cette République « bourgeoise » qui seule pour l'heure peut défendre l'individu menacé d'arbitraire ; songer à lui donner une autre armée, mieux mêlée à la nation et plus sensible à l'air nouveau de la démocratie ; intensifier les débats de tous ordres dans son Parlement ; veiller à l'indépendance et l'honnêteté de ses juges et de ses fonctionnaires ; poursuivre sa tâche d'éducation du peuple ; développer encore sa défense et son organisation du travail ; dire au monde entier les valeurs qu'elle veut défendre, même si elle les piétine cruellement outre-mer : Jaurès a lu tout cela dans la défense de Dreyfus, en vieux jeune homme toujours admirateur de Gambetta et de Ferry mais capable aussi de saluer toute la modernité que révèle et recèle cette Affaire.

C'est pourquoi il a si volontiers croisé le fer dans son propre camp lorsque Waldeck-Rousseau, en juin 1899, pour amadouer et enrôler les socialistes dans sa défense républicaine, a pris Alexandre Millerand dans son cabinet, au Commerce et à l'Industrie, ministère dont dépend alors le Travail. Et, de surcroît, l'a appelé à siéger aux côtés de Galliffet, l'ancien « boucher de la Commune de Paris », qui devient son ministre de la Guerre. Dans le tollé que l'« affaire Millerand » a soulevé aussitôt chez les socialistes en France et dans l'Internationale, Jaurès a plaidé, sans rien concéder cette fois, pour l'individu souverain, contre le caporalisme militant et la morgue partisane, pour un arbitrage des adhérents de base contre les appareils. Vainement : les chefs guesdistes et vaillantistes ont récusé le groupe parlementaire, les militants qui rêvaient de fédérations autonomes ont échoué, le congrès de Japy en décembre

1899 ne réglera rien. Mais les questions inédites alors posées au socialisme, c'est bien lui qui les a soulevées.

C'est qu'il a aussi compris au passage que la vague ouvrière des années 1890 a perdu de sa force, que le capitalisme ne s'effondrera pas de sitôt, que la classe ouvrière ne s'est pas encore donné les moyens de son émancipation et, constat désormais autrement plus grave, qu'elle n'est décidément plus aussi prête à admettre que la défense des valeurs républicaines pourrait pourtant hâter celle-ci. En clair : le socialisme, pense et dit Jaurès, est encore trop divisé, trop confus, trop inconséquent, mais il ne faut pas désarmer ou déserter pour autant le camp des travailleur. À preuve, son obstination à demander aux intellectuels de tous les camps où est leur secours populaire, au nom de quelle « classe nouvelle » ils se sont donné le droit de parler si haut ; son affirmation, de principe mais si sincère, que la classe ouvrière sera la seule vraie « classe intellectuelle », la « classe d'humanité », en somme l'universel incarné.

« L'idéalisme instinctif qui porte la classe ouvrière vers la vérité est d'accord avec son intérêt profond, lance-t-il. Il y a, à coup sûr, dans le prolétariat, bien des cerveaux encore obscurs opprimés par un travail servile et encombrés de préjugés bourgeois. Il y a en dehors du prolétariat bien des penseurs hardis et intrépides qui mettent au-dessus de tout la vérité. Mais, dans l'ensemble, c'est le prolétariat seul qui est en harmonie complète avec la vérité. La vraie classe intellectuelle, malgré ses inconsciences et ses ignorances, c'est la classe ouvrière, car elle n'a jamais besoin du mensonge[8]. » Formule aussi hardie qu'optimiste, dont

8. « La classe intellectuelle », *La Petite République*, 7 janvier 1899, repris dans *Œuvres de Jean Jaurès*, *op. cit.*, p. 512-516.

rien ne prouve qu'elle résume totalement sa pensée. Mais c'est pour l'accomplir que Jaurès sort de l'Affaire avec la certitude, désormais aussi inflexible que passionnée chez lui, que la conquête de la République et l'émancipation du prolétariat participent du même combat ; et qu'à cette bataille il faudra conduire une armée plus disciplinée, plus cohérente, moins immature : un vrai parti, unifié et humanisé. Une certitude aussi moderne que l'Affaire elle-même.

6

L'historien

Pour comprendre ce qui devient alors le souhait passionné de Jaurès, mieux lier une politique de hardiesse républicaine à la marche des socialistes vers leur unité, il faut remonter près de dix ans en arrière, à sa *Réalité du monde sensible* de 1892 et au débat de décembre 1894 où il s'est opposé à Paul Lafargue, gendre de Marx, à propos de « Idéalisme et Matérialisme dans la conception de l'histoire [1] ». Non pas qu'on doive reprendre tout au long son ancien argumentaire : il a alors surtout révélé à Lafargue, sans d'ailleurs le convaincre, que les idéalistes allemands ayant nourri la pensée de Marx bien plus que les matérialistes français et les empiristes anglais, comme il l'avait montré dans sa « petite » thèse, il serait vain et faux de vouloir faire du beau-papa un matérialiste pur, un scientiste même et, par conséquent, un ennemi farouche des religions. Jaurès, on le

1. C'est en fait une conférence donnée, à la salle d'Arras à Paris, à la demande du petit groupe des Étudiants collectivistes. En juillet, Jaurès leur avait parlé, à l'hôtel des Sociétés savantes, du « matérialisme économique de Karl Marx ». Le texte de ce discours-là n'a jamais été retrouvé.

sait, est hostile aux Églises mais pas à la religion, à condition de définir celle-ci comme le simple attachement « à des croyances communes qui relient toutes les âmes en les rattachant à l'infini, d'où elles procèdent et où elles vont ». Il proclame même, et ce n'est pas chez lui simple souci tactique : « Quand les socialistes, qui sont réduits aujourd'hui par les nécessités du combat à affirmer le matérialisme comme la vérité absolue et totale, pourront après le triomphe le scruter plus profondément, ils s'apercevront qu'ils peuvent et qu'ils doivent non l'abandonner mais le compléter, qu'on ne leur demande point de se perdre dans le surnaturel mais que c'est la nature elle-même qui, s'ouvrant jusqu'aux abîmes sous le regard de l'esprit, laisse apparaître Dieu. »

Mais il faut rappeler, fût-ce contre la tradition socialiste, que pour Jaurès métaphysicien Dieu est présent au monde et que l'Être subsiste toujours, sans chute ni mal, dans la finitude des actes. Les consciences sont en quête d'unité, le mouvement humain et individuel n'est pas séparable du mouvement universel : le « monisme idéaliste » de Jaurès, qui ne mesure pas la faille du drame et nie l'angoisse de la rupture, qui n'a jamais une vue manichéenne du réel, annonce donc une histoire ni tragique ni mécanique au cours de laquelle, au contraire, tout sera non pas dépassé dialectiquement par une synthèse sans cesse remise sur l'établi mais soumis à une juste conciliation et à une très morale réconciliation des contraires. Car si l'humanité évolue, comme la vie, comme le cerveau humain, dans un mélange de « mécanique cérébrale » et de « spontanéité consciente », elle conciliera donc l'économie et la morale, l'évolution des choses et l'envie de justice qui traverse les êtres. En bref, Jaurès soutient l'idée, si commune au XIXe siècle et qui nous est devenue si étrangère, que le progrès est l'élément moteur non seulement de l'histoire mais aussi de l'évolution biologique de l'espèce, la source vive de la morale et de la religion chez les êtres comme dans les sociétés.

Sur la voie étroite

À mi-chemin entre Hegel et Marx, mais très résolu contre Lafargue, Jaurès a donc fermement plaidé pour une marche en avant dans laquelle les contradictions se dénoueraient, où se souderait pas à pas l'unité de l'être dispersée. Il s'est certes définitivement convaincu de la justesse des analyses économiques de Marx, on le verra ; il a fait génuflexion devant l'algèbre du *Capital*. Les mineurs et les verriers de Carmaux l'ont instruit par ailleurs, et définitivement, des réalités de la lutte des classes. Mais pour faire pièce au marxisme trop mécanique alors véhémentement répandu par les guesdistes, il récuse sèchement toute théorie du reflet et maintient que la puissance d'être est inséparable de l'être, que le réel et ses représentations sont en rapport constant et nourricier, que les aspirations esthétiques, intellectuelles, imaginatives et religieuses préexistaient dans l'homme bien avant les modes de production et les rapports historiques de classes. En clair : le développement civique et moral de l'humanité n'est pas réductible à des processus économiques et il y a même, sans doute, une « essence humaine » antérieure à l'histoire et qui tend à l'Être, ou à Dieu. Du coup « l'histoire, en même temps qu'elle est un phénomène qui se déroule selon une loi mécanique, est une aspiration qui se réalise selon une loi idéale » et « la conception matérialiste de l'histoire n'empêche pas son interprétation idéaliste ». Les facteurs idéaux et matériels, confondus, agissent dans une histoire en route vers l'unité selon un sens idéal. Et cette vision rationnelle et linéaire de la destinée de l'humanité fonde chez lui la confiance dans le progrès. On sait les conséquences politiques de ces affirmations, si courantes au XIXe siècle et si disputées au XXe. Comme le changement ne peut être qu'un processus cumulatif en continu – pas plus que la chute et le mal, répétons-le, le discontinu et le cyclique n'entrent dans les catégories intellectuelles de Jaurès, ce qui le sépare et de Bergson et de Péguy –, le socialisme selon lui, répétons-le aussi, ne peut croître que dans la démocratie et la République, ne peut triompher qu'après une révolution matérielle et morale qui renouera avec l'idéal des premiers temps, avec l'espoir de toujours : l'humanité grandie, réconciliée, unifiée.

Mais ces certitudes du philosophe ne suffisent plus vers 1900. Jaurès le militant, l'intellectuel, l'élu, le socialiste, sortant de l'Affaire plus titubant qu'on ne croit, poussé par les circonstances, on l'a vu, mais aussi pour des raisons de fond, doit faire appel de la métaphysique à l'histoire. C'est pourquoi il écrit et fait écrire de l'histoire, pour mettre au net le présent, son présent, et raisonner un peu moins mal l'avenir, le sien mais surtout celui du socialisme et de l'humanité. Si bien que le métaphysicien s'est fait historien pour sortir d'une certaine stérilité théorique au moment où l'histoire semble rebondir, sortir du cadre, brouiller l'épure, défier les théoriciens. Le moment est venu, a-t-il pensé, de relancer l'appel de 1894 : « Je me demande si l'on ne peut pas, si l'on ne doit pas, sans manquer à l'esprit même du marxisme, pousser plus loin cette méthode de conciliation des contraires, de synthèse des contradictoires, et rechercher la conciliation fondamentale du matérialisme économique et de l'idéalisme appliqué au développement de l'histoire. »

C'est dans le peuple et son histoire que Jaurès a décidé de chercher l'accomplissement de cette idée. Le premier fascicule à un sou de l'*Histoire socialiste (1789-1900)*, son chef-d'œuvre de compagnon, est vendu dans tout Paris à la criée, comme un journal ou un roman populaire, le 10 février 1900, après une campagne d'affichage qui, faute d'argent, sera peu poursuivie. Elle sort pourtant au meilleur moment politique, quand tant de dreyfusards vainqueurs entrent en désillusion et que la désunion entre socialistes est plus tapageuse que jamais. Le premier des quatre énormes in-quarto à couverture rouge sang de bœuf qui rassemble tous les fascicules bi-hebdomadaires consacrés, sous la plume de Jaurès lui-même, à l'histoire de l'Assemblée constituante, sortira en décembre 1901 et le dernier en décembre 1903, bouclant ainsi, très vite et sur trois mille pages, la publication du plus fort ensemble de cette *Histoire socialiste* déjà connu et salué sous le seul titre d'*Histoire socialiste de la Révolution française*.

Jules Rouff, l'éditeur, un dreyfusard très à gauche qui a déjà vendu de la même façon Michelet et Hugo, a passé contrat avec Jaurès en juin 1898, juste après sa défaite électorale, pour une ambition très neuve et de forte pédagogie progressiste mais qui n'a pas pu devenir commercialement assez éclatante : faire écrire tous les leaders socialistes mêlés et mettre à la disposition du peuple français un nouveau moyen, œcuménique et bien-pensant, de connaître son histoire pour agir ; et, ajoute Jaurès, avant peut-être d'avoir à brûler un jour les terriers capitalistes, « procéder au classement des titres historiques du prolétariat ouvrier et paysan ». En fait, le philosophe réalise ainsi un vieux projet et il va le conduire, en néophyte enthousiasmé par la méthode historique, avec force recherches d'archives, enquêtes diverses, lectures infinies et discussions animées à tout moment, à tout propos et à tout vent : comme avec *Les Preuves*, il s'agit de remettre la vérité historique en marche, de raisonner le passé pour mieux saisir le présent, de prouver noir sur blanc qu'un avenir meilleur a été souhaité. Aussi bien le socialiste entend-il que cette histoire nourrisse une théorie partisane jusque-là trop pleine de discussions et de rivalités d'écoles. Redevenue l'*Histoire socialiste (1789-1900)* tout court, cette saga révolutionnaire sera prolongée sans démériter en histoire du temps présent, puisqu'en 1908 le dernier volume publié va courir jusqu'à 1900 et détaille l'Affaire (sans mentionner d'ailleurs *Les Preuves* !). Même si, écrite à la hâte et en collaboration (Jaurès, épuisé, a levé la plume avec la fin de la Convention et ne l'a reprise que pour traiter de la guerre de 1870-1871 et signer une conclusion remarquable mais écourtée, le « Bilan social du XIXe siècle »), mal illustrée, trop chère pour les budgets populaires, trop imposante du haut de ses douze volumes, elle s'est mal vendue.

Paraissant trois ans après l'*Introduction aux études historiques* de Langlois et Seignobos qui avait officialisé la fable d'une histoire scientifique totalement impartiale et « objective », son qualificatif « socialiste » a fait naturellement scandale, et pas uniquement dans les milieux intellectuellement conservateurs. Alphonse Aulard lui-même, républicain fort radical, titulaire de la première chaire d'histoire de la Révolution créée en 1885 à la Sorbonne, pourtant admiratif pour le travail de Jaurès, juge étroit et pédant ce « socialiste » qu'on pourrait, écrit-il en 1902 dans sa revue *La Révolution française*, supprimer sans dommage. Qu'est-ce à dire, il est vrai, comme l'a rappelé Mona Ozouf : « Ou bien il s'agit d'utilité militante ; ou bien il s'agit de montrer ce que la Révolution française comporte déjà de socialiste ; ou bien encore l'œuvre est socialiste pour se réclamer de l'interprétation marxiste : trois hypothèses dont aucune n'exclut l'autre[2] » ?

Jaurès ne s'explique guère sur ce point mais, s'il n'a pas varié sur ses présupposés philosophiques depuis 1892, il est incontestable que son ton s'est fait plus vif, plus tranchant, comme s'il pensait qu'il y a urgence à mêler enfin sous le même qualificatif « socialiste », dix ans après, marxisme doctrinal, militantisme partisan et histoire nationale. On a vu combien l'Affaire a posé de redoutables questions au mouvement socialiste et ouvrier, quel trouble provoque l'affaire Millerand, quel mal l'esprit de secte fait à l'espoir d'unité. Lire et réciter collectivement cette histoire, pensait Jaurès, pourra aider au ressourcement avant de repartir à l'assaut sur des bases nouvelles. Et c'est dans ce

2. Mona Ozouf, « Jaurès », dans François Furet et Mona Ozouf dir., *Dictionnaire critique de la Révolution française*, Flammarion, 1988, p. 998. Voir en outre l'article dans le même volume de François Furet, « Histoire universitaire de la Révolution » ; Ernest Labrousse, « Sur quelques aspects de la conception jaurésienne de l'Histoire », *BSEJ*, 41, avril-juin 1971, p. 2-8 ; Valérie Lecoulant, « Naissance d'une œuvre : l'*Histoire socialiste de la Révolution française* », *BSEJ*, 119, octobre-décembre 1990, p. 4-13 ; Madeleine Rebérioux, « Jaurès et l'histoire », *BSEJ*, 69-70, avril-septembre 1978, p. 3-10 ; « Histoire, historiens et dreyfusisme », *La Revue historique*, avril-juin 1976, p. 407-432.

but qu'il a sollicité des contributeurs dans toutes les mouvances socialistes. Œcuménisme peut-être vain, mais qu'importe, pense-t-il. Or Guesde, le premier, a refusé tout net l'offre jaurésienne et ce n'est donc pas un hasard si Jaurès s'est substitué aussitôt à lui pour traiter de la Convention montagnarde. Mais cette agressivité partisane n'explique pas tout. Car il faut voir qu'en prolongeant cette histoire « jusqu'à nos jours », comme avec *Les Preuves,* Jaurès fait aussi le pari foncièrement républicain de présenter une Révolution de 1789 matricielle et nourricière de toute l'histoire contemporaine, et qu'en bon professeur dreyfusard, il fait de surcroît celui, plus scolairement républicain, de promouvoir une lecture populaire pour adultes du récit des origines de notre présent. Il reste que la voie est étroite entre la méthode scientifique qui peut rester sans âme, les dangers réels de l'envolée idéologique, le choix et l'équilibre incertain des collaborations. Seuls le talent et l'intelligence de Jaurès ont pu, comme chez Michelet, en faire une voie royale où l'on chemine à tout prix, où l'on est saisi par ce frémissement de l'âme et du cœur qui parcourt la France nouvelle à toute évocation de 89 ; et séduit par ce respect des exigences modernes de critique des sources et de véracité du récit qu'impose l'histoire universitaire alors superbement renouvelée. Si bien que ces lourds volumes rouges de référence à l'espoir, où Jaurès philosophe, républicain et socialiste se fait historien sous la triple protection de Plutarque, de Michelet et de Marx, ont été découverts et sont restés depuis étonnamment modernes.

Fait immense et humbles détails

La préface sent bon l'embrocation marxiste : « C'est la marche et le jeu des classes sociales depuis 1789 que nous voudrions retracer à grands traits », dit-elle ; « les conditions économiques, la forme de la production et de la propriété sont le fond même de l'histoire ». Sans doute. Mais les affirmations de 1894 sont maintenues : « L'histoire résulte de la contradiction essentielle entre l'homme et l'usage qui est fait de l'homme » ; « l'histoire est tout à la fois une protestation idéaliste de la conscience contre les régimes qui abaissent l'homme et une réaction automatique des forces humaines contre tout arrangement social instable et violent ». Mieux, expériences faites, en 1900 Jaurès se lâche plus hardiment : « Marx lui-même, trop souvent rapetissé par des interprètes étroits, n'a jamais oublié que c'est sur des hommes qu'agissent les forces économiques. Or les hommes ont une diversité prodigieuse de passions et d'idées ; et la complication presque infinie de la vie humaine ne se laisse pas réduire brutalement, mécaniquement, à une formule économique. » « Aussi notre interprétation de l'histoire sera-t-elle à la fois matérialiste avec Marx et mystique avec Michelet » : idéalisme et matérialisme, le vieux débat paraît toujours ouvert. Mais c'est l'objet le plus utile à la réflexion historique, la Révolution mère, que Jaurès convoque pour le trancher.

En écoutant, comme Michelet, les militants et les obscurs qui ont fait l'histoire de 1789 à 1793, en « siégeant à leurs côtés », écrit-il, il a été conforté dans sa vieille idée que seule la vie féconde peut bousculer les clivages et faire taire les discordes. « Nous considérons la Révolution française comme un fait immense et d'une admirable fécondité ; mais elle n'est pas, à nos yeux, un fait définitif dont l'histoire n'aurait ensuite qu'à dérouler sans fin les conséquences. » Car au moment où l'événement surgit, les forces matérielles et idéales travaillent de concert. Et que les unes ou les autres viennent à défaillir, et le déroulement de la conséquence est interrompu : l'accident a droit de cité en histoire, les faits et leurs représentations s'entrelacent et c'est pour le démontrer que Jaurès explique si longuement que la guerre n'était pas inévitable en 1792. « Deux forces révolutionnaires, dit-il finalement, ont passionné les esprits et les choses, et multiplié par un coefficient formidable l'intensité des événements. Voici ces deux forces : d'une part, la nation française était arrivée à la maturité intellectuelle ; d'autre part, la bourgeoisie française était arrivée à la maturité sociale. La pensée avait pris conscience de sa grandeur et elle voulait appliquer à la réalité tout entière, à la société comme à la nature, ses méthodes d'analyse et de déduction. La bourgeoisie française avait pris conscience de sa force, de sa richesse, de son droit, de ses chances presque infinies de développement : en un mot, la bourgeoisie parvenait à la conscience de classe pendant que la pensée parvenait à la conscience de l'univers. Là sont les deux sources ardentes, les deux sources de feu de la Révolution. C'est par là qu'elle fut possible et qu'elle fut éblouissante[3]. »

3. Citation émue par Ernest Labrousse dans Jean Jaurès, *Histoire socialiste de la Révolution française*, t. I : *La Constituante*, Éditions sociales, 1969, p. 23.

L'historien retrouve ainsi les problèmes du socialiste. Jaurès ne croit plus, comme en 1891, que la Révolution aurait contenu en germe le socialisme tout entier, analyse qui le rapprochait plus de Marx qu'il n'y paraît puisqu'elle confortait l'espoir d'un déroulement mécanique des virtualités de 1789 dans le cours du XIXe siècle. Dix ans plus tard, il sait que l'avènement du socialisme n'est pas proche, que les reculs et les ruptures font partie de l'histoire. Dès lors, la responsabilité historique des socialistes est de ne plus attendre l'inévitable, de ne pas contribuer par leurs rivalités et leurs faiblesses à altérer ou à refouler une évolution plausible mais dont le devenir peut se dérober et l'idée même avorter. L'Affaire, le cas Millerrand, bientôt le combisme sont des combats assez rudes pour le convaincre que l'histoire peut balbutier. La démocratie bourgeoise a sans doute un avenir, qu'on nommera le socialisme, et tout peuple n'avance qu'en se dépassant. Mais le progrès n'est pas une évolution mécanique, il exige une morale et son cheminement, du coup, court toujours le risque du recul, du rejet et même de la défaite : au fil des ans Jaurès a mesuré les risques et il craint peut-être même déjà qu'ils ne se nouent en catastrophes aussi graves que le déni des libertés républicaines, le militarisme, la guerre. Seule l'histoire, pense-t-il, permet de mesurer ces risques et donne l'assurance de l'espoir. Acteur majeur dès 1789, le prolétariat ne sera pas éliminé : l'histoire relance son optimisme foncier. Ainsi la Parousie n'est-elle pas pour demain, et la vie tranchera. Ainsi faudra-t-il apprendre à mieux distinguer les détours et les fins, à ne pas s'en laisser conter par ceux qui, à trop croire que le réel est rationnel, sont portés à violenter la vie au nom de la raison pure et de la doctrine aveugle.

Ainsi, « nous essaierons dans cette histoire socialiste [...] de ne rien retrancher de ce qui fait la vie humaine. Nous tâcherons de comprendre et de traduire l'évolution économique fondamentale qui gouverne les sociétés, l'ardente aspiration de l'esprit vers la vérité totale, et la noble exaltation de la conscience individuelle défiant la souffrance, la tyrannie et la mort ».

C'est donc une victoire du foisonnement de la vie sur le triomphalisme du discours qui traverse et anime l'entreprise. Car Jaurès sait trop bien désormais qu'il faut « rendre perpétuellement des comptes à la réalité, à la vie ». Ou même que « si les théories expliquaient tout l'infini sauf sur un point, ira-il jusqu'à dire dans *L'Armée nouvelle*, c'est cette parcelle réfractaire qui aurait raison contre elles ». « L'humble détail », décidément, nourrit toujours ce Méridional plus que gourmand, lui fait saisir la vie et traquer le réel, le conforte dans son honnêteté et le préserve des tentations et des facilités théoriques et rhétoriques. Comment par conséquent s'étonner que cette histoire, dans son foisonnement même, dans son culte du détail, ait ouvert tant de voies nouvelles, de l'aveu même de nombre d'historiens universitaires spécialistes de l'étude de la Révolution, d'Aulard à Vovelle en passant par Mathiez, Lefebvre et Labrousse ? Les thèmes renouvelés et les domaines révélés sont déjà très nombreux : l'amorce d'une histoire de l'opinion à travers la presse, découverte avec jubilation par l'ami de la *Dépêche* et le patron de *La Petite République* ; l'espace national et la frontière définis comme agents historiques ; Paris consacré dans son rôle moteur ; l'outre-mer des Isles, négligé jusqu'alors mais où la question coloniale, dit-il, est déjà posée ; les Lumières plus que jamais tenues pour matricielles ; les balbutiements jugés si significatifs de la pensée socialiste chez l'abbé Dolivier ou Boissel mais surtout chez Babeuf, placé au plus haut, lui, parce qu'il a su reconnaître la nécessité à la fois de la rupture et de l'alliance dans le combat de la Montagne pour la démocratie.

Surtout, cette histoire donne déjà, et pour la première fois, un tableau complet et significatif de la vie économique et sociale du pays, avec un souci méthodique et une flamme qu'Aulard a tenu à saluer [4] ; elle marque le passage, décisif pour l'historiographie, d'une histoire politique, idéologique et « événementielle », à une histoire socio-économique des profondeurs. Jamais depuis l'*Introduction à la Révolution française* de Barnave, que Jaurès découvre alors avec ravissement, l'évolution économique n'avait été aussi nettement rapportée aux luttes sociales et politiques : contre Michelet et avant Labrousse, par exemple, statistiques des grains à l'appui, il dit le rôle révolutionnaire du flot montant de prospérité du « grand » XVIIIe siècle. Pour rédiger ces passages-là, il a pourtant senti toute la fragilité des chiffres et la faiblesse des inventaires des sources. Si bien qu'un de ses premiers soins, après sa réélection, sera de faire voter par la Chambre, en décembre 1903, la création et le financement d'une commission « chargée de rechercher et de publier les documents d'archives relatifs à la vie économique de la Révolution ». Celle-ci sera peuplée d'élus et d'universitaires mais aussi, localement, d'érudits et de

4. « Même les adversaires du socialisme ont admiré non seulement la noble impartialité et la belle ordonnance du livre, mais la sûreté, la variété et la richesse de l'érudition, l'art consommé avec lequel l'auteur, se révélant maître historien dès son coup d'essai, a su appliquer les règles si difficiles de la méthode historique », écrit-il encore dans *La Dépêche de Toulouse* le 9 décembre 1903.

simples citoyens, il l'animera et la présidera avec joie de 1903 à 1911 et elle publiera jusqu'en 2000 plus de cent cinquante volumes d'études et de documents[5]. Son *Histoire socialiste* marque donc une rupture nette avec la traditionnelle écriture politique de la Révolution. Ses pages sur les droits seigneuriaux, les fermages, l'impôt, les échanges commerciaux aident à analyser plus finement les classes dans leur ascension, leur déclin et leur lutte : la politique de la Révolution est fondée, comme se refuse trop à l'admettre la politique républicaine et socialiste de 1900, sur la rente, le profit et le salaire, le travail et les techniques, la courbe des prix et les orages des crises.

L'optimisme vaillant et âpre

En n'oubliant jamais le grouillement des hommes et l'héroïsme de leur pensée (Jaurès sait son Michelet par cœur), l'œuvre ouvre d'autres voies plus modernes et même prémonitoires. Car il s'agit bien d'une tentative d'histoire totale, tant Jaurès veut faire comprendre comment les forces collectives arrimées au court et au long terme de l'évolution économique et des luttes sociales s'arment aussi mentalement, avec des décalages et des ruptures, des retournements et des reniements qui brouillent les schémas trop rationnels. Du profiteur au révolté, de l'accapareur au dominant, dans la cascade des retards du mental sur le social et du social sur l'économique, son histoire

5. Voir Christine Peyrard, « La création de la Commission, ou l'œuvre de Jean Jaurès (1903-1914) », dans Christine Peyrard et Michel Vovelle dir., *Héritages de la Révolution française à la lumière de Jaurès*, Aix, Presses universitaires de Provence, 2002, p. 19-42.

guette les aléas de l'avenir et les lit sur des visages. Qu'on relise son récit de la journée du 31 mai 1793, quand les traits des Girondins trahissent l'hésitation et annoncent la Terreur ; quand les sectionnaires parisiens songent à franchir le pas, à s'opposer à la souveraineté nationale incarnée par les députés et inventer bon gré mal gré la révolution de minorité ; quand remontent les bouffées de violence, cette violence dont Jaurès a horreur et qu'il faut pourtant regarder en face. Car, devant toute terreur, toute menace d'autoritarisme dévoyé, il faut poser, se poser, avec honnêteté, la terrible question qui l'a sans doute hanté, malgré tout son optimisme de bon garçon : et si la Révolution de 89, elle aussi, avait été « monstrueuse » ?

Quand les agitateurs des sections en armes vous provoquent, que hurlent les massacrés de Septembre et les victimes de la loi de Prairial, il ne suffit plus de trier philosophiquement et moralement le bien et le mal ou de se détourner avec horreur : il faut répondre pour ne pas se séparer des hommes et de leur désespoir, car les hommes dans leur fureur « vous imposent la loi de la vie, la loi étroite du choix, de la préférence, du combat, du parti pris, de l'âpre et nécessaire exclusion ». Qu'elle est difficile à écrire, cette phrase dont aucun mot ne résonne en soi ! Mais Jaurès s'y résigne car il refuse plus que jamais de se dérober : « Je suis avec Robespierre, et c'est avec lui que je vais m'asseoir aux Jacobins. » Victoire sur lui-même bousculé par le mal, fierté d'historien pénétré du vrai : comment, à plus d'un siècle de distance, ne pas sentir ce tremblement devant l'histoire ?

Un texte nous y convie en tout cas, où l'Incorruptible, si opposé et pourtant si proche, est vu aussi – est-ce un hasard ? – au miroir de Jaurès : « Il y avait en lui du prêtre et du sectaire, une prétention intolérable à l'infaillibilité, l'orgueil d'une vertu étroite, l'habitude tyrannique de tout juger sur la mesure de sa propre conscience, et envers les souffrances individuelles la terrible sècheresse de cœur de l'homme obsédé par une idée et qui finit peu à peu par confondre sa personne et sa foi, l'intérêt de son ambition et l'intérêt de sa cause. Mais il avait aussi une exceptionnelle probité morale, un sens religieux et passionné de la vie, et une sorte de scrupule inquiet à ne diminuer, à ne dégrader aucune des facultés de la nature humaine, à chercher dans les manifestations les plus humbles de la pensée et de la croyance l'essentielle grandeur de l'homme. Robespierre était en outre incliné vers la pensée chrétienne par une sorte de pessimisme profond, analogue au pessimisme chrétien et au pessimisme de Jean-Jacques. [...] Et il se faisait scrupule d'arracher aux hommes des espérances surhumaines de justice et de bonheur dont la Révolution lui paraissait incapable à jamais d'assurer l'équivalent. Là est, dans la pensée de Robespierre, le grand drame ; là est, dans cette âme un peu aride, l'émotion profonde et la permanente mélancolie. Il travaille à une œuvre très difficile à accomplir et dont il sait d'avance que, même accomplie, elle satisfera à peine le cœur de l'homme ; et il ne veut pas détruire des réserves d'espérance léguées par le passé à l'heure même où, pour instituer l'ordre nouveau de liberté et de justice, il faut qu'il combatte les puissances du passé. Ferons-nous un grief à Robespierre, nous, socialistes, d'avoir souffert des imperfections cruellement ressenties de la Révolution démocratique et bourgeoise et d'avoir cherché dans une sorte d'adaptation moderne du christianisme un supplément de force morale et de joie qu'en son pessimisme social il n'attendait pas du progrès naturel des sociétés ? Oui, il y avait là une grande et triste pensée, je ne sais quel jour profond, mystérieux et sombre, ouvert sur les douleurs et les injustices que la Révolution ne guérirait pas[6]. »

« Si tous les hommes de la Révolution n'avaient pas été tués, ils seraient morts fous, tant l'effort les brûlait vite », confia-t-il un jour à Jules Renard. Après Michelet, il trace aussi la voie, et très gaillardement, vers ce qu'avec Lucien Febvre on nomma l'histoire des mentalités et qu'aujourd'hui on désigne par histoire culturelle. Il faut pour s'en convaincre relire par exemple les pages consacrées à Robespierre, personnage central selon lui, et réhabilité contre l'histoire officielle du temps, très favorable à Danton. Il le place au carrefour de la bataille démocratique et il défend sa position contre la révolution extrémiste des sans-culottes et des hébertistes, alors si mal connus mais dont il est un des premiers à soupçonner la dérive fatale. Il suit l'Incorruptible dans l'assaut final, note l'épuisement, la psychose, la hantise d'une mort trop longtemps donnée pour n'être pas souhaitée enfin pour soi-même comme une délivrance. La mélancolie de Robespierre, reflet des contradictions d'une révolution bourgeoise et démocratique à la fois, Jaurès la dépeint avec une tristesse si tendre qu'elle laisse à penser sur l'écho qu'elle pouvait éveiller en lui.

Les fenêtres du temps et de l'espace ouvertes plus largement, les profondeurs économiques et sociales sondées pour la première fois, le visage humain du

---

6. Jean Jaurès, *Histoire socialiste de la Révolution française, op. cit.*, t. III, 1970, p. 372-374.

collectif et le choc des individualités scrutés avec une attention nouvelle : sur tous les plans, Jaurès a innové, convaincu, ouvrant la voie à de nouvelles recherches. Au passage, il a trouvé dans l'histoire, par l'histoire, une réponse au débat entre l'idéalisme et le matérialisme : il s'est plus fortement qu'en 1892 résolu à ne jamais se séparer du bruissement et de la complexité de la vie, quoi qu'il en coûte à la doctrine ou à l'idéal, et il a forgé cette détermination dans sa fréquentation fraternelle des hommes de 1789. Mais c'est toute l'histoire contemporaine qui a trempé sa résolution : son grand texte, trop peu connu, qui clôt l'*Histoire socialiste* en 1908, le « Bilan social du XIXe », met au net, avec une clarté sèche et comme mélancolique, son passage de l'« optimisme béat et satisfait » de sa jeunesse à l'« optimisme vaillant et âpre » de sa maturité. La classe ouvrière, croit-il désormais, puisera dans cette démocratie, qu'elle n'a contribué à affirmer que pour mieux la relancer, le courage de se hausser au socialisme. Le travail, ce « sombre forgeron », restera comme chez Marx « le vrai dieu de l'histoire ». Par l'affirmation de ce double espoir, l'*Histoire socialiste* a instillé du marxisme dans la vulgate de gauche du récit français des origines. Elle laisse pourtant entendre aussi bien, répétons-le, que le socialisme n'est pas pour demain ; elle fait savoir qu'il faudra toujours franchir une étape nouvelle si l'on veut suivre la volonté des hommes contre les facilités théoriques ; elle invite à batailler contre ceux qui voient la marche au socialisme comme le déroulement d'une histoire fatale. Ces conclusions seront constamment reprises par Jaurès, telles quelles ou presque, dans ses batailles pour l'unité socialiste, jusqu'en 1905 et même jusqu'au congrès de Toulouse de 1908.

L'*Histoire socialiste* a marqué un point d'orgue. Elle a débloqué le débat d'école et fait vivre avec un peu plus de légitimité historique l'espoir d'unité et de synthèse. Et Jaurès, même au plus fort de l'action, n'abandonnera plus l'examen passionnel et savant de l'histoire. Ainsi, c'est contre la guerre montante qu'il ouvrira ses nouveaux dossiers d'instruction et, s'il a choisi déjà en 1907 d'écrire à la hâte le chapitre sur la guerre de 1870-1871 sans y parler ni des rapports de classes ni de la Commune mais en disant tout son amour de la patrie blessée[7] – il laisse le soin, ensuite, à John Labusquière de traiter, médiocrement d'ailleurs, des années 1871-1900 –, c'est sans doute pour aider déjà à persuader toutes les familles et toutes les couches de la démocratie, ouvrières, paysannes et bourgeoises, socialistes et radicales, que venant du Maroc ou d'ailleurs le pire est toujours possible, qu'aucune évolution n'est fatale, que le progrès n'a rien de linéaire et que tout conflit est ruineux. Il faut connaître la fragilité des mécanismes diplomatiques et politiques, martèle-t-il, ne pas négliger les défaillances humaines pour expliquer tous les Sedan. En 1911, en revanche, c'est le militant de l'Internationale qui entend convier les peuples à la lutte contre la barbarie quand il décrit dans *L'Armée nouvelle* les soldats de l'an II parcourant l'Europe pour y porter les droits de l'homme.

7. Il la tient pour un acte manqué, même s'il salue son enthousiasme révolutionnaire. C'est donc le blanquiste Louis Dubreuilh qui en traite dans l'*Histoire socialiste*. Voir Bruno Antonini, « La Commune, Jaurès et l'idée d'auto-émancipation : théorie du pouvoir et révolution sociale », dans Claude Latta dir., *La Commune de 1871. L'événement, les hommes et la mémoire*, Saint-Étienne, Presses de l'Université de Saint-Étienne, 2004, p. 369-377 ; Madeleine Rebérioux, « Hier et demain. Un article de Jaurès sur la Commune », *BSEJ*, 41, avril-juin 1871, p. 9-15.

À l'arrière-plan de son action, on retrouvera donc toujours les interrogations et les certitudes de l'*Histoire socialiste*. Deux surtout. La première est sa confiance raisonnée dans la force ouvrière, tenue pour « la grande libératrice, la grande pacificatrice », portant l'humanité en marche, garantissant la réconciliation dans l'unité. La deuxième est sa conviction que l'appel puis l'élan de la démocratie au socialisme ne pourront être ni altérés ni refoulés par le sectarisme et la division, car les hommes lancés dans l'histoire arguent bien plus souvent qu'on ne pense d'un idéal, d'une morale, d'une culture et d'une spiritualité. Pour aider la classe ouvrière à accomplir son être, pour l'aider à combattre en elle le danger « de s'immobiliser dans ses cadres », seule l'histoire peut nous donner à lire « cette méthode complexe d'une classe à la fois très vivante et très âpre qui se mêle à tous les mouvements pour les ramener sans cesse à sa propre fin ». Hissée, par l'exploitation dont elle est victime et par les malheurs des temps qui l'accablent toujours plus, à la dignité de « classe intellectuelle » et même de « classe universelle », la « classe ouvrière » ira de l'avant à condition qu'elle maîtrise elle-même les buts, les règles et les attendus de son émancipation.

« Et si nous avions contre nous le monde que nous voulons faire ? » dira Péguy. L'histoire selon Jaurès répond-elle à cette crainte qui monte après 1900 ? Et si, en la révérant trop, on imposait un jour ce « socialisme orgueilleux » dont la seule idée fait déjà vomir Péguy et auquel nous avons tristement appris, au XXe siècle, à accoler l'adjectif « totalitaire » ? Contre les fatalités mécaniques de l'évolution, contre les illusions du progrès, la pratique historienne de Jaurès sonne le réveil, avec son respect de la vie, diverse, déroutante mais source unique ; avec son souci de l'humain et de la morale. Elle expose et explique que la défaite de l'humanité – synonyme, selon lui, de celle du socialisme – serait « d'immobiliser la justice ». Certes. Mais comment mesurer les progrès de la justice ? Cette question, c'est au marxisme qu'il l'a posée.

7

Le marxiste démocrate

De la méthode, encore de la méthode, toujours de la méthode ! Ce n'est apparemment qu'un cri chez les socialistes autour de 1900, vers la fin de l'Affaire, au fort de leur violent débat sur la participation de Millerand au cabinet Waldeck-Rousseau, à l'heure où le mouvement ouvrier sorti des grèves, des Bourses du travail, des syndicats et des manifs pour le 1er Mai semble plus que jamais ne rien attendre des « sectes » et des « partis », fussent-ils socialistes. Comme si la Révolution « prolétarienne » se dérobant mais la démocratie « bourgeoise », elle, ayant su progresser, le mouvement socialiste, privé de l'espoir d'une proche victoire, pris de vitesse par le cours des choses, théorisait un peu à tout hasard pour excuser ses carences et faire taire ses divisions. Et comme toujours lorsque les affaires vont mal chez des socialistes – l'avenir le vérifiera souvent –, il le fait en débattant d'abord de l'application possible et souhaitable du marxisme à la réalité française bien plus qu'en scrutant cette réalité elle-même.

Jaurès, qu'on imagine perplexe devant ce soudain

réveil théorique, est trop soucieux d'union, trop désireux de resserrer le lien entre le socialisme et la République pour songer à se dérober. Et le bon professeur qu'il est sait bien qu'un peu de philosophie générale peut aider à régler les plus lourdes interrogations : c'est pourquoi jamais dans ce débat il n'abandonnera son « arrière-pensée », celle qui fait de l'homme d'abord un animal métaphysique assoiffé de justice, d'unité et d'humanité[1]. Il est donc entré en lice sans être dupe et sans baisser sa garde. Le 10 février 1900, deux jours avant la sortie du premier fascicule de l'*Histoire socialiste*, dans une conférence sur « Berstein et l'évolution de la méthode socialiste » où il critique le révisionnisme de ce dernier, il a tenu à mettre en exergue ce que l'étude de l'histoire vient de lui confirmer. Oui Marx a raison, car « c'est le système économique qui est le fond ». Néanmoins, ajoute-t-il, il serait « absolument enfantin de chercher à expliquer directement, exclusivement, abstraitement tel phénomène historique, tel phénomène humain, par un ressort exclusif, par une catégorie isolée de tendances ou de forces ; la société n'est pas comme une montre où un seul ressort central détermine de proche en proche le mouvement de l'aiguille ; les divers ressorts se commandent, et si nous n'étudions que l'action de l'un d'eux, si central et dominant soit-il, nous ne saurons jamais quelle heure il est ». Il préconise donc plus que jamais « une méthode d'action complexe » pour mieux appliquer « l'action socialiste, l'action prolétarienne à

1. Madeleine Rebérioux, « Jean Jaurès et le marxisme », *Histoire du marxisme contemporain*, t. III, UGE, « 10-18 », 1977, p. 235 et « Avant-garde esthétique et avant-garde politique : le socialisme français entre 1890 et 1914 », *Esthétique et Marxisme*, UGE, « 10-18 », 1974, p. 21-39.

tous les points de la sphère sociale ». Dès lors, a-t-il conclu, « la dialectique n'implique pas que la conciliation définitive se fera en un seul concept, un seul moment ; il peut y avoir bien des concepts intermédiaires, bien des formes de société intermédiaires qui s'échelonnent jusqu'à l'entière solution de la contradiction fondamentale dont une société doit périr ; nous pouvons donc garder la méthode dialectique de l'histoire sans renoncer à l'action positive, graduée, immédiate, efficace, qui est aujourd'hui, et de plus en plus, la loi du socialisme militant ».

À Lille le 16 décembre 1900, dans une atmosphère électrique, il a disputé avec Guesde et leurs deux discours contradictoires, largement diffusés en brochure sous le titre *Les Deux Méthodes,* vont servir longtemps de vade-mecum théorique pour militant consciencieux. Le vieux lutteur de Roubaix y a eu le dernier mot, plus que sec : la lutte de classe est un « fait » et non un « principe » comme le croit Jaurès ; elle ne doit jamais être oubliée et il ne s'agit pas « d'engager à fond le prolétariat dans une lutte de personne » (on a reconnu Dreyfus), car « la lutte de classe interdit le commerce de classe ». Halte donc à la confusion, honte aux embourgeoisés et aux déviationnistes, restons dans la tautologie nourricière du « classe contre classe » : « Nous ne sommes et ne pouvons être qu'un parti de révolution, parce que notre émancipation et l'émancipation de l'humanité ne peuvent s'opérer que révolutionnairement. » Amen. « La Révolution qui vous incombe n'est possible que dans la mesure où vous resterez vous-mêmes, classe contre classe, ne connaissant pas et ne voulant pas connaître les divisions qui peuvent exister dans le monde capitaliste » :

sévère rappel du cours primaire de la doctrine, que Guesde sait faire applaudir.

Jaurès, en revanche, ne pourra pas imposer ses arguments habituels, car il a préféré plaider les circonstances atténuantes, l'Affaire et le cas Millerand, plutôt que de réciter à son tour la sainte doctrine. Non, a-t-il pourtant lancé, la lutte de classes « principe si général, vous indique une direction générale ; mais il ne vous est pas plus possible d'en déduire la tactique de chaque jour, la solution des problèmes de chaque jour, qu'il ne vous suffirait de connaître la direction générale des vents pour déterminer d'avance le mouvement de chaque arbre, le frisson de chaque feuille dans la forêt ». Oui, « il est de l'intérêt du prolétariat d'empêcher une trop violente dégradation intellectuelle et morale de la bourgeoisie elle-même » ; oui, le prolétariat « est devenu dans cette crise le tuteur des libertés bourgeoises que la bourgeoisie était incapable de défendre » ; car « moi je vous dis que toutes les grandes révolutions ont été faites dans le monde parce que la société nouvelle, avant de s'épanouir, avait pénétré par toutes les fissures, par ses plus petites racines, dans le sol de la société ancienne ».

Un an plus tard, le 17 novembre 1901, dans une lettre à Péguy titrée significativement « Question de méthode », qui sert de préface à ses *Études socialistes* reprises aux *Cahiers de la Quinzaine*, Jaurès s'est singularisé un peu plus, sans rompre tout à fait. Mais y aura-t-il appel ? Pour l'heure, le jugement est plus que sévère : expéditif. Marx se trompe, écrit-il, et ce qui frappe dans le *Manifeste du parti communiste*, « dépassé par les événements », c'est « le chaos des méthodes » ; car « le mode déterminé sous lequel Marx,

Engels et Blanqui concevaient la révolution prolétarienne est éliminé par l'histoire » ; bref, « nul des socialistes, aujourd'hui, n'accepte la théorie de la paupérisation absolue du prolétariat ». Décidément, le marxisme de Jaurès fait question. Ou plutôt, Jaurès pose de vraies questions au marxisme. La métaphysique avait scellé son entrée en politique ; le marxisme hante son socialisme, mais déjà il ne l'habite ni ne l'anime.

L'âpre joie de Marx

On se souvient pourtant avec quelle brutalité, dès 1892 dans sa thèse annexe sur les origines du socialisme allemand, il avait dit son inquiétude devant le fatalisme historique qu'une lecture mécanique de Marx pourrait entretenir. « Que ce soit l'idée elle-même qui, par son procès, change les choses, ou que les choses elles-mêmes soient animées et emportées par la fatalité d'un mouvement propre, comment les hommes pourront-ils agir et accompagner quelque chose ? À quoi bon proclamer le socialisme et grouper en corps d'armée tous les soldats du socialisme, si par leur marche même les choses réalisent peu à peu le socialisme ? [...] Les socialistes resteront-ils hypnotisés dans une stérile contemplation ? » À trop miser sur l'issue fatale, à prédire trop tôt l'inévitable décomposition du capitalisme, le risque est grand de ne plus adapter les moyens aux fins et de stériliser l'action révolutionnaire. Si bien que surgira, hélas, l'autre question corollaire, terrible conséquence directe de ce fatalisme paresseux : « En quoi est-il démontré qu'une nouvelle forme de société, produite par une nécessité quasi aveugle, sera meilleure et plus équitable ? »

Ce type de questionnement a déjà séparé Jaurès des dévots. Et d'abord, bien entendu, des guesdistes, enfermés dans des raccourcis et des slogans qui leur ont fait admettre sans inventaire ni imagination que « le capitalisme sera à lui-même son propre fossoyeur » ; que des blocs compacts prêts à en découdre, prolétaires contre possédants, sont déjà soudés ; que la République « bourgeoise » trop chère aux réformistes n'allège pas le malheur et qu'il faut au contraire se préparer à prendre d'assaut l'État bourgeois. Mais Jaurès a su admettre que le guesdisme avait lancé ainsi un appel au combat très mobilisateur, qu'il avait soudé pour la première fois les noyaux durs d'un parti structuré et bon « sergent recruteur ». Depuis 1894, il a même partagé certaines des analyses et envié nombre des actions soutenues par les amis de Guesde. Il sait en outre que la secte des années 1880 est devenue une bonne machine électorale et municipale, de Narbonne à Troyes en passant par Roubaix, que ces hommes sont si bon pédagogues et même si « grandes gueules » qu'ils sont capables d'armer très utilement un militantisme moderne avec leur catéchisme élémentaire de la lutte de classes.

Ces qualités auxquelles il se montre sensible ne font cependant pas oublier à l'intellectuel Jaurès les carences de pensée de ceux qui croient qu'ainsi ils respectent le contrat originel qui unirait marxisme et socialisme. Il est vrai, plaide-t-il, que les grands textes de Marx sont peu diffusés dans leur intégralité, que certains sont mis sous le boisseau et qu'il a fallu attendre une traduction correcte du *Manifeste*, par Andler en 1901, pour que l'inventaire devienne un peu plus précis et nourrissant. Une meilleure connaissance des œuvres analysant la situation française, *Le Dix-huit Brumaire de Louis Bonaparte*, *La Guerre civile en France* ou *Misère de la philosophie*, mêlée à quelques bribes de Engels, de Kautsky ou de Labriola, a certes un peu élargi l'horizon, mais il faut bien parler de défaillance persistante des socialistes français dans la diffusion du marxisme jusqu'en 1914. Entre-temps, des études plus sérieuses ont été conduites par des avant-gardes intellectuelles et dans leurs revues, *L'Ère nouvelle*, *Le Devenir social* ou *Le Mouvement socialiste*, dont la vigueur de ton et l'ampleur de l'information ont tranché sans peine sur la grisaille théorique de *La Revue socialiste*, organe officiel du parti. Ainsi un marxisme pour intellectuels et élite militante a-t-il fleuri, alimentant quelques rares constructions aussi brillantes que closes, comme celle de Georges Sorel bien campée au confluent des courants nés du dreyfusisme, du syndicalisme et du socialisme, mais délaissées par l'Internationale, dédaignées en France et, surtout, sans audience populaire. Nul ne peut dire, finalement, que le marxisme nourrirait vraiment l'action socialiste en France.

Jaurès a tout su et tout vu, il va de soi, de ce retard théorique, de ce franco-centrisme et de cet élitisme. Il s'en est irrité, il en a souffert, sans pourtant en faire un argument dirimant : le marxisme serait décidément « introuvable » en France[2]. Voilà pourquoi il aurait laissé le champ libre au syndicalisme d'action directe et aux théoriciens de la grève générale, ou entretenu une spéculation intellectuelle coupée de

2. Daniel Lindenberg, *Le Marxisme introuvable*, Calmann-Lévy, 1975.

l'action de masse. Il n'aurait surtout pas su théoriser l'hésitation originelle, ou la complémentarité présupposée, dans ce pays, entre la révolution prolétarienne et la République des droits de l'homme. Pourquoi Jaurès ne l'a-t-il pas dit ainsi, à son rang militant et à son rang intellectuel ? Parce qu'il a choisi de militer au sein d'un mouvement socialiste en quête d'organisation. S'il a bien vocation à conquérir les plus larges masses, alors le marxisme ne peut être qu'une méthode d'action et non un exercice d'algèbre intellectuelle. Ce choix de 1892 l'a éloigné des cercles intellectuels et des fraternités de revues où il eût pourtant brillé et explique ses ruptures avec les Sorel et les Péguy qui entendaient bâtir d'abord un socialisme de morale dont les élites militantes sauraient user.

C'est donc un Jaurès plus socialiste qu'intellectuel qui a tenu à affronter les faiblesses du socialisme à la française, plonger dans son matérialisme, combattre sur son terrain si mal délimité. Son souci théorique, son ambition métaphysique, les structures mêmes de sa pensée l'isolent sans doute depuis 1893. Il n'a pas toujours à sa disposition les outils nécessaires pour approfondir la discussion. Il connaît peu Labriola, ignore les marxistes russes et délaisse trop les austro-hongrois, sa fidélité à 1789 l'a isolé dans une Internationale dominée par les Allemands. Pourtant, philosophe, il a rencontré Marx dès 1892 et il a interprété sa pensée comme un aboutissement de l'idéalisme allemand. Historien, il a puisé chez lui les grandes lignes d'une interprétation économique et sociale qui reconnaît l'existence des classes et de leur lutte. Mais son goût pour la métaphysique, son sens de la dimension morale l'éloignent d'une pensée qu'il a fréquentée parmi d'autres, sans y chercher une vulgate.

L'homme, par ses origines familiales, son milieu terrien, sa formation classique et son républicanisme instinctif a été à l'abri du choc de classe dont le traumatisme a si souvent éveillé au marxisme. L'intellectuel curieux de tout restera toujours très avide de connaître et de cultiver tous les héritages socialistes français. Et pourtant, il a été ébloui dès 1889 et 1890 par la lecture de ce *Capital* si « vigoureux et algébrique », dont il a passionnément discuté avec Lucien Herr ou Gabriel Deville et auquel il s'est appliqué à faire référence aussi clairement que Bernstein, Hyndman ou Kautsky et, bientôt, que Hilferding ou Rosa Luxemburg.

De 1893 à 1901, il précise sa position. Depuis sa longue controverse avec le sénateur Bernard Lavergne sur le collectivisme, étirée de septembre 1893 à janvier 1894, jusqu'à sa lettre à Péguy de 1901, il a toujours tenu à profiter au mieux des faibles loisirs de réflexion suivie que lui laisse une vie militante devenue dévorante, tout en regrettant ne pas pouvoir rédiger des livres plus argumentés : conférence entre deux trains, papier dicté à la hâte ou long article pour une revue amie, méditations un peu plus longuement rédigées au Bessoulet, ses textes de base prennent le risque de la dispersion et de la répétition, mais gagnent en retouches et en éclairs inspirés par l'actualité vraie, c'est-à-dire sociale et politique. Au bilan de ces efforts obstinés, Jaurès accepte toujours avec la joie robuste qu'on lui connaît un marxisme ouvert et vivant. « C'est le mérite décisif de Marx, rappelle-t-il dans *Questions de méthode*, le seul peut-être qui résiste pleinement à l'épreuve de la critique et aux atteintes profondes du temps, d'avoir rapporté l'idée socialiste du mouvement socialiste. » Les luttes de Carmaux et d'Albi, puis maintes grèves et luttes diverses ont conforté en lui tout ce que le philosophe, l'historien et l'élu avaient subodoré : la lutte de classes, dont il apprend à connaître toujours avec le même malaise la violence crue et les risques énormes, est bien réelle et même omniprésente. Écartant pour un temps ses soucis métaphysiques et ses espoirs de réconciliation, il admet qu'elle s'incarne pour l'heure dans le mouvement des ouvriers et qu'une classe ouvrière devenue aussi motrice de l'histoire ne peut qu'être la force politique d'avenir. C'est donc bien le marxisme qui a lié chez lui la conception de l'histoire et la vision du social. Face à une bourgeoisie qui ne « s'oublie jamais pour le capital » mais ne consent plus à se sacrifier pour lui, le prolétariat a pris toute son épaisseur et devient la classe par excellence, agent de l'histoire, agent de transformation et de proposition sociale. Même s'il explore avec patience les diversités et les contradictions internes de toutes les classes, Jaurès reste donc fidèle à Marx en affirmant contre Bernstein que la « ligne générale de démarcation subsiste » et subsistera entre les possesseurs des moyens de production et ceux qui, n'ayant que leurs bras et leur intelligence à vendre, doivent lutter.

Il ne reviendra jamais sur ce ralliement-là. L'opposition des classes naît des rapports de production, la théorie de la plus-value et celle de la valeur restent vraies : voilà pour lui le vrai, au vif. Et cette fidélité ne sera pas mise en doute quand le retour à la phase ascendante du capitalisme après 1896, gonflant les profits et élargissant les horizons de sa domination au monde entier – d'aucuns ont aussitôt parlé de sa phase impérialiste –, suscite des critiques d'économistes contre le *Capital*. À l'aise dans les analyses difficiles,

Jaurès réplique donc à Graziadei, à Parto, à Masaryk ou surtout à Bernstein. Il réfute sèchement les analyses sur l'absence de concentration du capital et montre qu'il sait déjà réfléchir en urgence sur les crises, des trusts et des cartels. À chaque argument révisionniste de Bernstein, il réplique en invoquant la structure de l'économie, l'affirmation de la classe ouvrière, la révolution en route. Car, dit-il, « le socialisme est nécessairement révolutionnaire » puisqu'il met en ordre de marche la « force essentielle de négation, de révolution » que la société capitaliste porte en elle, le prolétariat. Dans cette fidélité au meilleur du *Capital* qui, dit-il souvent, « résiste merveilleusement », il tient pour un marxisme moins élémentaire qu'on ne l'a dit et maintient le seul axiome marxiste qu'il n'a jamais remis en cause : passer de l'exploitation à la révolution est la logique même du socialisme.

Renouveler là où il faut

Pourtant, il tient ferme dans son refus des génuflexions et des récitations, tant son marxisme se nourrit de pratique sociale et non de fierté d'école. Et sans oublier ses positions philosophiques originelles. C'est même en se référant à celles-ci qu'il a laissé monter le doute depuis 1892. Et si le marxisme ne se découpait pas en chapitres ? S'il était bien artificiel de signaler des interactions entre économisme et idéalisme chez Marx, comme il l'a fait dans sa thèse ? Il ne laisse certes jamais dire que le marxisme ne serait qu'un « socialisme du ventre », mais c'est sa théorie du reflet qui l'inquiète de plus en plus, car le réel est toujours aussi déroutant. Si bien que le métaphysicien doit de nouveau se manifester : « Les forces toujours plus variées et plus riches de la nature humaine désunifient sans le rompre le thème de l'ordre économique », note-t-il comme joyeusement en 1898.

Le vrai point de discussion doctrinale et, surtout, de stratégie politique a pourtant surgi là où on n'attendait pas nécessairement qu'il pût y avoir sitôt débat, à la faveur de l'Affaire : la forme nationale du combat socialiste. La pratique historienne, la fréquentation des travailleurs, le spectacle des progrès du syndicat et de l'action ouvrière autonome, l'héritage et l'action ont en effet conduit Jaurès à poser, contre la social-démocratie allemande, les exigences d'un socialisme français original et fidèle à ses sources propres qui ne doivent rien à Marx. La classe ouvrière française ne s'est-elle pas donné une mémoire et des formes d'action irréductibles à tout modèle ? À Bernard Lavergne il a exposé fièrement les conséquences, permanentes et intangibles à ses yeux, d'une telle grandeur nationale, et qui valent pour programme unificateur : « 1) [Le socialisme français] sera passionnément républicain ; jamais nous ne séparerons les questions économiques des questions politiques, la justice sociale de la liberté, le socialisme de la République. 2) Il sera tout à la fois scientifique et idéaliste. Il ne se bornera pas, comme Marx l'a fait, à constater que l'abolition du régime capitaliste est inévitable, il démontrera en outre qu'elle est juste. Certes, cette affirmation, cette démonstration de justice ne suffira point à désarmer les intérêts hostiles iniques. Il y faudra l'organisation puissante du prolétariat tout entier : prolétariat ouvrier, prolétariat paysan, prolétariat intellectuel. Mais en démontrant que notre socialisme collectiviste répond non seulement aux nécessités historiques, mais à l'idée de justice, nous pourrons sans doute grouper autour du prolétariat quelques-unes des consciences les plus nobles et les plus hardies de la bourgeoisie et ainsi adoucir l'évolution, ménager les transitions, amortir les chocs. En tout cas, nous jetterons au moins un doute dans la conscience de nos adversaires, et ce sera là, pour eux, une grande faiblesse. 3) Enfin, et ceci est décisif, le socialisme français s'appliquera avec une énergie particulière à sauvegarder, dans l'organisation collectiviste, l'épargne individuelle, le droit individuel, et pour tout dire d'un mot, la propriété individuelle en ce qu'elle a de légitime et d'essentiel. »

Dans cette perspective et contre ceux qui se replient sur leur vision catastrophiste d'une révolution inévitable, il a pris le risque en 1895 et 1996, dans une série d'articles de *La Revue socialiste* intitulée « L'organisation socialiste », de brosser la société future à grands traits, tous optimistes. Dans cet étonnant tableau qui bannit la spoliation, la violence et l'étatisme de la cité socialiste, aucune des forces qui pourraient un jour être mises en marche n'est omise, fonctionnaires, ingénieurs, artisans, petits patrons, petits propriétaires ruraux : on est très loin déjà d'une exclusivité prolétarienne dans l'affirmation révolutionnaire car, il en jurerait, le socialisme progressera autant avec « le concours réfléchi » de toutes « les volontés humaines » que par la seule force des choses. Rien pourtant ne l'éloigne encore plus de Marx et, dans son conflit de 1900 avec les guesdistes, il ne manque pas de rappeler malicieusement que l'auteur du *Manifeste* est très souvent à ses côtés. Ainsi rappelle-t-il aux fidèles incomplètement informés que non seulement la loi d'airain des salaires est probablement fausse mais qu'elle n'apparaît pas dans les écrits du maître ; qu'il faut disloquer le bloc bourgeois et conquérir une majorité de Français au socialisme. Il soutient même dans sa polémique avec Bernstein qu'on trouve chez Marx toutes les justifications nécessaires à l'action réformatrice. À Marx son intangible conception économique et sociale de l'histoire, convient-il. Mais, ajoute-t-il, il s'agit aujourd'hui de prolonger sa dialectique en mettant en œuvre politiquement « une méthode d'action complexe, complète, vaste comme la réalité, hiérarchisée comme la réalité ». Contre ceux qui attendent tout d'une révolution qui semble tarder, il prend appui sur Marx pour mettre en valeur les formes originales de lutte et les tactiques nationales ; pour souhaiter qu'on respecte davantage la singularité d'une classe ouvrière française qui a si bien contribué déjà, chez elle, à affermir la démocratie politique. « Je comprendrais, ironise-t-il, qu'on essayât d'étrangler la théorie marxiste si elle immobilisait le prolétariat dans l'attente hallucinée de la société future, si le prolétariat pouvait conclure de la théorie marxiste que la seule marche de la dialectique l'affranchira ; mais non, ce qui fait la profondeur et la vie de la théorie marxiste, c'est que le développement en est toujours calculé de façon à mettre au service du prolétariat la force de la nécessité, et à obliger tous les jours le prolétariat à compléter par toutes les ressources de son action et à réaliser cette force immanente de la nécessité. » Le socialisme français selon Jaurès ne sera donc pas « une momie enveloppée de bandelettes doctrinales » : il restera fidèle à Marx en vivant son originalité assez vigoureusement pour triompher.

Une méthode épuisée

Jaurès a cru qu'ainsi la rupture restait évitable et il le rappelle au début de sa conférence sur Bernstein : « Nous avons à faire, à mon sens, une politique socialiste neuve, à certains égards plus agissante, nous avons à modifier notre attitude en face de certains problèmes ; mais nous pouvons le faire sans rompre avec les traditions générales de la démocratie socialiste internationale. J'estime et j'essaierai de démontrer que le marxisme lui-même contient les moyens de compléter et de renouveler le marxisme là où il faut. » Pourtant, comment se faire entendre quand l'environnement national reste si peu marxiste et que, du coup, la position française est si peu en phase avec les débats de l'Internationale ?

Il est vrai que, dès 1902, se sont constitués sinon soudés les blocs du Parti socialiste de France et du Parti socialiste français, mais ceux-ci restent jalousement antagonistes. Sur les ruines du dreyfusisme, les intellectuels se déchirent et s'éloignent de la bonne cause socialiste, le nationalisme revient en force, les antipatriotes animés par Gustave Hervé ne ménagent plus Jaurès, l'homme du « cassoulet réformiste », l'impérialisme fait renaître tous les risques de guerre. Tant et si bien que, confronté à tant de questions nouvelles, Jaurès n'a plus toujours la patience pédagogique d'argumenter et de convaincre ; que l'air du temps nouveau lui fait prendre en horreur les passéistes qui ne voient pas naître le monde nouveau. Dans ce renouveau il préfère voir le signe d'un retour du politique à l'état pur, autonome, irréductible et moins que jamais expression d'une doctrine, fût-elle tenue pour « scientifique ».

Désormais, sans renier sa filiation marxiste et en prenant soin de couvrir son évolution sous l'autorité d'un Marx à relire sans cesse, il accumule les critiques, comme si enfin le spectacle de la nouvelle réalité lui rouvrait les yeux. Le voici qui reprend Saint-Simon et Proudhon, médite la pensée libertaire, s'interroge sur le souffle antiautoritaire que le mouvement syndical propage si facilement dans le monde ouvrier, pressent l'originalité d'un capitalisme français qui à la fois plonge dans les campagnes reculées et se donne des horizons mondiaux, et que les analyses du *Capital* formées au spectacle des économies allemande et anglaise singularisent mal. Élu du Tarn tentant avec les guesdistes d'élaborer aussi un programme agraire de défense de la petite propriété, intellectuel et républicain épris de vérité et de progrès pour tous, Jaurès ne trouve toujours pas dans *La Guerre civile en France* les lueurs nécessaires et suffisantes. Il en conclut tristement, dès 1902 : « Marx et Engels, malgré les efforts de leur dialectique et de leur érudition, n'ont jamais pleinement compris la tradition révolutionnaire française. » Le constat d'échec n'est pas loin, comme si le marxisme ne pouvait décidément être ni le seul ni le meilleur instrument de mesure de la force du socialisme au pays des droits de l'homme.

Dans *Questions de méthode* aussi bien que dans des articles de *La Petite République* la critique, comme trop longtemps contenue, se déverse du coup sans les concessions d'antan. Voilà que le *Manifeste*, dans son « abstraction systématique », devient un instrument politique insuffisant pour appréhender le réel, un programme inadapté aux nécessités de la lutte dans le cadre des nations. Et Jaurès d'ajouter qu'en déclarant à la veille du « printemps des peuples » de 1848 que les prolétaires n'auraient pas de patrie, Marx a fait pire qu'un contresens, il a proféré un « non-sens », pour ne pas dire une ânerie – en 1911 dans *L'Armée nouvelle* la formule sera encore plus dure : c'est « la négation sarcastique de l'histoire elle-même », « l'idée sacrifiée à la boutade » – d'autant plus dangereux que son œuvre peut rester une bible révolutionnaire de premier ordre. En obligeant le prolétariat à rompre « sa solidarité historique avec toutes les forces qui l'enveloppaient », Marx n'aurait-il pas engagé la révolution dans une impasse ? Même s'il ne le proclame pas, Jaurès en vient peu à peu à penser que le marxisme est un outil suranné dont la classe ouvrière française n'a pas l'usage, car elle est porteuse d'un héritage qui fait trop d'ombre à Marx et elle est déjà plus que prête à s'engager sur la voie de la réconciliation nationale. La primauté de l'économie dans l'analyse sociale, la vision prophétique du rôle du prolétariat ne sont toujours pas en cause : c'est de la capacité politique du marxisme dont doute désormais Jaurès.

Les nécessités de la lutte politique au jour le jour ne l'empêchent pas de fortifier cet argumentaire après 1902, au temps du Bloc et de la défense républicaine contre une droite régénérée. Seule, croit-il de plus en plus, la classe ouvrière organisée maintiendra les radicaux vainqueurs dans le droit chemin, aidera à épanouir la République, fera du socialisme la puissance électorale décisive. Arrimée à son histoire, en croissance numérique constante, moins mal encadrée dans ses organisations, elle va pouvoir légitimement prétendre à la direction de la nation tout entière. Elle n'a donc plus aucun besoin de la violence marxiste, elle a assez grandi, elle est assez mûre pour refuser « cet expédient de Révolution d'une classe impatiente et faible » que lui proposait Marx.

Au plus fort de la bataille combiste, où Jaurès s'engage si vaillamment, il frappe même plus vite et plus fort en assimilant les prolétaires auxquels l'appel de 1848 était destiné à des gueux sans héritage, avides de messianisme ; en décochant aux guesdistes que la méthode de Marx « procède ou d'hypothèses historiques épuisées ou d'hypothèses économiques inexactes » ; en répétant qu'on ne règlera pas tout en collectivisant la propriété. Bref, en martelant qu'à l'âge de l'impérialisme, quand le temps des révolutions bourgeoises est passé, les prolétaires d'Europe ne parviendront au socialisme qu'en activant par leur action de classe la maturation de la démocratie « bourgeoise » ; en soutenant contre vents et marées que l'heure viendra du socialisme démocratique et de la révolution sans convulsions. Il ne répugne même plus à mettre en cause des lois économiques édictées par Marx, comme cette paupérisation absolue de la classe ouvrière sur laquelle tant de marxistes jettent alors le manteau de Noé, et qu'il tient désormais pour une hypothèse fausse et dangereuse qui immobilise l'élan ouvrier dans un fatalisme décourageant. Et il voit trop le monde changer pour ne pas maintenir son objection de fond : comment nier que le sort des ouvriers s'améliore dans le cycle de croissance retrouvée et les nouveaux dynamismes du capitalisme français ?

Quand le catastrophisme économique n'est plus de mise, que le profit a retrouvé sa verdeur, que la convulsion révolutionnaire ne guette plus un prolétariat en ascension numérique et mieux intégré dans une société républicanisée, la seule hypothèse socialiste réaliste et crédible reste la conquête graduelle d'un pouvoir que la bourgeoisie, en favorisant la démocratie, est contrainte de partager chaque jour davantage avec le prolétariat et ses alliés. Voilà l'argumentaire raisonnable, dit Jaurès. Son usage tactique est clair : il s'agit de démontrer que le Bloc des gauches et le radicalisme préparent le terrain au socialisme, que Combes est plus utile que Marx et qu'en démocratie républicaine « rien ne s'oppose à l'avènement légal du socialisme ». Mais pour l'avenir – on pense naturellement à l'après 1917 – ce constat raisonné est évidemment porteur d'autres avertissements sur la pratique marxiste d'une dictature du prolétariat posée dans le *Manifeste* mais dont Jaurès se refuse à imaginer que Marx aurait souhaité à quelque moment le renforcement et la permanence sous couleur de socialisme.

Péguy l'avait dit à sa façon, en présentant l'édition aux *Cahiers* des *Études socialistes*. Jaurès est trop homme de raison pour que son socialisme, même marxisé, ne soit pas aussi raisonnable que lui. Or la raison « ne procède pas de l'autorité presbytérale. Une religion de la raison cumulerait tous les vices religieux avec tous les envers des vertus rationnelles ». Et Péguy de conclure que Jaurès marxiste a, un des premiers, tout compris sinon tout entrevu et qu'il a peut-être même soupçonné le pire : « Un catéchisme est insupportable. Mais un catéchisme de la raison tiendrait en ses pages la plus effroyable tyrannie ».

8

L'unitaire dans l'âme

Battu à Carmaux le 22 mai 1898, Jaurès a donné dès le 28 à *La Petite République* un article appelant à débattre, toutes affaires cessantes, de « l'unité organique supérieure » des socialistes. C'est dire combien chez lui le travail de philosophie et d'histoire, l'action intellectuelle et militante, la bataille politique et parlementaire se mêlent et se complètent pour diffuser sa première ambition, celle qui lui tient à l'âme depuis toujours et qui va bientôt, croit-il, entraîner le monde dans une révolution : faire l'unité, fraternelle et joyeuse ; la tirer en trait d'union, la poser en point d'orgue et en point de fusion ; l'activer comme principe moteur de la marche en avant des républicains, des travailleurs, des socialistes, de tous les hommes de bonne volonté et demain, qui sait, de l'humanité entière. Peut-être, se dit-il aussi, débattre du marxisme n'est-il finalement pas aussi décisif que le croient les idéologues et les caporaux ? Ne faudrait-il pas plutôt apprendre, avec humilité, à faire confiance aux capacités de la « vraie classe intellectuelle » ?

Si bien qu'en irréductible optimiste il croit – ou

feint de croire, car le lecteur admiratif du *Capital* ne rend pas les armes, on l'a vu – que « ce n'est pas d'une aristocratie intellectuelle qu'est descendue sur le peuple une sorte de révélation. C'est le prolétariat lui-même, constitué à l'état de classe opprimée par tout le mécanisme social, qui a dégagé peu à peu de tous les systèmes qui lui étaient proposés sa pensée maîtresse. C'est lui qui a compris peu à peu qu'il ne pouvait s'émanciper qu'en arrachant la propriété à la classe capitaliste, et en gérant cette propriété sociale par la coopération de tous les producteurs. C'est lui aussi qui a compris qu'à travers les frontières et au-dessous de tous les pouvoirs, la classe prolétarienne se prolongeait en une vaste couche souterraine, en une vaste étendue homogène de misère et de servitude, qu'une même secousse du globe ferait enfin monter à la clarté. Non, il n'y a pas là un dogme ou une formule morte, mais l'aboutissant de tout l'effort ouvrier et de toute la pensée humaine. »

Dès lors, foin de théorie : priorité au rassemblement des énergies et à l'unification des idéaux. « Puisqu'il y a, dans notre parti, unité de principes, pourquoi n'y aurait-il pas aussi unité d'organisation ? À coup sûr, dans la communauté générale des idées, il y a bien des divergences de méthode. Les uns peuvent prévoir une socialisation plus rapide et plus étendue que d'autres. Sur les rapports du mouvement socialiste à la petite propriété actuelle, sur l'efficacité de l'action légale, ou de la grève généralisée, il pourra se produire des dissentiments. Il y en a eu dans le Parti socialiste italien et dans le Parti socialiste belge sur la question des alliances électorales. Il y en a eu dans le Parti socialiste allemand sur la question agraire et la participation électorale au Landtag prussien. Mais quoi !

ces diversités nécessaires n'ont pas brisé l'unité d'organisation. Elles ont servi seulement à tenir en éveil l'activité intellectuelle du Parti socialiste et l'esprit de liberté. Que tous les éléments, que toutes les fractions du socialisme français, que toutes les organisations qui viennent, dans 305 circonscriptions, de mener le combat socialiste, envoient des représentants au Congrès fédéral du parti. Nous pourrons opposer à la société bourgeoise en décomposition, à la réaction capitaliste, à la caricature antisémite, au mensonge nationaliste, la force organisée du prolétariat français. Et l'effet moral produit sur tout le pays sera incomparable. Une fois encore, qu'on me pardonne mon insistance. Mais plus j'y réfléchis, plus il me semble qu'en organisant son unité, le socialisme français accroîtra merveilleusement ses forces. Dans la confusion croissante et le terne crépuscule du capitalisme finissant, il sera, haut sur l'horizon, la grande lumière d'espérance et de justice, condensée en un seul foyer, et réfléchie en d'innombrables consciences[1]. »

Les socialistes entendront bien peu cet appel, dont l'écho va rouler en fin de mêlée de l'Affaire puis à l'occasion du grand déballage suscité par le « cas » Millerand, dans une relative expectative du « peuple » militant – sauf si celui-ci peut entendre directement Jaurès, qui multiplie d'ailleurs à cet effet ses tournées en province – et sous le regard souvent torve des « camarades » de l'Internationale. Jaurès pourtant a

1. Jean Rabaut, « Pour l'unité socialiste. La première campagne de Jaurès », *BSEJ*, 6, juillet-septembre 1962, p. 7-8. Voir aussi Élise Feller-Benoit, « Jaurès et l'Unité socialiste de 1898 à 1905 », *BSEJ*, 20, janvier-mars 1966, p. 1-16 ; Gilles Candar, « Jaurès et l'unité », *Recherche socialiste*, 28, septembre 2004, p. 39-49 ; Madeleine Rebérioux, « La conception du parti chez Jaurès », dans *Jaurès et la classe ouvrière*, Les Éditions Ouvrières, 1981, p. 83-100.

tenu à dire que la communauté d'idées aurait toujours chez un socialiste une légitimité plus haute que l'impératif tactique, l'urgence électorale ou le goût pour la marche au pas. Oui, mille fois oui, va-t-il rappeler avec franchise, générosité, abnégation et obstination, c'est des hauteurs de l'idéal socialiste que souffle notre vent unitaire !

La même année, dans un essai qui deviendra un classique, « Socialisme et liberté », publié le 1er décembre 1898 par *La Revue de Paris* – celle-ci, dirigée par l'historien Lavisse et suivie de près par Lucien Herr, n'a rien de socialiste mais elle rivalise avec la conservatrice *Revue des Deux Mondes* –, il a souligné que cette soif d'unité référait, selon lui, à une dimension religieuse de la pensée et que le socialisme de justice et de bonté auquel il s'est rallié libérera l'individu et accomplira l'universel, en espérance : « L'avènement du socialisme sera comme une grande révélation religieuse. Que l'humanité, sortie de la planète obscure et brutale, ait pu se hausser enfin à la justice et à la clarté ; que, par l'évolution de la nature, l'homme se soit élevé au-dessus de la nature même, c'est-à-dire au-dessus de la violence et du conflit ; que du choc des forces et des instincts ait jailli l'harmonie des volontés, quel prodige ! Et comment l'homme ne se demanderait-il pas s'il n'y a pas au fond des choses un mystère d'unité et de douceur et si le monde n'a pas un sens ? [...] Demain l'humanité, affranchie par le socialisme et réconciliée avec elle-même, prendra conscience en sa vivante unité de l'unité du monde, et interprétant à la lumière de sa victoire l'obscure évolution des forces, des formes, des êtres, elle pourra entrevoir, comme en un grand rêve commun de toutes ses énergies pensantes, l'organisation progressive de l'univers, l'élargissement indéfini de la conscience et le triomphe de l'esprit[2]. »

L'esprit, à dire vrai, a du mal à triompher et de 1898 à 1908 Jaurès a brûlé une bonne part de son énergie, et probablement nuancé au passage son optimisme de quelque mélancolie secrète, dans une bataille confuse à l'argumentaire étroit, à l'issue de laquelle les socialistes français, gourmandés puis cravachés par l'Internationale, croiront s'être non seulement unifiés mais bonifiés. Son mérite est de ne s'être jamais départi, pendant ce long piétinement, de sa plus forte certitude politique, celle qu'il revendiquait dès la fin de 1892, en pleine bataille pour sa première élection à Carmaux : « Organisons le prolétariat comme une force distincte, [...] mais ne l'isolons pas du mouvement républicain ; ne négligeons pas les forces immenses qui sont contenues comme à l'état latent dans le mot république, et faisons-les se dégager au profit du socialisme, en montrant que celui-ci est aujourd'hui pour la république la sauvegarde nécessaire aussi bien que la conclusion inévitable[3]. »

En vain contre les sectaires

L'offensive de mai 1898 va faire long feu et le socialisme persévérer dans l'étalage de ses divisions, au moment même où la République matricielle, elle, triomphe de ses ennemis et surmonte la crise de l'Affaire. Le 7 juin, à l'occasion d'un punch au Tivoli-Vauxhall de Paris, devant des milliers d'auditeurs,

2. Jean Jaurès, *Textes choisis*, « L'encyclopédie du socialisme », Gilles Candar-Éditions Bruno Leprince, 2003, p. 74 et 76.
3. *La Dépêche de Toulouse*, 27 décembre 1892.

Jaurès a sans doute fait applaudir son idée première : « Déterminer un moyen d'accord effectif et permanent » en instituant un « Congrès général » où les anciennes organisations, qu'elles soient « parti » ou non, accepteraient de cohabiter avec tous les nouveaux venus, les fédérations départementales ou régionales, les groupes syndicalistes, coopératifs ou mutualistes, les comités divers, les personnalités indépendantes et tous les élus décidés à marcher ensemble. Bref, accepter une contagion du haut par le bas et poser démocratiquement la question qui fâche : qui doit orchestrer la musique unitaire ? Tous les militants engagés dans l'action ou les seuls « organisés » qui ont déjà la baguette à la main ? Et faut-il abstraire le cours de l'Affaire de ce débat entre socialistes ?

Mais ces insolences sont aussitôt relevées par les guesdistes, qui se retirent déjà sans gloire de la campagne en faveur de Dreyfus et qui répliquent aux propositions de Jaurès en septembre, à leur congrès de Montluçon, par un projet d'« Union centrale » régie par les seules organisations. Si bien que Jaurès doit aussitôt tirer des bords. Le 16 octobre, il accepte que soit créé un Comité de vigilance, copie fidèle de l'Union guesdiste ; en janvier 1899, il ferme les yeux sur l'installation d'un Comité d'entente, substitué au précédent mais qui sera un peu plus accueillant pour les personnalités indépendantes ; au printemps, sa campagne dans *La Petite République* et *Le Mouvement socialiste* sonne de nouveau la charge et il y répète qu'il refusera toute unité « despotique » ; il soutient même qu'un socialiste reste fidèle à son parti quand il croit devoir agir « sous sa responsabilité personnelle ».

Le « cas » Millerand en fait cristallise des affrontements qui touchent au cœur. Le 24 juin 1899, Jaurès, on l'a vu, a approuvé au nom de la défense républicaine l'entrée de son ami dans le cabinet Waldeck-Rousseau. En séance à la Chambre, les amis de Guesde et de Vaillant ont copieusement insulté le nouveau gouvernement et invectivé les élus socialistes ralliés à la position de Jaurès. Le soir même du 24, ce dernier l'a emporté de justesse au Comité d'entente et a fait admettre que Millerand acceptait un portefeuille de la République bourgeoise « sous sa responsabilité personnelle » : seule l'unité démocratiquement construite, a-t-il ajouté, permettra de résoudre plus pacifiquement, demain, ce type de question. Vaine petite victoire.

Dès le 14 juillet, guesdistes et vaillantistes se font plus brutaux encore : « Le Parti socialiste, parti de classe, ne saurait être ou devenir, sous peine de suicide, un parti ministériel, disent-ils. Il n'a pas à partager le pouvoir avec la bourgeoisie, dans les mains de laquelle l'État ne peut être qu'un instrument de conservation et d'oppression sociales. Sa mission est de le lui arracher, pour en faire l'instrument de la libération et de la révolution sociales. » Si bien que, soutenu par les indépendants, les broussistes et les allemanistes, sachant aussi que des militants grognent contre leurs chefs dans certaines fédérations du POF, Jaurès, ulcéré et « en état de guerre », propose qu'on crève l'abcès en convoquant un congrès, « juge suprême » devant lequel on s'expliquera enfin, à la loyale. Après cent escarmouches puériles pendant sa préparation, celui-ci se tiendra du 3 au 8 décembre 1899 salle Japy, à Paris.

En fait, cette réunion dont on attendait tant a

confirmé le statu quo. Car elle est restée très en retard sur l'événement : pour l'inauguration d'une statue de la République rajeunie par Dalou, deux semaines auparavant, le 19 novembre place de la Nation, des milliers de gens du « populo », l'églantine à la boutonnière et drapeaux rouges au vent, ont montré aux côtés de Waldeck et de Loubet que la défense républicaine entendait rester en tenue de travail. Aux yeux de ce peuple-là, cette République triomphant de ses ennemis était bien celle de Jaurès : la promesse d'un avenir de justice et de liberté. Le congrès de Japy, tout enfiévré par la seule affaire Millerand, n'a guère senti la force de cet élan si dreyfusard. Toutes les questions vitales figuraient à son très long ordre du jour, mais chacun souhaitait d'abord se compter et se recompter. Toute résolution est donc devenue un marchandage, la guerre des symboles (les uns chantèrent la vieille *Carmagnole* révolutionnaire, d'autres la jeune *Internationale* prolétarienne en cours de diffusion depuis le Nord guesdiste), les effusions de mémoire (on pleura beaucoup à la tribune avec les vieux communards) et les règlements de compte personnels ont fait prime sur l'examen des questions de fond et, inlassablement, les jeunes loups et les seconds couteaux ont renchéri sur les chefs en âpreté et roublardise.

On s'invectiva aussi, copieusement : Guesde fut tenu pour « sourd à l'honneur » et Jaurès pour « bourgeois », entre autres amabilités. On feignit plusieurs fois de rompre, on fit des moulinets, pour finir par accepter le tout et son contraire. En commission des résolutions, au terme de marathons nocturnes qui deviendront bientôt une routine de congrès, les délégués se retrouvèrent parfois à 29 pour et 28 contre, plus un indécis qui pérorait encore à la buvette : on trancha en faisant adopter en séance plénière deux motions pesées au trébuchet mais magnifiquement contradictoires. L'une, présentée par Jaurès, ne condamnait pas Millerand mais reconnaissait « qu'il est des cas où la participation d'un socialiste au pouvoir bourgeois peut être favorablement examinée, soit lorsqu'une crise grave menace les libertés politiques, [...] soit lorsque la propagande et l'action du Parti socialiste ont conduit à maturité une importante réforme », tout en rappelant qu'à l'avenir « l'élu ne participera au pouvoir qu'avec l'assentiment formel du parti » et devra songer à rendre « personnellement compte de son mandat ministériel au Congrès général du parti ». L'autre était le fruit de contorsions entre la vieille pétition de principe de Guesde et de Vaillant refusant toute participation au nom de la lutte des classes, et des aménagements doucereux proposés par Delesalle, fidèle lieutenant qui savait prendre le vent.

La barque étant déjà très pleine, nul n'osa mettre en débat la conclusion d'un discours de Briand, au demeurant remarquable, qui ajoutait à la confusion en rappelant véhémentement que, trêve de discussions théoriques, la grève générale restait l'outil révolutionnaire le plus efficace. Un citoyen résuma la situation en brandissant d'un ample geste de sémaphore à la tribune une pancarte portant le mot « union » plutôt que celui d'unité. On décida finalement que les organisations socialistes existantes garderaient le contrôle d'un Comité général permanent chargé de faire progresser la cause unitaire entre les congrès annuels et, surtout, tiendraient à l'œil les indépendants, Jaurès en tête, et les journaux se réclamant du socialisme, et d'abord *La Petite République*. Ce congrès de Japy tant souhaité et entouré d'une réelle ferveur militante ne put en outre désigner aucun délégué au Comité général. Nombre de ses amis dreyfusards s'étonnèrent que Jaurès, ainsi défait, sorte encore si optimiste de cette empoignade. Quelques-uns, dont le jeune Charles Péguy, dirent leur colère et rompirent. Daniel Halévy ajouta, féroce : « La division reparaît avec le calme. »

De fait, l'optimisme tiendra désormais du pari hasardeux. Mais Jaurès persiste à croire que l'évolution républicaine de plus en plus favorable à l'union des forces de progrès, de Waldeck-Rousseau à Combes, aura chez les citoyens-militants du socialisme un effet d'entraînement à l'unité supérieur à celui auquel se résignent si mal, de l'intérieur, leurs organisations déjà constituées. Il met au service de cette dialectique entre unité socialiste et union républicaine la méthode fusionnelle qui convient le mieux à son tempérament et à son enracinement : favoriser le développement de fédérations autonomes qui échapperont au sectarisme et au caporalisme des organisations centrales en réunissant, au besoin sur le modèle par ailleurs si florissant des Bourses du travail et des unions syndicales, tous les rassemblements socialistes et socialisants, quels qu'ils soient, d'une grande ville, d'un département ou d'une région ; en jouant l'action de terrain contre la tendance sectaire, la confédération contre le centralisme, la coordination contre la direction, l'émergence d'un mouvement plus que d'un parti strictement hiérarchisé. La vie qui va, donc, plutôt que la caserne.

Une fois encore cette proposition, dont Briand assurera la mise en œuvre, a été bien accueillie, car les maigres groupements socialistes n'étaient pas assez aveugles pour ne pas constater partout les progrès foisonnants des syndicats et des Bourses du travail. Mais elle est lancée trop précocement, à contretemps de l'action républicaine, quand l'Affaire n'est pas close, que les nationalistes s'agitent et que des municipalités ouvrières et des Bourses font bon accueil aussi aux réformes sociales de Millerand en 1900, qui crée notamment un Conseil supérieur du travail et une Inspection du travail, favorise les arbitrages en cas de grèves puis fait réduire à dix heures la durée de la journée ouvrée. Le travail parlementaire est si intense aussi que les députés socialistes, forts du résultat de leur action de soutien au Bloc, le prennent de haut avec le Comité général. Les élections municipales ne sont en outre pas si mauvaises, malgré la conquête de Paris par la droite nationaliste. Jaurès a donc couru au four et au moulin, offert partout ses bons offices, ferraillé doctement, on l'a vu, contre le révisionnisme de Bernstein. Sans grands résultats. Dès que l'actualité sociale se tend, comme à l'été avec des grèves à la Martinique et à Chalon-sur-Saône, les « doctrinaires », qui tiennent à se présenter comme les seuls « révolutionnaires », repartent à l'offensive contre les « ministériels » et ménagent moins que jamais Jaurès.

Tout dès lors devient plus que morne : approximatif et assez désolant. Du 23 au 27 septembre 1900 l'Internationale socialiste, réunie à Paris, salle Wagram, adopte à l'initiative de Kautsky une résolution aussitôt et justement dite « caoutchouc », qui valait à peu près autant que celles de Japy sur la question de la participation. Mais Jaurès se saisit de la caution d'un aussi éminent marxiste pour contrer Guesde au premier jour du congrès national qui suit, dans la même salle, cette réunion. Les guesdistes, ulcérés, bientôt suivis

Jean *(à gauche)* et son cadet Louis, vers 1865 : pas encore collégiens, mais déjà très unis et l'air fort décidé. © Rue des Archives

L'amiral Louis Jaurès dans les années 1930, toujours aussi fidèle à son aîné. © Harlingue-Viollet

Le normalien, portrait gravé d'après la photographie de sa promotion de 1878. © Roger-Viollet

Le jeune professeur, chargé de cours à la faculté des lettres de Toulouse, en 1884 ou 1885. Jaurès « s'est fait beau ». Pour Louise ? © Rue des Archives

En personnage pour théâtre national et populaire dans une pièce d'Albert Romez (1936). Une autre pièce suivra à la radio en 1952, jouée par la compagnie Art et Travail. © Rue des Archives

Le monument de 1923 à Carmaux : sa parole vaut pour tous.
© CAP Roger-Viollet

par les blanquistes, quittent la salle le 28 septembre après avoir fait le coup de poing avec quelques ministériels « assassins » puis, réunis rue Cardinet, à un kilomètre de là, dénoncent l'« escroquerie » et le « guet-apens » où Jaurès les aurait entraînés.

Sur l'entrefaite, ce dernier a dû jouer de tout son talent pour apaiser la passe d'armes entre Briand, qui a généreusement distribué des mandats à des groupes locaux fantômes, et le jeune helléniste Bracke, un guesdiste lillois plus que saignant, qui dénonçait à juste titre ces mœurs douteuses. Il doit conclure péniblement le congrès – sa gorge aussi va très mal – en suggérant au Comité général, renouvelé, de forcer une décision en lançant un référendum auprès des groupes et des militants. Une manière inédite – qu'on se gardera soigneusement de jamais mettre en œuvre – de persévérer dans sa tactique d'appel à la base contre les organismes centraux, les clans rivaux, leurs sectateurs et leurs séides.

Le mois suivant, en octobre 1900, son débat sur les « deux méthodes » avec Guesde se déroule sur fond de débauchage de militants, par Briand, pour lancer à Lille une fédération autonome concurrente et, en réplique, la constitution par le POF d'un Comité général dissident chargé d'instruire seul à Paris la cause de l'unité. Plus prosaïquement, Lafargue traite alors Jaurès de « bateleur de foire » et promet que « tous les ouvriers auront la poule au pot quand il aura son portefeuille » de ministre. Ce qui d'ailleurs n'atteint pas l'insulté : « L'œuvre d'unité complète est vraiment sur le point d'aboutir », écrit-il fin novembre[4]. Il n'empêche qu'au printemps de 1901 le POF a récidivé en

4. *La Petite République*, 27 novembre 1900.

affirmant que les ministériels « se mouvaient dans une légalité dont le Parti socialiste n'avait à se préoccuper que pour la détruire » et qu'à la fin de mai, au congrès de Lyon, les blanquistes à leur tour quitteront la salle, alors que Jaurès pensait avoir avancé en faisant voter une résolution où Millerand n'était plus « hors du parti » mais « hors du contrôle du parti ». « Nous sommes dans une ruelle étroite, et des deux toits opposés il pleut également sur nous » : la conclusion s'imposait.

La scission sous couleur de nouveau regroupement est dès lors inévitable. D'un côté, les « ministériels » se débandent, désaccordés qu'ils sont sur la politique de Waldeck-Rousseau et de Millerand, et le Parti socialiste français (PSF) qui les regroupe en mars 1902 aux côtés de Fédérations autonomes selon le souhait de Jaurès est si disparate que son Comité, devenu pour l'occasion « interfédéral », est en guérilla permanente avec des parlementaires eux-mêmes divisés. Dans le camp d'en face, au Parti socialiste de France, unité révolutionnaire (PSDF) qu'ils ont lancée le 3 novembre 1901 et d'apparence plus cohérente, Lafargue, Guesde et Vaillant, secourus déjà très bruyamment par Rosa Luxemburg, ont du coup tout loisir pour répéter que la politique bourgeoise ne rapporte rien au prolétariat et que la défense républicaine n'a plus d'avenir.

Une gerbe sur l'autel

Rude été 1901 pour Jaurès l'unitaire, au moment même où les radicaux et les républicains de gauche de l'Alliance républicaine démocratique se donnent, eux, les premiers en France, avant les socialistes, une structure partisane ! Suspecté d'infamie au PSDF, moins suivi au PSF, voilà que certains citoyens-camarades non seulement ne le soutiennent pas mais l'accablent un peu plus dans l'affaire de la première communion de sa fille Madeleine. Celle-ci a éclaté en juillet, sous la double instigation d'un instituteur aigri de Toulouse auquel Jaurès avait naguère « manqué » et d'un grossier fouille-poubelle, Urbain Gohier, déjà spécialisé dans la haine du tribun : le complice à Paris de la politique anticléricale, disent-ils, vient de laisser sa fille faire sa première communion au Bessoulet, après l'avoir sans doute fait baptiser, en bon ami du juif Dreyfus, à l'eau du Jourdain puis, en bon socialiste, élever par les bonnes sœurs ! Stupeur de Jaurès, d'être si honteusement attaqué et si faussement accablé, mais aussi de voir les ravages à gauche de l'anticléricalisme le plus abject et de la libre pensée de ruisseau. Lafargue l'a accusé tout de go d'avoir renoncé à tout principe. Un comité « révolutionnaire » de Belleville a prévu de lancer une campagne de meetings pour le dénoncer. Des allemanistes, en bon héritiers des sans-culottes, l'ont invectivé : « Eh bien quoi ! Jaurès, pendant que vous nous faites manger du curé, vous faites bouffer le bon Dieu à votre demoiselle ? »

Pendant six semaines – oui, six semaines ! – il a dû se défendre, dans son journal et même devant le Comité général, pour recevoir l'absolution socialiste. Il a dû rappeler doucement aux sans-Dieu qu'il avait comme tout autre « droit à la commune humanité », que son mariage religieux et la première communion de sa fille étaient de son libre fait et, surtout, qu'il était bien inquiétant pour l'avenir de croire « que c'est par la violence, dans la famille ou dans l'État, qu'il fallait abolir les antiques croyances ». « Le grossier couplet de *La Carmagnole*, ajouta-t-il, “Le Christ à l'écurie, la Vierge à la voirie” m'a toujours choqué, non par sa grossièreté même, mais parce qu'il me semble exprimer la révolte débile et convulsive plus que la liberté de la raison. » Vainement. Le 29 août, le Comité général de son parti – moins les guesdistes, il va de soi – a voté un texte accommodant mais qui laissait encore très fort à penser : « Si le militant a pour devoir de ne proposer aux tiers, comme objet de croyance, que des vérités scientifiques et de s'employer de tout son zèle, de toute la force de ses convictions, à les leur faire accepter, le Comité général ne saurait, sans manquer aux principes socialistes, conseiller la violence matérielle ou légale, qui deviendrait pourtant la seule solution possible en cas de conflit familial persistant. Le Comité général passe à l'ordre du jour et décide de proposer au prochain congrès de définir, dans le programme du parti, l'attitude du socialisme à l'égard des religions et des Églises. » Tout était dans le « pourtant » et jamais cette décision ne sera mise au menu d'un congrès socialiste.

Et Jaurès, toujours bonne âme au milieu de ce délire, d'écrire néanmoins à la mi-août : « Notre parti semble coupé en deux et les méfiances surabondent. Et pourtant je garde la conviction que l'Unité socialiste se fera. [...] Elle se fera par l'impossibilité où seront les diverses tendances de se supprimer les unes les autres, et de s'isoler les unes des autres[5] ! » Et de repartir en quête d'éclaircissements historiques et philosophiques qui expliqueraient cette division si porteuse de haine ! Et de répéter sans se lasser que « c'est par l'organisation méthodique et légale de ses propres

5. *La Petite République*, 15 août 1901.

forces, sous la loi de la démocratie et du suffrage universel » que le parti prendra le pouvoir ! Point trop naïf néanmoins, il est en fait plus que décidé, enfin, à sacrifier cette quête d'unité si peu raisonnée, si « débile » et si « convulsive », à l'exercice pleinement politique et autrement plus profitable de l'union républicaine, à la lutte contre le cléricalisme et le césarisme, plus importante et plus urgente désormais à ses yeux que la guerre d'usure pour une unité dont on ne saurait que faire. Et il tiendra ce cap jusqu'à l'été de 1904.

Il est vrai qu'en avril 1902, il a retrouvé son siège de député à Carmaux. Ce fut de justesse encore (moins de 400 voix d'avance) et après l'habituelle bataille rangée entre les hommes de main et les mineurs « jaunes » du marquis de Solages et ses mineurs « rouges » qui doivent l'escorter tout au long, mais cette fois jusqu'en plein pittoresque de la foire de Mirandol-Bourgounac et sans sortir les couteaux. Il a parlé partout, y compris sous le chapiteau d'un cirque de passage, heureux, décidé. La revanche sur 1898 a été complète, ce qui l'a rasséréné après les lassitudes de l'année précédente. Au-delà du Tarn, les autres socialistes se sont bien tenus eux aussi, sauf quand ils n'ont pas voulu tirer le droit fil républicain : les « ministériels » reviennent à trente-six, malgré un échec de Viviani, mais les antiministériels payent leur isolement et ne sont plus que onze, Guesde étant une fois encore battu à Roubaix. Pour la première fois, les candidats socialistes, malgré leur désunion, ont séduit plus de 10 % des votants.

Les radicaux et les radicaux-socialistes sont les grands vainqueurs, avec deux cent vingt élus : alliés à gauche aux socialistes ministériels et au centre aux autres républicains de progrès, ils sont même les maîtres du jeu. Aussitôt, Jaurès n'a de cesse de constituer une « délégation des gauches » qui rassemble toutes les bonnes volontés républicaines de progrès et dont il sera la figure tutélaire et, bien sûr, le meilleur orateur. Le voici soutenant Combes et sa politique anticléricale, passant l'habit pour devenir un vice-président de la Chambre très présentable et fort respecté en 1903, intervenant aussi en politique internationale, terre-neuve de Combes dans l'Affaire des fiches, déjà très attentif à la politique de défense nationale et, il va de soi, toujours aussi copieusement haï et insulté à droite. Bref, un homme d'État de parole et d'intelligence, à défaut de maroquin.

Les questions unitaires passent alors pour lui au second plan. Il feint de n'être pas trop déçu de l'inquiétante évolution de son PSF bricolé à la hâte, où une gauche, menée par l'ex-blanquiste Pierre Renaudel et le violent antimilitariste Gustave Hervé, fustige Millerand et cajole les révolutionnaires de la CGT. Au congrès de Bordeaux du PSF, en avril 1903, il parvient de justesse à éviter l'exclusion de Millerand mais en janvier 1904, au moment où le Bloc des gauches s'effrite, il ne peut que prendre acte du départ définitif de Millerand, préalablement exclu par la fédération de la Seine restée très hostile aux « ministériels ». Bien seul dans son parti écartelé, il est de surcroît très conscient des insuffisances de la politique républicaine inaugurée en 1899 : les terribles grèves du textile à Lille et Armentières à l'automne 1903, surgies d'une misère ouvrière dont on ignorait l'ampleur, lui ont jeté au visage les manques de la nouvelle législation sociale de Millerand ; en politique extérieure, il doit s'opposer rudement à Delcassé sur les questions coloniales comme sur l'alliance avec la Russie du tsar ; il ne lui reste qu'à soutenir une politique anticléricale dont il soupçonne qu'elle pourrait n'être qu'un écran de fumée. Bref, pris à partie à Toulouse, en plein Capitole archibondé, le 5 décembre 1903, par un jeune guesdiste particulièrement teigneux, Marcel Cachin, il n'a pu que citer Musset et rappeler une nouvelle fois que « des outrages qu'il recevait, il ferait une gerbe qu'il déposerait sur l'autel de l'unité ». Cachin, nonobstant, l'a accusé d'être, tout bien réfléchi, « plus baveux qu'un pot à moutarde ».

Le diktat

Dans une situation ainsi nouée, n'importe quel arbitrage ne pouvait qu'être bienvenu. L'Internationale va en énoncer un, blafard et bien peu adapté à la passion française, mais que la toute-puissante social-démocratie allemande a tenu à imposer. Cette dernière, à son congrès de Dresde en septembre 1903, a jeté aux poubelles de l'histoire, pêle-mêle, la motion Kautsky de 1900 et le révisionnisme de Bernstein, en des termes si violents qu'ils coupaient court à toute discussion. Il s'agissait de rien de moins, en effet, que de « repousser de la façon la plus énergique les tentatives révisionnistes tendant à changer la tactique éprouvée et glorieuse basée sur la lutte de classe, et remplacer la conquête du pouvoir politique de haute lutte contre la bourgeoisie par une politique de concessions à l'ordre établi ». Le PSDF, enthousiaste, a naturellement fait siens la remarque et son phrasé nuancé quelques jours plus tard, à son propre congrès de Reims. Jaurès, lui, n'a pu que s'insurger de voir une Allemagne au si médiocre développement démocratique donner des leçons au pays des droits de l'homme, et déplorer les nouveaux revirements de Kautsky.

Il n'empêche qu'au congrès d'Amsterdam de l'Internationale, en août 1904, il fut acculé et sur la défensive, en « commission politique spéciale » comme en séance plénière, dès qu'on haussa le ton pour définir les « règles internationales de la politique socialiste ». Kautsky et Bebel alimentant Guesde en arguments hostiles, Liebknecht, Andler et Vandervelde jouant en vain les conciliateurs, il ne parviendra pas à faire admettre son refus d'appliquer une formule rigide et une tactique unique pour aller au pouvoir dans une monarchie autocratique, une monarchie constitutionnelle ou une république. Et les fleurets ne furent plus mouchetés. Jaurès à Bebel : « Vous avez devant le prolétariat international masqué votre impuissance d'action en vous réfugiant dans l'intransigeance de formules théoriques. [...] L'adoption dans ce congrès international de la résolution de Dresde signifie que le socialisme international, dans tous les pays, dans tous ses éléments, dans toutes ses forces, s'associe à l'impuissance momentanée mais formidable, à l'inaction provisoire mais forcée de la social-démocratie allemande. » Guesde, à son « ex-camarade Jaurès » : « Votre erreur est fondamentale. Vous rattachez le socialisme à la République et à la Révolution française. Nous, nous disons que le socialisme est le résultat de phénomènes purement économiques, et cette conception essentielle est en opposition irréductible avec la vôtre. Vous, vous faites de la République le chapitre premier ou la préface du socialisme. Si cela était vrai pour la France, ce serait vrai pour tous les autres pays. Et c'est pourquoi nous portons la question devant le prolétariat de tous les pays. »

Jaurès a sans doute eu la satisfaction de tenir le congrès en haleine pendant deux heures, par un discours éblouissant où l'historien de la Révolution a montré pourquoi en France « le prolétariat socialiste est fidèle à lui-même, à sa tradition profonde, à Babeuf, à Buonarrotti, à Blanqui, lorsqu'il défend au nom de ses intérêts de classe le régime républicain et la liberté républicaine ». Le congrès s'est séparé cependant en refusant toute conciliation et en mettant en demeure les camarades français, dans l'intérêt du prolétariat international, de faire taire leurs funestes querelles. Jaurès, qui a sur place beaucoup consulté et bavardé, s'incline une fois encore et rentre résigné à laisser faire cette unité-là. Mais monte déjà en lui une grande inquiétude devant l'omnipotence, l'immobilisme et l'insolence des camarades allemands. Que feraient-ils si par malheur la guerre menaçait de nouveau ? « C'est peut-être le bon moment pour nous, socialistes français, d'étudier les questions militaires », suggère-t-il.

C'est donc un PSDF ragaillardi à Amsterdam qui mène désormais la danse unitaire, en vase clos et sur argumentaire internationaliste. Le PSF et ses élus, très occupés par leur soutien au ministère Combes à l'agonie, négocient mollement à l'automne de 1904 dans une Commission d'unification *ad hoc* et Jaurès lui-même poursuit à peine sa polémique d'Amsterdam avec Bebel, tandis que *Le Socialiste*, le meilleur journal guesdiste, caricature le « lion Jaurès » dompté à la cravache par l'Allemand. La démission de Combes le 18 janvier déchire le voile. Une majorité plus conservatrice s'impose à la Chambre et les ex-« ministériels », désormais en réserve de gouvernement et de législation, quittent la coalition des gauches et goûtent avec un peu moins d'amertume à la soupe partisane et unitaire. On voit ainsi Jaurès suivre de bout en bout les travaux de la Commission d'unification et ne rien envenimer au congrès de Rouen de son PSF quand les élus et les parlementaires sont durement chahutés par les militants ! Il gardera jusqu'au bout les mains libres, mais il s'est résigné à soutenir la conclusion d'un pacte unitaire qui ne lui devra rien, ou si peu.

Le congrès de la salle du Globe à Paris, tenu les 23 et 24 avril 1905, aussitôt qualifié à bon compte d'historique mais qui n'eut guère d'écho dans l'opinion, accoucha donc d'une Section française de l'Internationale ouvrière (SFIO) réunissant enfin, souhaitait-on, tous les socialistes. L'organisation a fière allure, elle met en place un appareil minimal, valorise les fonctionnaires et les petits notables, fait camper à l'écart du travail parlementaire comme du mouvement social. Les sections locales doivent mener seules une action publique qui s'en tiendra à la propagande et à la désignation des candidats aux élections, loin des actions concrètes des comités, des syndicats et des Bourses du cru qui œuvrent déjà en pleine pâte populaire ; les fédérations, départementalisées, peuvent garder quelque autonomie ; la direction du parti appartient au congrès annuel, et donc croit-on « au parti lui-même », mais les courants et les tendances aussi structurés qu'antagonistes se disputent déjà âprement les sièges au Conseil national et à la Commission administrative permanente (CAP). Les députés ne peuvent être admis au groupe parlementaire de la SFIO que s'ils sont « versés » par leur fédération. Et, cerise qu'on attendait sur le gâteau de cette unité-là, *Le Socialiste* devient l'organe unique et officiel du parti, contre *L'Humanité* trop peu prolétarienne que Jaurès vient de lancer.

Ce dernier, vaincu même s'il n'en convient pas et s'il se félicite des progrès accomplis, est empêché de siéger à la CAP, alors que Guesde et Vaillant y paradent. Inversement, Millerand, Viviani, Briand, Paul-Boncour ou Painlevé ont déjà pris la fuite, entraînant à leur suite nombre d'élus locaux. Jamais cette SFIO naissante ne pourra rassembler tous les socialistes, loin de là : aux législatives de 1906, par exemple, les indépendants en coquetterie avec les radicaux auront vingt-quatre élus contre cinquante et un aux unitaires. Jaurès, refusant de se laisser débaucher par les anciens « ministériels », tenu en lisière par les « internationalistes » dans son propre parti, est donc isolé comme jamais. C'est alors que – c'est pourquoi ? – il va devenir, et jusqu'en 1914, le leader implicite mais incontesté du mouvement ouvrier et socialiste à la française.

9

L'homme-orchestre

Est-ce le parfum des violettes, en bouquets sur les tables ou piquées à la boutonnière ? La chaleur, aussi communicative qu'en fin de banquet ? Le rouge doux des briques ? Un souffle, enfin, de franche fraternité ? Qu'importe : toute la salle est debout, électricité éteinte, feux de Bengale crachant leur arc-en-ciel fumeux qui auréole l'orateur tandis que monte le tonnerre de l'*Inter*. Ce 18 octobre 1908, l'ancienne chapelle des Célestins, à Toulouse, n'en peut plus, cramoisie, d'applaudir et d'ovationner « son » Jaurès. Le grand, l'unique, « le » Jaurès grâce auquel, remercie d'une voix nouée le président de séance, l'union et l'unité du parti viennent de faire « un pas de géant » ! Comme si, dans la ville de jeunesse de ses engagements, le tribun devenait le leader incontesté, le chef vraiment charismatique, bouclant tout à son avantage ce cycle d'une unité quasiment métaphysique des socialistes qu'il appelait de ses vœux depuis 1898 et qui avait été si laborieusement entrouvert en 1905. Guesde, malade, est absent il est vrai, et ceci explique peut-être en bonne partie cela.

Mais ce congrès de la SFIO a entendu enfin, au sens propre, le message le plus simple et le plus fort, la Parole de l'Évangile selon Jaurès : ne jamais accepter qu'en France des socialistes aient à choisir entre la Révolution de 1789 et la révolution prolétarienne, le jacobinisme et le marxisme, la République et la lutte des classes ; tenir pour un socialisme qui grandira en restant fidèle à sa source nationale et révolutionnaire, républicaine et démocratique ; coaliser la cause du prolétariat et celle de la patrie des droits de l'homme ; faire de l'internationalisme « un festin des patries ». Tel est l'éloge de la réforme décliné par un Jaurès heureux, applaudi, certain de donner à l'unité imposée naguère par l'Internationale un fondement doctrinal qui sent bon la violette. Ne jamais séparer les buts et les moyens, tout mettre en œuvre pour aller droit à une révolution sociale pacifique, ne pas séparer l'émancipation de la classe ouvrière de celle de la nation : tout est dit, tout continue, tout aboutira. À condition de « mettre toujours nos pensées et nos paroles en harmonie avec les actes et les faits ».

Comme parole d'Évangile

Tout va moins bien pourtant depuis 1905, c'est une litote : la République, la paix en Europe, la colonisation, la lutte ouvrière, l'espoir révolutionnaire, les socialistes eux-mêmes, tout est entré en turbulences et convulsions. Du côté du syndicalisme révolutionnaire de la CGT, qui a adopté en 1906 sa Charte d'Amiens aussitôt récusée par les socialistes contre le souhait de Jaurès, c'est même carrément un « autre socialisme » qui se met en compétition avec une SFIO trop peu ouvrière.

Pendant les trois journées du congrès de Toulouse, tous ces problèmes, ont été examinés une fois de plus, dans la bousculade habituelle. Les « droitiers » ont raillé les « insurrectionnels ». Lafargue a soutenu sans rire que le repos du dimanche et le droit à une retraite ne changeraient rien au rapport de classe : « Est-ce que la loi Grammont interdisant au charretier de frapper ses chevaux a eu pour résultat de diminuer le pouvoir du maître sur son cheval ? » Rappoport, dépêché par Guesde, a grommelé, hirsute et barbe au vent, contre les réformistes, et Bracke a repris l'antienne. Vaillant a déploré les stériles luttes de tendances et s'est rapproché de Jaurès, mais Lagardelle, frais débarqué du syndicalisme révolutionnaire, a vanté au contraire le Grand Soir et ses nouveaux « blanquistes » si impatients. Des amis du très antimilitariste Gustave Hervé – lequel, à peine sorti de prison quelques jours plus tard, viendra les remettre en selle en crachant dans cette soupe unitaire et en accablant de nouveau Jaurès – ont même affirmé dans un mâle mouvement de menton qu'il faudra demain « faire des révoltés, non gagner ses sièges ». On allait une fois encore tout droit à la confusion. Et voici que, miraculeusement, Jaurès se fait entendre. Les mains tendues vers tous, il peut faire l'éloge de son « évolution révolutionnaire », préconiser sa réforme « totale » et entraîner tout son monde vers une synthèse, transitoire sans doute, mais qui suffira, lui vivant, à armer le parti.

Adoptée à l'unanimité moins une voix, la motion finale indique donc que le Parti socialiste « rappelle sans cesse au prolétariat, par sa propagande, qu'il ne trouvera le salut et l'entière libération que dans le régime collectiviste ou communiste ; il porte cette propagande dans tous les milieux pour susciter partout l'esprit de revendication et de combat. Il amène la classe ouvrière à un effort quotidien, à une action continue pour améliorer ses conditions de vie, de travail et de lutte, pour conquérir des garanties nouvelles, de nouveaux moyens d'action, précisément parce qu'elle n'est pas arrêtée dans sa revendication incessante par le droit, périmé à ses yeux, de la propriété capitaliste et bourgeoise ». Puis, d'un grand mouvement de balancier, elle soutient qu'il est aussi « le parti le plus essentiellement, le plus activement réformateur, le seul qui puisse pousser son action jusqu'à la réforme totale, le seul qui puisse donner à chacune des revendications ouvrières un plein effet, le seul qui puisse faire toujours de chaque réforme, de chaque conquête, le point de départ et le point d'appui de revendications plus étendues et de conquêtes plus hardies. » En clair : « De même qu'il est impossible de réaliser l'ordre nouveau par un surgissement insurrectionnel, il est impossible de créer la révolution sociale par un simple coup de majorité. Même si le flot électoral amenait un jour au Palais-Bourbon une majorité socialiste, cette majorité socialiste ne pourrait façonner l'ordre nouveau que si déjà le prolétariat s'y était préparé. » Dès lors, et la formule restera : « Parce que le Parti socialiste est un parti essentiellement révolutionnaire, il est le parti le plus activement et le plus réellement réformiste » ; « ce qui s'affirme partout, c'est la double volonté, indivisible, d'affirmer la puissance de la révolution sociale et de notre énergie de réalisation ».

Pour préparer le prolétariat au pays de 1789, il faut

des militants, des élus, des leaders incontestés. C'est à ce point du raisonnement, en extrême fin de congrès, que Jaurès, de toutes ses forces, réplique à la tribune aux « insurrectionnels » prêts à ne voir en lui qu'un parlementaire bourgeois complice des radicaux. D'un coup, il emballe sa salle et ses mots émus, de fond de gorge, désarment les critiques, font communier, rameutent. Il fait, yeux dans les yeux, un aveu populaire en rabattant l'enjeu sur sa propre personne. Il lance une profession de foi démocratique de pleine terre dont la chaleur et la vivacité expliquent pourquoi il sera désormais tenu par les socialistes non seulement pour leur leader implicite et singulier, mais d'abord pour le meilleur d'entre eux. Il candidate en quelque sorte d'instinct au leadership, poussé dans ses retranchements, comme désolé d'avoir à se mettre en avant.

« Vous penserez de moi, si vous voulez, lance-t-il, que je suis un parlementaire obsédé par des soucis de réélection. Je crois avoir donné au parti, en restant fidèlement attaché, alors que des possibilités de lutte plus facile, je puis le dire, m'ont été offertes maintes fois, en restant fidèlement attaché à une circonscription où les forces sont sensiblement égales, où je ne maintiens le drapeau socialiste avec le petit bataillon de nos ouvriers mineurs de Carmaux qu'au prix d'un héroïque, d'un incessant effort de mes camarades et de moi-même ; je crois avoir donné au parti la preuve que je n'ai pas le souci misérable des succès immédiatement personnels. Mais je tiens à dire que, dans la bataille électorale, lorsque je n'ai pour me soutenir qu'une minorité formée par les ouvriers mineurs, lorsque je vais dans les cantons ruraux, dans les cantons des Cévennes, porter la parole socialiste – oh ! clairement, je n'ai jamais été de ceux qui enroulent la moindre partie du drapeau –, lorsque j'y vais et que dans cet âpre bloc de montagnes cévenoles où le pouvoir du châtelain de la mine possède encore les forêts des montagnes, s'étend jusque là-haut, avec la vieille ignorance des populations montagnardes façonnées par un catholicisme intolérant ; lorsque je vais sur ces chemins et que je suis assailli, non pas par des huées, mais par les bâtons, par les pierres, par les embuscades qui me guettent derrière les haies et derrière les buissons d'où surgissent tout à coup des figures sauvages, lorsque je suis guetté par les gens de la mine, par les gens du château, par les gens du presbytère, et que près de tomber dans le guet-apens je suis dégagé par les radicaux, petits médecins de villages, petits propriétaires, paysans, démocrates qui mènent à leur manière, en dehors de leurs formules, une instinctive lutte de classe, et lorsqu'ils nous arrachent du danger et aident les ouvriers de Carmaux à affirmer contre le château, contre le capital, contre la cure, leur volonté d'émancipation... le lendemain de cette victoire, je ne dirai pas que je ne fais aucune différence entre les gens qui m'attendaient dans un guet-apens et les démocrates qui m'aidaient à y échapper *(Vifs applaudissements)* [1]. » Le leader est adoubé puisqu'il parle pour tous, qu'il incarne cette harmonie des actes et des paroles que les socialistes recherchaient encore à tâtons.

Cette onction toulousaine est pour Jaurès comme

1. *Éloge de la réforme. Discours de Jean Jaurès au congrès de Toulouse en 1908*, Les Notes de la Fondation Jean-Jaurès, 9, septembre 1998, p. 95-97.

un rajeunissement. La cinquantaine arrive, sa famille n'est pas de tout repos malgré la fidélité toujours si aimante de Louise, on l'injurie et l'attaque personnellement de plus en plus violemment, il sent que le monde bascule et que l'urgence assaille[2]. Il n'a plus autant goût aux discussions avec les docteurs marxistes, il délaisse Otto Bauer, Rosa Luxemburg ou Lénine, qui renouvellent sans lui l'examen des questions nationales. À combattre de toute son âme la guerre qui menace, il laisse palpiter son idéalisme, prêche un unanimisme angoissé, s'effraie du doute qui monte parfois en lui et si la guerre, possible sinon probable, était ce désastre dont ni le socialisme ni l'humanité ne se relèveront ?

Sa lutte contre le colonialisme, ses premiers grands voyages lui ont appris aussi, d'un coup, l'entrechoc des cultures, l'attrait des lointains, la vie foisonnante dans des pays neufs qui bousculent assez l'enfant du Tarn et le complice de Sophocle et Virgile. Et voici, comble de nouveauté, que les minorités révolutionnaires de la CGT ne l'ignorent plus et l'attaquent souvent moins que ses propres amis socialistes ! Et voilà, hélas, qu'à l'inverse ces radicaux auxquels il s'est tant allié répriment sauvagement l'agitation ouvrière, avec un Clemenceau qui se flatte d'être aussi le « premier flic de France » ! Et les possédants en plein dynamisme économique, social, culturel, sont-ils vraiment « une armée obligée de combattre avec le soleil dans les yeux » ? Décidément, comme les temps ont changé ! Jaurès s'interroge, confesse enfin son « réformisme » d'idéaliste chronique, disent ses adversaires. Il

2. Voir Madeleine Rebérioux, « Le virage de Jaurès en 1907 », *BSEJ*, 93, avril-juin 1984, p. 9-12.

mène plutôt, et plus que jamais, réplique-t-il, sa « politique positive », préventive, indispensable tant qu'il est temps encore, celle des alliances nécessaires.

Si sa pratique désormais devance sa théorie, son rôle de leader tacite ou explicite lui permet, tout en luttant, de poser en termes renouvelés les vieilles questions qui le travaillent. Elles sont toujours aussi philosophiques : si le socialisme est vraiment un « voyage moral » de l'humanité, comment faire le départ entre « individualisme proudhonien » et « communisme marxiste » ? « Où sera le nœud de l'activité sociale et de la spontanéité individuelle ? » Il reste ferme sur les réponses négatives : le socialisme se trahira lui-même s'il n'observe pas les contradictions et s'il ne comprend pas les espoirs du monde nouveau qui s'annonce ; s'il ramène toute discussion aux questions de la nature de l'État, du rôle du parti, de la dictature du prolétariat. Mais au moment où le philosophe-historien donne un vade-mecum doctrinal aux socialistes, où le parlementaire élargit son horizon politique au-delà des alliances anciennes, l'élu des mineurs reprend la main et va chercher d'abord des réponses moins convenues dans l'observation de la classe ouvrière et le soutien à ses combats. Au temps des visions manichéennes, des maîtres penseurs et des recettes marxistes qui désavouent déjà le réel, contre les doctrinaires qui prétendent imposer le pouvoir de leur méthode en prélude à leur pouvoir tout court, il a fait acte de foi, dès 1904 à Amsterdam, dans la capacité d'initiative du prolétariat : « Dans ce socialisme international qui veut donner le monde au prolétariat, qui le proclame capable d'organiser toute la société, de diriger toute l'humanité vers des fins plus hautes et plus nobles, [on parle] d'un prolétariat incohérent, mineur, débile, obscur, à demi inconscient, incapable de se mêler sans se perdre à la vie qui l'enveloppe, comme un aveugle dans une cité inconnue [...] à l'heure précisément où il apparaît à d'innombrables symptômes que vont se poser dans bien des pays des problèmes nouveaux pour lesquels il sera besoin, à la classe ouvrière, d'avoir réservé toute sa liberté de tactique et d'action. »

La grève, une arme, une doctrine

Il est vrai qu'il n'a pas cessé d'apprendre depuis 1893 à lire sur les visages multiples et contrastés du monde ouvrier. Il a même acquis la certitude que « les classes ouvrières » chères à Proudhon avaient assez pris leur malheur en charge et s'étaient assez unifiées dans les combats pour porter elles-mêmes un avenir collectif, en pleine « liberté de tactique et d'action ». Dans un monde brutal où le capital divise les hommes entre eux et contre eux-mêmes, « la » classe ouvrière est devenue une, non par décret de quelque penseur du socialisme marxisé ou de la révolution violente, mais parce qu'elle est au cœur d'une espérance unique qui émancipera l'humanité tout entière, qu'elle apprend à coaliser et à unifier les forces de changement qui imposeront demain la transformation sociale et qui façonnent déjà, chemin faisant, un socialisme qui ne devra pas tout au parti : jamais Jaurès ne reviendra sur ces certitudes-là, dont il a fait *ne varietur* son Sermon sur la montagne. Sa part marxiste a d'ailleurs gagné en solidité dans ce constat. Dans une France laborieuse en plein rajeunissement où les taux d'activité et de croissance sont au plus haut, où le gonflement des productions et l'étalement mondial du capitalisme répondent à une brillante mutation technologique qui brise la vieille gangue rurale, la classe ouvrière, riche de sa variété et de ses impatiences, est selon lui la classe en irrésistible ascension qui, seule, est prête à relayer la bourgeoisie. Jaurès pense donc qu'elle a reçu la mission, à ce moment de l'histoire de France, de réconcilier une nation divisée contre elle-même par la loi du profit : l'idéal socialiste, avec elle, grâce à elle, tient enfin du réalisme actif.

Il a néanmoins bien vu la diversité et la complexité des réactions économiques, mentales et politiques du monde ouvrier. Il a une connaissance directe de ses variables régionales et humaines par ses réunions et ses meetings, ses rencontres et ses visites, multiples. Il sait même, de mémoire tarnaise et *de visu* partout en France, que, rivée à son aliénation, menacée par l'alcoolisme et le taudis, la monotonie et la pénibilité du travail, la classe ouvrière « perdue dans une forêt profonde » peut glisser dans une torpeur capable de tuer jour après jour sa conscience de classe. Il comprend que les pauvres loisirs abrutissants et les faux espoirs tuent la culture ouvrière d'origine, que la ville moderne défasse les fidélités rurales, isole et écartèle les individus si vite et si tôt : oui, « leur chaîne était au cœur », a constaté avec effroi dès 1880 le jeune normalien rôdant dans Paris.

Toujours menacée dans l'unité de son être, la classe ouvrière doit donc veiller à rester maîtresse de ses luttes et de ses formes d'organisation. La forte poussée d'un syndicalisme professionnel, les « jaunes », l'efficacité de la pression du patronat sur tous les aspects de la vie dans les régions de grand rassemblement industriel l'inquiètent. Elles le mettent en garde contre toute vision triomphaliste de la classe opprimée. Pourtant, engagée si souvent à la vie à la mort dans son labeur, n'ayant à perdre que ses chaînes, contrainte par la lutte de classe que lui impose le capital à s'identifier en s'unissant, elle a entrepris, en engageant la bataille sociale, un long travail d'éducation et de prévention contre l'isolement, la désunion et l'exploitation. Jaurès veut soutenir cette action émancipatrice, car pour lui la réalité ouvrière arme et soude la conviction socialiste et c'est presque avec les mots des Béatitudes qu'il décrit le prolétaire comme l'Homme à l'état pur et la classe ouvrière comme la « classe d'humanité ». C'est en elle et par elle qu'action politique, mieux-être social et émancipation humaine ne feront qu'un.

On imagine bien que cette fidélité active n'a pas été à l'abri de fluctuations. C'est par le fait syndical dans toute sa vaillance locale, on l'a vu, que le jeune député du Tarn a entrevu le monde ouvrier en 1886-1887 et perçu la « fierté ouvrière » de l'organisation autonome. La grève de Carmaux en 1892 et sa première élection sur place lui ont appris à mêler vigilance républicaine et action ouvrière. En 1895, avec les verriers jetés à la rue et leur bataille d'Albi, il a été vigoureusement lancé dans l'action « sur le tas », violences et enthousiasmes compris. S'ensuivirent dix années inégales, de soutien aux luttes, aux manifestations et aux grèves, d'interventions et d'actions parlementaires où son prestige et son courage personnels n'ont pas été mis en doute mais où se sont accumulés les dissentiments avec la CGT[3]. De 1900 à 1906, notamment,

3. Un exemple : Stéphane Sirot, « Jaurès et la grève générale du bâtiment parisien de 1898 », *BSEJ*, 116, janvier-mars 1990, p. 3-8.

Jaurès est resté au purgatoire car la Confédération en belle expansion (elle compte alors à peu près 300 000 adhérents, contre 35 000 à une SFIO qu'elle peut donc toiser de très haut) a du coup refusé plus dédaigneusement encore qu'à l'habitude l'aide d'une poignée de bons apôtres parlementaires et de « sectes » toujours aussi groupusculaires.

Nul doute pourtant que la décision personnelle de Jaurès, en août 1906, de relancer la discussion et l'entraide en ouvrant les colonnes de *L'Humanité* à tous les syndicalistes, les mutualistes et les coopérateurs de bonne foi, a rendu plus efficaces l'action socialiste et l'action parlementaire. Même si l'année suivante, au congrès de Limoges, Guesde a fait tonner contre la Charte d'Amiens. En 1908, chacun a réfléchi pour sa part et, surtout, les faits donnent raison à Jaurès : Clemenceau aidant, la voie syndicale vers le socialisme paraît barrée et l'argumentaire jaurésien peut donc enfin être entendu, au moins pour un temps, chez les socialistes comme chez les cégétistes.

Il s'agit d'abord, soutient-il, de comprendre le réel, de réfléchir sur le terrible passage à l'acte qu'est la grève. Ici, nulle théorisation qui figerait la réalité et déposséderait les acteurs, mais une observation de tous les instants, à toute occasion, dès la descente du train, dans les meetings, en tous lieux publics (et jamais, il va de soi, sur les lieux de travail, cadenassés par la vigilance patronale et les forces de l'ordre), dans les locaux syndicaux, chez des militants amis. Le bâtiment et la métallurgie, fiefs syndicalistes révolutionnaires ou guesdistes, ne font guère appel au soutien de Jaurès. Mais, depuis Carmaux, tous les mineurs et les verriers, les ouvriers du lin et du tulle, les ouvrières du textile, les chaussonniers de Fougères, les cheminots, puis les nouveaux venus, fonctionnaires, postiers ou instituteurs, ont sollicité et aimé sa parole, son regard bleu et son bras ouvert d'offertoire ou d'élévation, son papier de presse craché aussitôt sur un coin de table ou au téléphone, son soutien tonnant à la Chambre, ses arbitrages discrets aussi et si sûrs.

Dans ces réunions et ces rencontres de combat, son éloquence et sa chaleur fraternelles ont souvent touché à jamais des êtres et marqué des vies [4]. Pourtant, c'est avec réticence que Jaurès a toujours abordé la grève, ce dur épisode de la guerre sociale. Homme de paix et d'unité, il hait sa violence contagieuse. Homme de livres, il a voulu la connaître aussi bien par la sociologie et l'économie : il a activé à la Chambre la publication des statistiques et des enquêtes, a beaucoup vu après 1906 les fonctionnaires du nouveau ministère du Travail ; il a préfacé la meilleure enquête du journaliste Jules Huret [5]. Il ne faut néanmoins jamais compter sur lui pour exalter la grève « festive » ou « libératoire » : il n'oublie pas qu'elle n'est qu'un moyen de lutte imposé par la violence patronale et les défaillances de la République, une arme « tristement nécessaire » car les ouvriers n'ont jamais eu le choix des armes. Ce moyen barbare, ce pis-aller, avec son cortège de privations et de drames familiaux, ses affrontements et ses violences, Jaurès ne l'a jamais magnifié et il n'a que mépris pour les théoriciens de la violence comme Georges Sorel, qui l'attisent dans

4. Jean Guéhenno le fait bien sentir en décrivant la venue de Jaurès à Fougères en 1907 dans *Changer la vie* (1961), Grasset, « Cahiers rouges », 1990.

5. *Enquête sur la question sociale*, Perrin, 1897. Texte de cette lettre-préface dans *BSEJ*, 80, janvier-mars 1981, p. 3-6.

leurs petites publications cérébrales et élitistes[6]. Non, il l'a trop appris à Carmaux et il le constate partout, la grève est un malheur car elle installe la lutte chez les ouvriers, dans l'affrontement des « rouges » avec les « renards » et les « jaunes »[7], elle donne à la République un visage de classe qui n'est pas le sien quand l'armée, ces citoyens-prolétaires en uniforme, intervient si brutalement et que les préfets obéissent toujours aux patrons. Puisqu'elle bloque aussi l'activité économique, elle stérilise le potentiel de richesse et de bien-être que les travailleurs mettent à la disposition de la nation tout entière. Ce recours primitif aux formes élémentaires de la violence est pour lui un recul, une objection au progrès et à la raison, le contraire d'un outil.

Mais il sait aussi que la grève peut être un révélateur. Avec ses épisodes moins violents, ses négociations aléatoires, ses prolongements heureux ou non, elle met au jour le jeu du salaire, du travail et de la vie quotidienne, elle démasque les adversaires comme les amis. La revendication exprime, il l'admet ; toute grève peut être éducatrice et d'abord parce qu'elle oblige les travailleurs à se regrouper pour aller à la bataille. Loin de lui donc l'idée d'une grève « souveraine », porteuse par nature de l'émancipation et de la révolution : son socialisme ne s'accommode pas d'un tel instrument de barbarie et d'un tel levier de violences.

---

6. Voir Bruno Antonini, « Jaurès face à la sociologie de son temps et au syndicalisme révolutionnaire : entre décalage et mutisme », *Jean Jaurès. Cahiers trimestriels*, 165-166, juillet-décembre 2002, p. 63- 79.

7. Voir Marie-Geneviève Dezès, « Jaurès cible des 'Jaunes'(1904-1912 », *BSEJ*, 68, janvier-mars 1978, p. 3-14.

Pourtant Jaurès admet aussi que le phénomène gréviste se répande librement, à condition qu'on parvienne à fixer, empiriquement mais à toute occasion, les règles élémentaires qui lui permettront de déboucher plus vite et avec plus de chances de succès sur son objectif naturel : négocier dès que le rapport de force est inversé au profit des grévistes, signer un compromis final. C'est dire qu'il refuse toujours les déplorations officielles et patronales sur le temps ainsi perdu, les dommages de guerre irréparables ou l'inefficacité de l'outil : toute grève a un avenir, soutient-il au contraire, par les parcelles d'unité et d'éducation ouvrière qu'elle contient. La spontanéité, oui, à condition qu'on ne la théorise pas ; la violence, non, car elle n'est pas une arme. Il n'a de cesse, dans ses arbitrages et ses soutiens, de plaider pour l'unité, l'organisation et l'élargissement du mouvement sous l'autorité du syndicat. Contre Sorel toujours, il maintient aussi que « le suffrage universel ouvrier sera dans la grève le ciment de l'unité ouvrière », qu'il est la seule méthode pour désarmer les violents, tempérer les ardeurs des avant-gardistes ou des réfractaires, démoraliser l'adversaire, convaincre l'opinion et la presse.

Que souhaite-t-il, au total ? Organiser et civiliser un instrument barbare pour mieux lui faire tenir les promesses qu'il porte. Tel a été le sens de son soutien au projet Millerand sur l'arbitrage des conflits en 1900, de sa vice-présidence du groupe parlementaire de défense des cheminots, de sa participation au Conseil supérieur du travail, de sa hâte à voir s'affirmer le droit social ; et aussi de sa participation aux débats et batailles pour l'extension du droit de grève des fonctionnaires, la protection des délégués ouvriers, la création d'une magistrature arbitrale et d'une inspection du travail.

Même si aucune grève ne peut se suffire à elle-même, il maintient aussi qu'elle est un temps privilégié, une ponctuation mémorable qui soudent et affermissent le syndicat. Dès 1886, dans le Tarn, il a compris que les chambres syndicales étaient le meilleur lieu d'exercice d'une démocratie ouvrière, une école de désaliénation. Il a donc refusé, dès 1893, d'adhérer à un socialisme qui se couperait de l'adhésion ouvrière et qui ne respecterait pas l'autonomie du fait syndical. L'unité se fera un jour, croit-il, mais l'essentiel est d'en débattre ensemble. Bien vite aussi, il a mis en cause le vieux syndicalisme de métier et même l'autonomie régionale à tout crin défendue dans les Bourses du travail. Il a souhaité au contraire le renforcement des organisations nationales, fédérations d'industrie et confédérations, qui seules briseront le corporatisme et la parcellisation, animeront, à l'âge nouveau de la mobilité mondiale du capital, de la concentration en trusts et de la taylorisation du travail, une politique d'émancipation, prélude à la « socialisation générale de la production ». Seule la CGT, finalement, organisée désormais autour de ses fédérations, peut aider à constituer le prolétariat en classe, promouvoir l'autonomie de son action et tisser les liens qu'il doit nécessairement entretenir avec la nation tout entière. Léon Jouhaux, son secrétaire général, ne dira pas autre chose sur sa tombe, le 4 août 1914, quand il saluera en lui « notre doctrine vivante ». Mais vivante, ajoutera-t-il, parce que Jaurès a, en première ligne et au premier chef, aimé, compris et salué « notre action virile ».

Contre toute dictature

Jamais donc Jaurès n'a pensé que le syndicalisme ne serait qu'une école de socialisme, une propédeutique ou une préface. Contre les guesdistes tout au long, mais souvent aussi contre la majorité de son parti, il a soutenu que, pour prix de ses efforts qui élèvent le monde ouvrier à la conscience de classe et à la dignité morale, la CGT est devenue socialiste de fait, dans ses objectifs, ses luttes, son mode d'organisation, son souci d'unité. Au manège Saint-Paul, le 13 octobre 1906, au moment même où les syndicalistes adoptent leur Charte à Amiens, il reconnaît dans une allégresse qui choque nombre de ses camarades qu'il lui est impossible de définir le syndicalisme sans du même coup définir le socialisme. Et qu'il faut donc grandement se réjouir de voir la CGT être bien plus forte que la SFIO ! Jamais les guesdistes ni même les « jaurésistes » n'admettront cet aveu, qui a rapproché en revanche un temps Jaurès des anciens allemanistes et de Vaillant. Ainsi a pourtant été scellé un accord de fait avec la CGT. Car Jaurès a ajouté que le syndicat, avec sa pratique de la démocratie directe, ses appels à la conscience, ses foyers d'éducation populaire, aura toute sa place aux côtés de la section socialiste qui demeurera, elle, le centre de la propagande générale et de l'intervention politique. Mieux : le syndicat, cette « forme immédiatement ouvrière du socialisme », resterait le lieu où « le ressort de la classe ouvrière est ramassé sur lui-même de façon à agir par une détente vigoureuse sur l'ensemble des forces sociales », « l'aiguillon de tout mouvement de transformation ». Ravis, des ténors de la CGT remercient en laissant entendre que depuis 1901 ils avaient bien jugé Jaurès, puisqu'ils avaient souvent remarqué qu'il « paraissait incliner au communisme libertaire ».

En fait, c'est une rencontre à mi-chemin. Jaurès tire la leçon des faits : la Charte d'Amiens existe, il y a une forme syndicale de l'émancipation, la France socialiste a deux fers au feu, une SFIO et une CGT. Les dirigeants syndicaux, de leur côté, admettent enfin que l'action politique a sa réalité et son autonomie, irréductibles à la pratique des luttes sociales et d'abord à la grève. Ainsi, « allié objectif » de 1906 à 1912, Jaurès devient même à la veille de la guerre le leader implicite de l'ensemble d'un mouvement ouvrier dont il va tenter de coordonner les luttes pour la paix.

Il n'accepte toujours pas pour autant le projet autonomiste et décentralisé d'une gestion proprement ouvrière qu'appellent de leurs vœux tant de syndicalistes[8]. Car il est trop unitaire pour ne pas craindre d'instinct le morcellement de l'action et l'isolement des travailleurs, si enracinés soient-ils, si pleins restent-ils du vieux rêve proudhonien et communard du gouvernement par l'atelier. Quand en 1896 les verriers de Carmaux ont construit leur verrerie à Albi, il a tout mis en œuvre pour que la nouvelle unité gérée par les travailleurs soit viable et il plaide dans le même sens en 1912, quand l'évolution technologique les obligera à sortir du vieux cadre du métier. De même, s'il souhaite l'unité du mouvement coopératif, c'est en avertissant ses militants du danger de devenir eux-mêmes des capitalistes. Au vu des projets de nationalisation

8. Voir Marie-Geneviève Dezès, « Participation ou autogestion ? L'opinion de Jaurès en 1909 », *BSEJ*, 49, avril-juin 1973, p. 8.

des mines puis de la vigne qu'il signe si volontiers en 1894 et en 1907, il rappelle néanmoins les ambiguïtés de la nationalisation, qui peut nourrir aussi bien la bureaucratie d'État que l'égoïsme corporatif. Que les travailleurs s'emparent par nécessité d'instruments de production est un exemple mais non une référence ou un modèle. À l'inverse, il est favorable en 1908 et 1909 aux propositions de participation ouvrière lancées par Briand. Il faut les accepter, pense-t-il, et leur faire viser le but final, la transformation de la propriété de classe en propriété « une et indivisible » de la nation et de tous les travailleurs. Mais à condition qu'une poussée politique des socialistes et une extension de leur pouvoir parlementaire accompagnent cette tentative d'éducation à la gestion dans le cadre d'une association entre le capital et le travail.

D'un côté, donc, un refus chez Jaurès d'uniformiser les idées et les pratiques, de peur de préfacer ainsi un socialisme d'État. De l'autre, une grande défiance devant l'impréparation, le corporatisme, l'isolement des foyers de gestion nouvelle, car croit-il, une « autogestion » mal préparée, sans travail continu d'éducation et de coordination, mène droit à la bureaucratie puis à l'impuissance. « La propriété collective offerte aux travailleurs, conclut-il, sera réactionnaire ou révolutionnaire selon qu'elle aura pour effet ou d'empêcher ou de systématiser l'action lancée. » Il tient donc toujours pour un combat frontal et global et ne retient de l'expérimentation que ses vertus pédagogiques et ses effets d'entraînement. Cette position, nette, constante, l'a conduit à critiquer vigoureusement la théorie de la grève générale qu'avançaient les avant-gardes de la CGT.

Il sait la faveur dont jouit ce thème, « mythique »

dira Sorel, dans le monde ouvrier et il ne lui dénie pas sa réalité de classe. Il accepte et soutient la grève générale d'industrie ou de métier animée par une fédération, comme celle des cheminots, des mineurs, des électriciens et même des vignerons, bien orchestrée par des syndicats puissants qui préparent, dirigent la lutte et la mèneront au point de fusion pour l'assaut final coordonné. Il admet qu'elle puisse être un moyen de pression sur les patrons et les pouvoirs publics, qu'elle serve de modèle et de levier pour des initiatives avoisinantes. Mais il nie qu'elle ait valeur et pouvoir révolutionnaires intrinsèques, qu'elle puisse déboucher sans être « orientée » par des minorités trop actives sur la grève générale politique qui renverserait d'un coup d'épaule le pouvoir bourgeois. C'est une arme trop absolue, pense-t-il, qui condamne la classe ouvrière à réussir et assumer seule toute la révolution d'un coup, ne laisse pas d'échappatoire en cas d'échec, exige que les acteurs signent un chèque en blanc sur la forme future de leur émancipation. De plus, elle ne trouvera jamais un écho majoritaire chez les travailleurs en France, ajoute-t-il en historien de 1789, car la révolution ne se fera pas à marche forcée dans ce pays.

C'est donc après 1905 qu'il peut passer contrat sur ce terrain avec la CGT : à la lumière de la révolution russe et de la montée des périls de l'âge impérialiste, il doit convenir qu'une grève générale affichant des ambitions révolutionnaires pourra, s'il le faut, en cas de malheur, exprimer la détermination d'un peuple dressé contre l'oppression et la guerre. Il rejoint ainsi les analyses de Rosa Luxemburg sur la « grève de masse », tout en précisant qu'il en faut réserver la menace et l'usage au combat pour la paix. Il pose même à Toulouse en 1908 deux conditions pour que les forces ouvrières et socialistes mêlées puissent faire courir ce risque : « La première, c'est qu'il y ait dans le prolétariat une émotion générale et profonde qui se communique spontanément aux couches les plus voisines de la démocratie, et la seconde c'est que ce mouvement populaire ait été assez vaste, assez profond pour ébranler, pour émouvoir, pour dissocier au profit du prolétariat l'armée même que le pouvoir voudrait tourner contre lui. »

Ainsi Jaurès s'est-il éloigné d'une conception strictement ouvrière de la révolution. D'ailleurs, la classe ouvrière n'est-elle pas très minoritaire dans la nation ? N'a-t-elle pas encore d'immenses efforts d'organisation à accomplir quand les syndicats vers 1910 rassemblent à peine 3 % des salariés ? Il craint que la grève du syndicalisme d'action directe, à supposer même qu'on puisse la généraliser, ne bloque inutilement la production, n'excite tous les Versaillais, n'érige que des petits bastions mal fédérés, indéfendables et aux tirs dispersés. Non, pense-t-il, la grève générale suivie d'un Grand Soir improbable ou éphémère ne préfigure pas le socialisme à la française, dont il est convaincu depuis 1902 que le cheminement sera plus long et tortueux qu'on ne l'imaginait quinze ans auparavant. D'ailleurs, triompherait-elle, cette grève à tout faire et si peu miraculeuse, minoritaire et venue d'un coup de force prolétarien sur l'ensemble du corps national, qu'elle irait à l'inverse du but recherché : si une classe, fût-elle « d'humanité », fait acte d'autorité sur d'autres classes rebelles, c'en sera fini du socialisme de liberté. Rien n'adviendra donc, pose Jaurès, sans la volonté du plus grand nombre, sans un rassemblement majoritaire autour de la classe ouvrière qui écartera le risque d'une dictature brutale et prolongée du prolétariat. Les luttes ouvrières ont conforté en lui, sur ce point décisif, les certitudes qu'il avait tirées de la philosophie, de l'histoire et de l'interrogation sur Marx.

Cueillir aussi les fleurs du hasard

S'ils se démarquent aussi nettement que le souhaite Jaurès de la grève, ce « soulèvement des délaissés, des violentés, des exaspérés », que doivent faire néanmoins les socialistes organisés qui veulent rester actifs dans la lutte des classes ? Si le pan-syndicalisme est un leurre, si l'« aiguillon » de la force syndicale n'est ni une méthode ni une référence mais une simple garantie, faut-il bâtir le socialisme aux périphéries de cette force ouvrière ? Mais alors, pourquoi ensuite s'acharner à l'unifier et à faire croître un Parti socialiste au sein duquel les ouvriers ne seront jamais en majorité ? Faute de savoir répondre à ces questions, Jaurès ne s'est jamais donné une théorie élaborée du parti et ce refus, ou ce dédain, assumés sans inquiétude, l'ont éloigné des socialistes qui rôdent déjà autour du *Que faire ?* de Lénine, lequel a su donner, lui, un rôle hégémonique et dictatorial au parti « fer de lance »[9]. À vrai dire, ces questions d'organisation n'ont guère intéressé Jaurès, ses adversaires l'ont soigneusement écarté de la gestion des affaires courantes au sein du parti et il a délégué volontiers à des proches

9. Voir Madeleine Rebérioux, « La conception du parti chez Jaurès », dans *Jaurès et la classe ouvrière*, *op. cit.*, p. 83-100.

le soin de hanter les commissions des résolutions dans les congrès. L'esprit, l'action, les fins socialistes, et non les tactiques et les luttes d'appareil, sont les seuls enjeux dont, en vrai intellectuel et en vrai militant rivé au réel, il ait toujours souhaité débattre avec ses camarades. S'il a accepté en 1893 le programme du POF pour avoir le pied à l'étrier, il n'a ensuite adhéré à aucune « secte », n'a guère aimé les cartes et les encartés, a fait bien peu d'efforts pour rassembler dans une tendance belliqueuse les rares « jauressistes » qui se réclamaient de lui et a négligé de les lancer à la conquête du parti.

Longtemps il a cru que le groupe parlementaire, grossi par les succès électoraux depuis 1893, pourrait suffire à assurer toute liaison utile entre le front des grèves et l'État, par ses arbitrages, ses propositions de lois, ses alliances, ses campagnes de presse : l'élu socialiste serait au cœur de l'action, le parti se définirait par ses médiations et ses propositions. Mais après 1900, l'organisation syndicale se pose en force socialiste ouvrière organisée, la vague électorale est plus forte, l'exigence de justice au temps de l'Affaire déborde une conscience ouvrière longtemps défaillante, la politique de défense républicaine distingue enfin le gouvernement du Bloc de l'État oppresseur et de ses « appareils » répressifs, la justice et l'armée, tout en renforçant l'État de droit par la loi. Jaurès a pensé alors qu'on pourrait en France assumer de façon originale les choix de l'Internationale hostile aux syndicats. Le groupe parlementaire a éclaté pendant l'affaire Millerand et n'est plus d'aucun secours, la CGT se cantonne dans ses certitudes révolutionnaires. Contre les guesdistes, Jaurès a donc maintenu que le parti pouvait s'appuyer sur les syndicats de masse et constituer avec eux des fédérations départementalisées « autonomes et ouvrières », comme celle dont il a eu si longtemps le modèle sous les yeux dans le Tarn. Cette tentative a échoué, on l'a vu. Si bien que sur les ruines de la politique de défense républicaine et dans l'indifférence hostile de la CGT, il a fallu faire naître au forceps un parti unifié auquel seuls adhèrent des individus.

Peut-on encore parler d'unité ouvrière, quand sont institués et reconnus deux socialismes rivaux, le politique et le syndical ? C'est pour refuser ce clivage mortel que Jaurès a souhaité après 1905 que le parti soit cantonné dans quelques missions bien définies. Par ses structures, plaide-t-il, il doit être capable d'accueillir les formes d'action et de pensée de tous ceux, quelle que soit leur origine sociale, qui reconnaissent l'avenir dans la classe ouvrière. Il sera donc pluriel, le débat s'y nourrira des luttes en cours, aucune idéologie importée n'y figera des tendances organisées. Mieux : sa propension à entretenir le seul débat d'idées, sa culture si peu ouvrière, sa sociologie déjà si dominée par les classes moyennes et les fonctionnaires seront mises sous le regard et le contrôle du mouvement syndical qui, tout extérieur qu'il soit, restera le meilleur instrument de mesure barométrique des degrés de compromission et des déviations, le garant contre toutes les trahisons possibles et probables puisqu'il est le dépositaire de « l'intégrité de la pensée ouvrière ». Ainsi placée sous le regard des masses, pense-t-il, la SFIO guérira de son sectarisme chronique, se persuadera que l'exigence sociale, politique et morale du but à atteindre vaut mieux que l'intérêt de groupe et l'appétit de pouvoir ; elle restera une organisatrice de luttes, un foyer de propagande utile et de juste agitation. D'ailleurs, s'il ne voulait plus aider à la coordination de l'action, le parti aurait-il encore une raison d'être ? L'ampleur de la campagne contre la loi de trois ans en 1913 l'a conforté dans ces analyses, tant elle a accéléré le rapprochement avec la CGT, ébranlé l'opinion et aidé à la grande poussée électorale l'année suivante.

Mais le parti doit également élaborer des tactiques au quotidien, dont aucune ne peut oublier le monde ouvrier. C'est au parti – tâche immense, pour une poignée de militants : Jaurès sera souvent parmi les plus épuisés, physiquement et moralement – de débattre avec les organisations ouvrières, de mettre en garde contre les impatiences, de concilier avant-gardes et masses, de rappeler la légitimité de l'action parlementaire et législative : son recrutement divers lui donne la base sociale de ces ambitions et lui promet de n'être jamais extérieur à la classe ouvrière tout en ne se confondant pas avec elle. C'est aussi à lui de nouer des alliances, et Jaurès est resté fort entêté de cette question. Car dans un pays où la démocratie « bourgeoise » est active, où les droits de l'homme ont été popularisés, les socialistes ont le privilège de pouvoir rassembler autour de la classe ouvrière les travailleurs de la terre, les salariés du tertiaire, les petits-bourgeois démocrates ; ils ont le devoir de concilier l'action parlementaire et l'action ouvrière, l'intérêt du prolétariat avec celui d'un peuple entier si vaillamment et depuis si longtemps constitué en nation. Jaurès a ainsi défini à touches prudentes, après observation attentive d'une réalité toujours plus déroutante, un parti selon ses rêves, qui épousera la conscience ouvrière mais refusera d'être son guide, garantira l'autonomie des organisations qui s'associent à lui et dont la variété l'enrichit, soudera une sorte de perpétuel front de classe où fusionneront les forces ouvrières et démocratiques. Tâche immense et rêve, assurément.

Ni spontanéiste ni léniniste, toujours lui-même en quête d'unité, d'efficacité et de vérité dans l'action, Jaurès a senti que le parti devait jouer un grand rôle dans la marche au socialisme, qu'on prévoyait si rectiligne avant 1914. Mais il s'est gardé de théoriser ou de marxiser sa pratique de la direction politique. Il n'a pas voulu non plus dénier l'originalité de la pratique ouvrière, car « l'avènement du collectivisme ne sera pas pour les travailleurs une tutelle nouvelle ou d'intellectuels ou de bureaucrates : ce sera la souveraineté du travail organisé ». En posant ainsi la classe ouvrière au cœur d'un combat auquel les structures capitalistes, la lutte de classe et la raison universelle donnaient croyait-il une dimension historique plus que prometteuse, il s'est protégé du réformisme gouvernemental comme de l'impatience révolutionnaire, il n'a pas donné à la classe élue d'autre mission que de réconcilier le peuple et la nation avec eux-mêmes.

S'il a pu défendre ces conceptions-là, c'est grâce à sa prestance militante, intellectuelle et morale ; par sa force de conviction, dans le feu de l'action où son verbe peut tout emporter. Il n'a pourtant rien pu imposer et s'est plus souvent trouvé et senti isolé dans une SFIO aux faibles forces ouvrières. Il a sans doute défendu une conception réaliste et moderne des rapports entre le socialisme et le syndicalisme, il a compris l'avenir d'une grève de masse de plus en plus politisée et dont il eut la joie de sentir les premiers effets en Russie et hors d'Europe. Mais cette modernité s'accordait trop avec son propre optimisme pour que ses détracteurs et ses adversaires veuillent s'en laisser convaincre. Tout leader qu'il ait été, Jaurès est resté jusqu'au bout un homme très aimé, mais seul.

Finalement, la voie du socialisme selon son cœur est tracée par le suffrage universel, vient des lointains d'une histoire progressiste, est jalonnée par les conquêtes ouvrières et les progrès de l'unité. Appuyé sur les organisations autonomes de sa classe ouvrière, refusant le socialisme d'État, le peuple français, pense-t-il, peut bâtir un socialisme original et vivant de ses diversités, plein d'une persistante charge libertaire qui bousculera les doctrinaires. L'unité active des travailleurs, croit-il de toutes ses forces, confondra les petits maîtres qui rêvent peut-être déjà d'un nouvel ordre « somnolent, asservi et abêti ». Dès 1887, ne disait-il pas que « la démocratie française n'est pas fatiguée de mouvement, elle est fatiguée d'immobilité » ? En 1914 encore il croit se persuader qu'au terme d'un cheminement difficile on entreverra un jour un socialisme démocratique où « toutes les initiatives et toutes les activités seront perpétuellement excitées ». Au printemps de 1895, il est vrai, n'était-il pas allé déjà au bout de sa pensée ? « Si dans l'ordre social rêvé par nous, nous ne rencontrions pas d'emblée la liberté, la vraie, la pleine, la vivante liberté, si nous ne pouvions pas marcher et chanter et délirer même sous les cieux, respirer les larges souffles et cueillir les fleurs du hasard, nous reculerions vers la société actuelle, malgré ses désordres, ses iniquités, ses oppressions. [...] Plutôt la solitude avec tous ses périls que la contrainte sociale ; plutôt l'anarchie que le despotisme quel qu'il soit ! Mais encore une fois, quand on s'imagine que nous voulons créer un fonctionnarisme étouffant, on projette sur la société future l'ombre de la société actuelle. La justice est pour nous inséparable de la liberté [10]. »

10. « L'État socialiste et les fonctionnaires », *La Revue socialiste*, avril 1895.

10

Le républicain-socialiste

Le 18 novembre 1908, un mois jour pour jour après son triomphe socialiste aux Célestins de Toulouse, Jaurès renoue, mais à la Chambre, le fil de son propos croisé sur la justice et la liberté, le socialisme et la classe ouvrière. Autre lieu, autre public et pourtant même pensée, même conviction et même éloquence. Au cours d'un très long (et vain) débat sur l'abolition de la peine de mort, succédant à Briand, alors garde des Sceaux et courageux abolitionniste, il répond à Maurice Barrès, antiabolitionniste par respect de l'« énergie nationale ». Il fait preuve, une fois encore, non seulement d'acuité critique dans sa vision de la société mais, d'abord, de cet imperturbable optimisme historique et de cette foi humaniste rédemptrice qu'il a puisés l'un comme l'autre, on le sait, dans la morale chrétienne et l'héritage de la Révolution française autant que dans la lutte des classes et l'argumentaire marxiste. L'interrompant, Barrès a déjà dit à l'élu du Tarn combien il lui rappelait Mgr Myriel, l'évêque des *Misérables* de Victor Hugo qui ne voulait pas qu'un coupable aille au bagne. Saisissant au vol un rapprochement aussi flatteur,

Jaurès a répondu en s'inscrivant dans la grande tradition hugolienne de la République émancipatrice [1].

Les partisans de la peine de mort, dit-il, ne défendent que « le droit social de la force » car ils pensent non seulement qu'existent « des individus maudits, socialement maudits, qui sont à jamais incapables de se relever » mais qu'il y a aussi « des classes sociales socialement maudites qui ne seront jamais appelées à une libre coopération. Fatalité de la guerre et de la haine, fatalité des races, fatalité des servitudes économiques, fatalité du crime et des répressions sauvages, voilà quel est [...] le fondement durable ou plutôt le fondement éternel de l'échafaud ! C'est sur ce bloc de fatalités qu'ils dressent la guillotine. Elle a pour mission de signifier aux hommes que jamais le progrès social, jamais le progrès de l'éducation et de la justice ne dispensera les sociétés humaines de tuer et de répondre à la violence humaine par le meurtre social. » Penser cela, poursuit-il en rappelant Condorcet et Robespierre, c'est déserter « la magnifique espérance humaine » des Lumières et des révolutionnaires ; c'est trahir ceux qui, même sous la Terreur, ont tué et ont été tués sans « jamais perdre la foi dans un avenir de justice ordonnée ».

C'est aussi, lance-t-il aux conservateurs catholiques amis de la Veuve, trahir le christianisme en oubliant qu'il a dit « qu'il n'y avait pas un seul individu humain, tant qu'il gardait son souffle, si déchu soit-il, si flétri soit-il, qui ne fût virtuellement compris dans l'œuvre du rachat divin et qui ne fût susceptible de réparation

1. Voir « Jaurès contre la peine de mort (18 novembre 1908), un article présenté par Jean Rabant », *BSEJ*, 21, avril-juin 1966, p. 1-6, et Jean Rabant, « Barrès et Jaurès, une amitié sans réciproque, *BSEJ*, 108, janvier-mars 1988, p. 3-12.

et de relèvement » ; car « l'Église n'a jamais accepté de confondre cette terreur animale de la vie qui va finir avec l'esprit de relèvement et de repentir ». Voici donc la foi, la lumière et la vie enlacées, mobilisées pour la quête d'une vérité aussi terrestre qu'absolue : tout Jaurès est là, qui lance dédaigneusement un jour à Clemenceau : « Si vous n'avez pas la vérité absolue, qu'est-ce que vous faites au pouvoir ? » Tout comme il avait, jeune député, sommé insolemment Jules Ferry de lui dire enfin ce qu'était son idéal, à supposer qu'il en eût un. Ce débat sur la peine de mort montre combien sa République des droits de l'homme, à prolonger en socialisme émancipateur, est d'abord un idéal et une morale dont la force, demain irrésistible, vient du fond des temps. « Nous ne jetons bas que du mort », dira-t-il un jour à Barrès. Avant de lui préciser, un autre jour, qu'en bon métaphysicien il a le « sens cosmique » et garde « toujours devant les yeux les perspectives profondes du temps et de l'espace, de l'immensité et de l'éternité ».

Pour lui, il s'agit en toute occasion de rester fidèle à ses engagements de jeunesse, philosophiques, moraux et intellectuels, républicains, socialistes et républicains-socialistes ; de tracer un chemin de vérité, de liberté et surtout d'unité ; d'exprimer à tous, en tous lieux, « la force d'unité omniprésente ». À ses risques et périls, il le souhaitait intensément dès 1895, avec un désintéressement déjà prêt au sacrifice : « Un jour viendra peut-être où nous serons abattus précisément par un de ceux que nous voulons affranchir. C'est du même peuple souffrant que sortent, selon le vent qui souffle, les violences des révolutions ou les violences des réactions, et la même mer, brisant les navires qui se combattent, en a plus d'une fois réconcilié les débris dans ses profondeurs. Qu'importe après tout ! L'essentiel n'est pas qu'à travers les innombrables accidents de la vie nous soyons épargnés par la faveur des hommes ou par la grâce des choses ; l'essentiel est que nous agissions selon notre idéal, que nous donnions notre force d'un jour à ce que nous croyons la justice, et que nous fassions œuvre d'hommes en attendant d'être couchés à jamais dans le silence de la nuit[2]. »

Le verbe et la plume

À la Chambre il a montré les facettes de son talent, en unicité de conviction et de pensée même au plus lassant d'un débat technique ou dans le tumulte d'un dialogue de sourds[3]. Des centaines de témoignages ont dit l'effet de son organe à cette tribune du Palais-Bourbon qu'on tenait encore alors pour l'autel de la République[4]. Jaurès s'est peu intéressé aux évolutions constitutionnelles de la République, car il voulait d'abord tenter de vivifier le débat au Parlement en le mettant à l'unisson, grâce à la constitution de partis modernes, du débat entre les citoyens et entre les travailleurs. Il refusait de surcroît l'idée même d'un mandat impératif des électeurs surveillant ainsi leur élu. Mais il a surtout montré que l'orateur et son verbe

---

2. *Journal officiel*, séance du 24 octobre 1895.

3. Voir Michel Launay, *Jaurès orateur, ou L'oiseau rare*, Jean-Paul Rocher, 2000.

4. Voir Jean-Pierre Rioux, « Le Palais-Bourbon. De Gambetta à de Gaulle », dans Pierre Nora dir., *Les Lieux de mémoire*, II, *La Nation*, 3, p. 488-516.

restaient au centre du processus démocratique moderne comme il avait été au temps de Démosthène au cœur de la citoyenneté ancienne[5].

Il s'est formé seul et très précocement à l'art oratoire et le collégien, on s'en souvient, haranguait déjà assez naturellement, au point de passer pour à peu près « fada » chez les paysans qu'il croisait en route. Avant de prendre la parole, il s'octroie toujours néanmoins une solide introspection, une rumination préalable, qui d'ailleurs le dispense d'avoir un texte ou des notes sous les yeux : dès l'École normale, on l'a vu, « il n'avait pas besoin de mettre du noir sur du blanc ; il imaginait tout, il se parlait, se chantait à lui-même ce qu'il devait dire aux autres ». Ensuite, au prix d'un effort physique considérable – flanelle, chemise de rechange et mouchoir sec n'ont jamais été inutiles à sa descente de la tribune ou de l'estrade, au moins quand son entourage avait songé à l'en munir –, il se jette dans la bataille, masque rabattu comme un escrimeur. Le début est lent et l'accent méridional joue encore à son désavantage. Puis viennent quelques trilles et modulations précédant le déchaînement orchestral, avec force cuivres et percussions ; la formule assassine alterne avec la phrase interminable qui, elle, roule comme cailloux au fond du Tarn mais atteste d'un art de la période qui rappelle Démosthène et Bossuet ; vient peu à peu le crescendo, souvent ému et poétique, puis la péroraison est jetée à la volée, dans un cri final de gorge, tronc projeté en avant ; les dernières phrases, à voix plus basse, sont jetées aux pieds et comme abandonnées, méditatives avec quelquefois un filet de mélancolie et de lassitude chuchotées.

5. Voir Gilles Candar, « Jaurès parlementaire », *Jean Jaurès. Cahiers trimestriels*, 150, octobre-décembre 1998, p. 33-43.

Puis, aussitôt, quelle que soit la force des applaudissements ou des cris divers, le gros ours s'ébroue, fuyant les mondanités alors que tant d'autres humeraient la récompense et chercheraient du regard le compliment : « J'aime [...] le monstre Jaurès qui, de retour à sa place, fume encore », dira son cher adversaire le comte Albert de Mun en 1906 pendant le débat sur la Séparation. Seul Clemenceau, autre vieil adversaire, celui qui disait cruellement qu'on reconnaît toujours une phrase de Jaurès à ce que « tous les verbes y sont au futur », a parfois résisté victorieusement à la tornade. Ainsi à la fin de leur duel dans le débat d'investiture du gouvernement Sarrien, où l'anticlérical et antisocialiste ministre de l'Intérieur s'était fait tour à tour patelin (« M. Jaurès parle de très haut, absorbé dans son fastueux mirage, mais moi, dans la plaine, je laboure un sol ingrat, qui me refuse la moisson ; d'où la différence de points de vue que sa bienveillance a tant de peine à me pardonner »...) et agressif (« Que le socialisme n'ait pas une faillite morale plus grande que celle du christianisme, c'est ce que je vous souhaite »), Jaurès a repris la parole « tout hérissé des flèches qu'une main habile et toujours jeune [lui] avait décochées » et la fin de leur passe d'armes est restée un classique :

« *Clemenceau* : Vous n'êtes pas le socialisme à vous tout seul.

Jaurès : Ne jouez pas avec les mots. Il y a ici un parti socialiste.

Clemenceau : Il y a des socialistes en dehors de ce parti. Vous n'êtes pas le Bon Dieu. *(On rit.)*

Jaurès : Vous, monsieur le Ministre, vous n'êtes pas le diable. *(Rires)*.

Clemenceau : Qu'en savez-vous ? »

Trois ans plus tard, d'ailleurs, Jaurès tient sa revanche : « Monsieur le Président du Conseil a fait un retour philosophique ému sur ses injustices du temps passé, mais si son discours se revêtait de mélancolie, c'était sans perdre aucune de ses pointes, dont il était hérissé ; et nous avons été admis à admirer les nuances d'automne d'un arbre épineux[6]. »

Mais qu'importe. Il suffit de savoir que Jaurès est intimement éloquent, que chez lui pensée, parole et action ne font qu'un, sans omission. Jusqu'en 1886, cette éloquence était restée trop universitaire, encore empêtrée comme pour une distribution des prix. Jusqu'en 1903, au contact des foules populaires et ouvrières, elle s'est faite plus orageuse et plus émue, mais sans rien perdre de ce drapé classique et de ce souffle hugolien qui peuvent insupporter aujourd'hui mais qui transportaient à l'époque ; plus âpre et plus allègre aussi, tant le combat républicain-socialiste, croyait-il, ne pouvait qu'être très vite complètement victorieux. Après 1902, « le monstre fumant » tonnera en tous lieux, dans de multiples réunions, meetings, conférences et discours, et jusqu'à Berlin ou Buenos Aires, mais de manière plus lucide et plus rude. Déjà physiquement las, moins confiant peut-être dans la nature humaine et l'harmonie universelle mais toujours grondant contre l'injustice sociale et chargeant, furieux, dans les combats pour la paix, tour à tour plein d'angoisse devant la nuée orageuse de la guerre, bardé d'optimisme progressiste et heureux de sourire à la vie comme là-bas, au « pays » d'ocre et d'oc : on ne peut plus l'entendre alors dans l'indifférence, on passe avec lui par tous les registres de la haine ou de la vénération. Il

6. *Journal Officiel*, 16 juillet 1909.

n'a pourtant pas abusé de cet exceptionnel don oratoire et mis le masque du rhétoriqueur pour dissimuler la sincérité et la bonté électrisantes qui furent toujours dans son tempérament : entre sa parole codifiée mais libre et son être physique et moral, on ne lit jamais cet écart voire cette contradiction si fréquents chez l'homme politiquement commun. Malgré tant de circonlocutions que nous ne tolérerions plus aujourd'hui dans le débat public, la République qu'il a défendue devant tous les publics était aussi franche et directe que lui, et comme auréolée d'atticisme et d'évangélisme. Il resta ainsi républicain de souche parce qu'il savait rester un homme public transparent à lui-même, cœur et âme.

À y regarder de plus près – le député Jaurès descendu de la tribune est encore trop peu étudié – on trouverait trace d'une activité parlementaire complète, soutenue et efficace. On ne sait pas assez avec quelle conviction et quel entregent il distribuait lui aussi à l'électeur nécessiteux le bureau de tabac et le *plaçou* aux chemins de fer ou « à la route », ni comment il assiégeait aussi souvent que ses collègues les bureaux des ministères pour défendre les intérêts de sa circonscription. Il ne se croit pas pour autant dispensé des autres tâches d'un député. Ses collègues apprécient l'honnêteté, la précision et souvent même la modération de son travail en commission, à l'occasion d'arbitrages des conflits du travail ou d'enquêtes parlementaires. Ainsi dans l'affaire Rochette, un scandale financier qui à partir de 1908 éclaboussa très haut le personnel politique puisque Caillaux, Briand et Barthou furent impliqués, il a stigmatisé presque rituellement la « corruption diffuse et profonde des pouvoirs publics » dès qu'il a pris la présidence de l'enquête. Mais en 1912 comme en 1914, sa besogne achevée, il n'a proposé que des mesures sensées et modérées pour protéger l'épargne et libérer les pouvoirs publics de la pression des aigrefins[7].

À lire les *Tables analytiques nominatives* des séances de la Chambre, on constate en fait qu'il a accompli ce travail obstiné et ingrat dont un parlementaire s'honorait alors. C'est par centaines et centaines qu'on y compte ses « prend part à la discussion », « est entendu dans la discussion », « parle sur », « fait sa demande d'ordre du jour » motivé ou non, « présente ses rapports » sommaires ou non, « dépose une proposition de loi » ou un projet de résolution, « demande à interpeller », « reprend l'interpellation », « adresse une question », etc. Sa défense et illustration de la République en marche a d'abord un incomparable éclat oratoire, il est bien banal de le dire. Mais Jaurès a fait montre également d'un goût persévérant et très affirmé lui aussi pour la négociation patiente, le jugement sur dossiers, l'assaut minuscule mais répété qui finit par ruiner l'adversaire, bref pour l'exercice constant d'un bon sens réformiste qui désarmait la méchanceté et la violence, faisait taire la douleur ou redonnait courage.

Pourtant, il n'a jamais cru que la parole et le travail parlementaire pouvaient suffire. Très tôt, comme d'ailleurs tous les hommes de son temps si fiers des apports de la presse à la démocratie à l'âge des Lumières, il a su que collaborer à un journal et le diriger serait aussi un acte pleinement républicain, puisque la Marianne avait fait de la liberté de la presse une de ses plus belles conquêtes. L'héritage de la

7. Jean-Noël Jeanneney, « L'affaire Rochette (1908-1914) », *L'Histoire*, 19, janvier 1980, p. 29.

Révolution, l'admiration pour les républicains du Second Empire, le souci plus moderne mais aussi militant de « propagande » et d'éducation, tout l'a poussé à passionnément aimer « écrire dans les journaux ». Il s'y est astreint donc de très bon cœur pratiquement chaque jour dans un emploi du temps surchargé, et sans arguer de son statut d'intellectuel ou de maître à penser. Il n'a été, du coup, faute de temps, ni un animateur ni un grand auteur de revues, alors que tout pouvait le conduire à privilégier ce mode de réflexion collective, comme l'ont fait tant de ses camarades de la rue d'Ulm [8]. Il n'a pratiquement pas écrit dans les revues littéraires et philosophiques (un seul et bref article, sur Rousseau, en 1912, à la *Revue de métaphysique et de morale*) ni même socialistes, se contentant d'abandonner à la *Revue socialiste* des textes de conférences ou de discours. Quand l'impératif politique et culturel l'y pousse, il accepte en revanche, d'ailleurs assez passivement, des collaborations épisodiques à *Cosmopolis* en 1898 ou à *La Revue de Paris* de 1898 à 1910, mais sans songer à persévérer.

À une exception près, et importante, à laquelle il a tenu parce qu'elle lui permettait de toucher directement les meilleurs propagandistes de l'idéal républicain en mal de socialisme, les instituteurs publics puis, grâce à eux, les milieux populaires et surtout ruraux : de 1905 à sa mort, il a donné un article en forme d'éditorial tous les quinze jours puis toutes les

---

8. Voir Christophe Prochasson, « Jaurès et les revues », dans Madeleine Rebérioux et Gilles Candar dir., *Jaurès et les intellectuels*, Les Éditions de l'Atelier, 1994, p. 119-132 ; « Histoire(s) de revues au tournant du siècle », *Jean Jaurès. Cahiers trimestriels*, 146, octobre-décembre 1998.

trois semaines à la *Revue de l'enseignement primaire et primaire supérieur*, l'organe des amicales puis du syndicat des « hussards noirs » de la République. Avec « ces éducateurs du peuple dont les intérêts m'ont toujours paru indivisibles des intérêts les plus hauts de la nation », disait-il au premier jour de cette collaboration affective et militante, « le lien le plus fort qui puisse nous unir, c'est celui d'une commune recherche de la vérité. Je voudrais dans ces entretiens de quinzaine, dégager avec eux le sens des événements : je l'essaierai selon ma pensée qui est toute socialiste, mais en esprit libre, affranchi de toute étroitesse sectaire, attentif aux faits, toujours prêt à accueillir la contradiction et à exercer le contrôle et la critique sur ses propres idées[9]. »

C'est de la même recherche d'une vérité républicaine en marche, de la même quête d'un sens des événements et d'une mise en commun de l'intelligence critique qu'il a fait preuve dans ses collaborations de prédilection, toutes réservées à la presse quotidienne. Dès 1887, après une mise en train dans les petites feuilles du Tarn et un échec à *La République française* de Gambetta, il a donné chaque semaine, on l'a dit, un papier à *La Dépêche de Toulouse* et il poursuivra cette collaboration avec joie et application jusqu'à sa mort. De 1893 à 1903, on l'a vu aussi, il collabore à *La Petite République*, autrement plus socialiste, et en devient même codirecteur en 1898, avant d'avoir à rompre avec Gérault-Richard, patron devenu très douteux.

---

9. Jean Jaurès, « Le retour à la terre », *Revue de l'enseignement primaire et primaire supérieur*, 40, 2 juillet 1905, cité par Christophe Prochasson, art. cit., p. 129.

Mais c'est évidemment avec *L'Humanité* dont le premier numéro paraît le 18 avril 1904 qu'il a réalisé son rêve : diriger un journal où chacun s'exprimerait pour tous et d'abord au nom du socialisme à la française. Ce sera acquis au prix d'immenses difficultés politiques et d'incessants tracas personnels (par exemple, c'est pour collecter des fonds qu'il accepte en 1911 d'entreprendre une tournée de conférences en Amérique latine), mais Jaurès a fait là œuvre exceptionnelle. L'ambition est presque mot à mot celle qui scelle par ailleurs sa collaboration à la *Revue de l'enseignement primaire* : « C'est par des informations étendues et exactes que nous voudrions donner à toutes les intelligences libres le moyen de comprendre et de juger elles-mêmes les événements du monde » ; donner des informations tout en promouvant le socialisme. C'est dire que la République matricielle, sortie pantelante du cortège de mensonges de l'Affaire mais repartie à l'offensive sur tous les fronts, aura la part belle à *L'Huma*, par le choix des collaborateurs réguliers (beaucoup d'agrégés, se moquait-on, républicains fervents mais pas tous socialistes), la diversité des tribunes (celles, notamment, confiées aux syndicalistes révolutionnaires au grand dépit des guesdistes), l'urgence des thèmes traités et, d'abord, par l'allégresse politique du long et même du très long article qu'au moins au début son fondateur lui donnait chaque jour[10].

10. Voir les contributions de Pierre Albert, Anne-Claude Ambroise-Rendu et Madeleine Rebérioux dans Christian Delporte, Claude Pennetier, Jean-François Sirinelli et Serge Wolikow dir., L'Humanité *de Jaurès à nos jours*, Nouveau Monde éditions, 2004, chap. 1 ; Michel Winock, « L'année où Jaurès, a fondé *L'Humanité* », *L'Histoire*, 286, avril 2004, p. 70-76.

L'entreprise n'a été, on le sait, qu'un demi-succès. Les problèmes financiers ont été dirimants, dès 1906 l'affaire avait pratiquement fait faillite et il faudra multiplier les appels de fonds, sous les sarcasmes et les attaques, y compris dans les rangs socialistes : Jaurès n'aurait pas repoussé l'argent juif des Rothschild y disait-on très haut, par exemple, en 1905. Tirages trop forts, distribution médiocre, concurrence d'autres feuilles socialistes (les guesdistes, on l'imagine, n'ont jamais voulu renoncer à leur propre presse) et syndicales, puis surtout, plus inquiétant encore, dédain du « populo » : malgré une croissance honorable de sa diffusion (15 000 exemplaires en 1905, 70 000 en 1913) qui lui permettait d'envisager l'avenir avec un peu moins de craintes en 1914, le journal n'a touché au mieux qu'un électeur socialiste sur vingt-trois ou vingt-quatre. L'ambition culturelle et éducative de Jaurès comme celles de collaborateurs aussi prestigieux que Herr, France, Halévy ou Mirbeau ont été balayées par la vague de la culture de masse en milieu populaire. Si bien que, malgré de réels efforts pour présenter des faits divers, du sport ou des spectacles en termes « instructifs », ou plutôt à cause de ces efforts-là, *L'Humanité* n'a jamais pu rivaliser avec la presse à un sou, à l'heure où *Le Petit Journal*, par exemple, tirait à un million d'exemplaires. Politiquement, les guesdistes durent renoncer en 1908 à faire racheter le journal par le parti et Jaurès eut les mains assez libres. Néanmoins, dès 1911 non seulement le parti va imposer de désigner lui-même le directeur politique mais la CGT va contre-attaquer victorieusement en étendant l'audience de son propre journal, *La Bataille syndicaliste*, volant ainsi de nombreux lecteurs à l'organe « socialo ». Si bien que *L'Humanité*, au bout du compte, ne fut peut-être que ce journal exceptionnel où Jaurès put librement s'exprimer, avec ses qualités tout aussi exceptionnelles de journaliste, d'intellectuel, de républicain-socialiste et d'homme-orchestre.

Mais ne voyons pas dans sa souveraineté sur ce quotidien dévoreur de temps et d'énergie un aboutissement. Au contraire, il a pris grand soin de garder au feu tous ses autres moyens d'intervention dans le débat politique. Mieux, alors que les circonstances devenaient de moins en moins favorables malgré les progrès électoraux des socialistes, c'est au socialisme tel qu'il l'avait défini dans sa jeunesse dans des revues confidentielles qu'il demeura attaché. Le républicain de 1914 est ainsi resté en belle continuité avec le jeune converti au socialisme qui allait à l'essentiel de sa réflexion et de son projet dès 1898 dans les *Vues politiques* et *La Revue de Paris* : « Élever tous les travailleurs, tous les salariés de tout ordre, de l'ordre intellectuel comme de l'ordre manuel, à la conscience de classe, au sentiment de leur rôle historique, voilà l'œuvre du socialisme. » Et encore : « Pour les socialistes, la valeur de toute institution est relative à l'individu humain. C'est l'individu humain, affirmant sa volonté de se libérer, de vivre, de grandir, qui donne désormais vertu et vie aux institutions et aux idées. C'est l'individu humain qui est la mesure de toute chose, de la patrie, de la famille, de la propriété, de l'humanité, de Dieu. Voilà la logique de l'idée révolutionnaire. Voilà le socialisme. » Autant de formules qui montrent une fois de plus que, chez Jaurès, la République de l'individu vertueux et souverain est restée à la fois le passé et l'avenir du socialisme.

L'État démocratique et arbitral

En rappelant si haut et si fort qu'il y avait en France une nécessaire interpénétration de la République et du socialisme, Jaurès a donné aussi à ceux qui l'écoutent et l'entendent une version tout à fait originale de l'interrogation sur l'État[11]. Il fait même de l'évolution de celui-ci l'enjeu politique par excellence et exhorte la classe ouvrière à conserver dans ce combat « le sens de la vie et de l'histoire, le sens de la grande action politique qui doit s'ajuster à la complexité changeante des choses ». Car, lance-t-il dans *L'Armée nouvelle*, « figer l'État, c'est supprimer l'espérance, c'est supprimer l'action. Non, l'État démocratique d'aujourd'hui n'est pas un bloc homogène et d'un seul métal, ce n'est pas une idole monstrueuse et impénétrable qui, de son poids toujours égal et de son ombre immobile, opprime uniformément les générations jusqu'à l'heure où les prosternés, se relevant soudain, la renversent d'un coup ».

De plus, Jaurès est trop historien pour ne pas savoir que dans ce pays la puissance de l'État a précédé celle de la Nation mais que sans la vivacité patriotique de celle-ci l'autorité étatique, qu'elle fût royale, napoléonienne ou républicaine, eût dépéri. Il définit donc l'État non pas comme une juxtaposition autoritaire voire policière d'« appareils » oppresseurs mais comme la société organisée dans son ensemble, ou plutôt dans son unité organique, à travers des institutions d'ordre politique, juridique, militaire ou administratif. Rien que de très banal jusqu'ici. Mais Jaurès

11. Détaillée et mise à jour dans les Actes du colloque de Castres « Jaurès et l'État », *Jean Jaurès. Cahiers trimestriels*, 150, octobre-décembre 1998.

considère aussi que l'État englobe tout parce qu'il n'est pas une entité abstraite ; parce qu'il enregistre l'ensemble des rapports sociaux, économiques, politiques et culturels qui traversent et structurent la société. En clair : contre nombre de marxistes de son temps, il ne pense pas qu'il n'y ait qu'une nature de classe de l'État. Cette conception est exactement à l'inverse de celle que défend alors Rosa Luxemburg dans l'Internationale, qui argue de cette nature intrinsèquement perverse pour rendre illusoire tout évolutionnisme et condamner tout réformisme. Jaurès plaide au contraire avec constance contre cette vision monolithique, « superstructurale » et bureaucratique de l'État qui, selon lui, hypothèque et pervertit le combat socialiste avant, pendant et après la révolution.

Par conséquent, l'État n'est pour lui qu'une « forme historique », transitoire et malléable. Au chapitre x de *L'Armée nouvelle* il maintient fermement que par le passé « il n'y a jamais eu d'État qui ait été purement et simplement un État de classe, c'est-à-dire qui ait été aux mains d'une classe dominante un instrument à tout faire et le serviteur de tous ses caprices » ; qu'à présent « l'État n'exprime pas une classe, il exprime le rapport des classes, je veux dire le rapport de leurs forces... Il a donc pour mission de maintenir, de protéger les garanties d'existence, d'ordre, de civilisation communes aux deux classes, de rendre efficace la puissance de la classe qui domine par la propriété, les lumières et l'organisation, et d'ouvrir à la classe qui monte les voies proportionnées à sa puissance réelle, à la force et à l'étendue de son mouvement d'ascension... L'État d'aujourd'hui est l'expression d'une démocratie bourgeoise où la puissance du prolétariat grandit ». Dix ans auparavant, dans ses réflexions sur la propriété individuelle et l'impôt, il avait dit déjà sa complexité et sa malléabilité : « L'État dans une démocratie n'est pas exclusivement un État de classe et il le sera de moins en moins. Dès maintenant l'État est principalement, mais non exclusivement, un État bourgeois. De même que dans la société actuelle l'influence de la bourgeoisie possédante et capitaliste, si elle est dominante, n'exclut pas pourtant toute influence de la démocratie et du prolétariat, de même l'État expression et organe de cette société est un composé d'oligarchie bourgeoise et capitaliste, de démocratie et de puissance prolétarienne. »

Des textes de ce genre, on le voit, rompent avec le Marx de *La Guerre civile en France*. Trop averti de son histoire nationale, trop républicain, trop dévoué à l'école de Jules Ferry, Jaurès ne peut pas partager la vision de l'État des socialistes allemands qui vivent dans un monde écrasé par la bureaucratie et le militarisme prussiens, ni a fortiori celle des socialistes russes victimes de l'autocratie tsariste et de l'orthodoxie religion d'État. En revanche, avec une école devenue un agent décisif de libération, avec une police, une armée, une justice et une administration qui peuvent, comme l'Affaire l'a montré, être irriguées par l'esprit démocratique, il pense que l'État en France est « un instrument à deux fins qui sert en quelque manière deux classes ennemies ». La pédagogie oratoire, les démonstrations de la force ouvrière, la pratique parlementaire et même la participation des socialistes au pouvoir peuvent y pénétrer le cœur de l'État et conquérir progressivement ses « appareils », les transformer même, avant de les mettre au service du socialisme. Autrement dit, la République a déjà engagé un processus historique que le socialisme fera aboutir et Jaurès est resté fidèle à la métaphysique organique et unitaire de sa jeunesse en tentant de définir le processus politique qui accompagne cette évolution. Son État est une réalité au sein du monde sensible, il pénètre la société tandis que la société est pénétrée à son tour par la démocratie et le prolétariat.

Dans ce processus qui réalise graduellement la révolution socialiste, l'État est toujours « en puissance », c'est-à-dire en devenir dans le temps de l'histoire, comme un organisme vivant est un tout grâce à la coordination et la complémentarité de ses fonctions dont chacune est nécessaire mais aucune n'est suffisante ni dominante. L'État jaurésien, comme tout ce qui a accédé à l'être, est aussi « en actes » : son évolution a un sens et elle est mêlée non seulement à l'idée de révolution ou de socialisme mais aussi à celle de patrie et de nation. Car les formes et les fonctions de la nécessaire autorité de l'État, selon lui, sont finalement fonction de l'idéal humain et humaniste qu'il s'agit de promouvoir et de faire aboutir : celui qui fait de l'homme un être libre ; de l'individu un être conscient avide de savoir rationnel (que l'enseignement, fonction d'État suprême, doit lui apporter) et de justice, respectueux des autres comme de lui-même ; celui qui recherche l'harmonie entre les êtres comme entre les nations, qui vise l'unité de l'humanité et tend à un internationalisme où les États subsisteront avant de dépérir.

Ces promesses idéalement démocratiques de l'État dit « bourgeois » sont en outre, pense-t-il, une garantie de dépérissement pour l'État socialiste à venir, car elles auront bien préparé les hommes à la maîtrise de leur destin et à l'autonomie. L'analyse de l'État lie ainsi la critique du *Manifeste,* avec sa révolution violente et désespérée, sa dictature du prolétariat, à l'aspiration permanente chez Jaurès à un socialisme pleinement français. « À mesure que le régime d'une nation est plus démocratique, dit-il dans *L'Armée nouvelle,* que le suffrage universel y est plus puissant, plus éclairé, plus organisé, plus efficace, les coups de main, les révolutions d'accident et d'aventure deviennent plus difficiles. [...] C'est par sa complexité sociale et par la diversité de ses éléments, toujours manifestés au plein jour de l'action publique et sur l'écran lumineux du suffrage universel, que la démocratie a cette vertu régulatrice et cette fonction arbitrale. »

Aguerrie par ses conquêtes démocratiques et la gradation de sa prise de pouvoir, la classe ouvrière pourra donc faire aussi l'économie de la coercition prolongée et, pour avoir investi l'État avant de se l'approprier par le suffrage, elle ne sera plus tentée de « jeter sur un écran » une image d'elle-même amplifiée et dominatrice à l'heure du socialisme. Pour n'avoir pas été l'enjeu et le fruit de la violence et de la surprise, l'État nouveau sera délivré de l'esprit de lutte et de « l'attirail de guerre civile ». Il accomplira le refus de la contrainte avant de disparaître, sans objet, dans « l'administration commune de l'intérêt commun ». Ainsi viendra en France « un État socialiste préparant la suppression socialiste de l'État ».

Laïcité garder

Autant ces conceptions jaurésiennes de l'État, tant mises à mal depuis 1914, peuvent nous paraître obsolètes, autant celles touchant à l'esprit qui doit présider à la démarche républicaine et socialiste pourraient intéresser encore au XXIe siècle, car elles argumentent de manière plus moderne qu'on n'attendait sur une question toujours lancinante aujourd'hui : comment, face à des évolutions de la société et du monde lui-même, raison et enthousiasme garder ? Ou plutôt, grand mot inlassablement martelé par Jaurès, comment laïcité garder[12] ?

Quel que soit aujourd'hui notre questionnement, reconnaissons d'abord à la pensée laïque de Jaurès une grande cohérence politique : elle ne dissocie jamais la question de la laïcité de celle de l'État. C'est même expressément la cause d'un « État laïque enseignant », en majesté, frère jumeau de l'État de droit, qu'il plaide par exemple à la Chambre, le 3 mars 1904, à l'occasion de l'examen de la loi Combes sur l'interdiction d'enseigner faite aux congréganistes, en remontant une nouvelle fois à la source, la Révolution française : « Dans le droit révolutionnaire, dit-il, l'individu et l'État se rejoignent. L'État nouveau, l'État démocratique ne se réclame plus d'une consécration surnaturelle ou d'une légitimité historique ; il ne se légitime lui-même, il ne se justifie lui-même que par le droit des individus garanti par lui ; il se définit lui-même comme contrat implicite des volontés libres et égales, cherchant dans sa souveraineté la garantie de leur libre développement. Et de même que l'État ne se réclame d'aucune légitimité historique, d'aucune sanction surnaturelle, l'individu non plus ne

12. Voir Madeleine Rebérioux, « Jean Jaurès : la nouvelle laïcité », *BSEJ*, 115, octobre-décembre 1989, p. 3-7, et Gérard Baal, « Jaurès et la laïcité », *Jean Jaurès. Cahiers trimestriels*, 150, octobre-décembre 1998, p. 19-32.

fonde pas sa dignité, ne fonde pas son droit sur des titres historiques ou sur des titres surnaturels ; c'est seulement sur la dignité enfin retrouvée de la personne humaine que les individus de la Révolution fondent leurs revendications et leurs droits. Ainsi, entre le principe révolutionnaire de l'État et le principe révolutionnaire de la liberté individuelle, il y a harmonie[13]. »

Et donc entre l'État « foyer central de liberté » et les individus « foyers disséminés de la même liberté », aucun intermédiaire, aucun groupement, aucune congrégation ne peut s'interposer et « seuls dans une démocratie républicaine ont le droit d'enseigner ceux qui reconnaissent, non pas à titre relatif mais à titre absolu, non pas à titre précaire mais à titre définitif, le droit de la personne et des croyances » ; « liberté à vous tous, croyants, d'esprit à esprit, d'intelligence à intelligence, de conscience à conscience, de propager votre croyance et votre foi quelle que puisse en être la redoutable conséquence lointaine, même pour les libertés fondamentales de l'ordre nouveau ; liberté à tous de la propager. Mais du moins, à la racine de la vie intellectuelle des hommes, dans l'œuvre d'éducation où la conscience s'éveille, où la raison incertaine se dégage, intervention de la communauté laïque, libre de toute entrave, libre de tout dogme, pour susciter dans les jeunes esprits non pas un dogme nouveau, non pas une doctrine immuable, mais l'habitude même de la raison et de la vérité. » Car, ajoute-t-il dans son discours « Pour la laïque », « le principe de vie qui est dans les sociétés modernes, qui se manifeste dans toutes leurs institutions, c'est l'acte de foi

13. Repris dans *1905, la séparation des Églises et de l'État. Les textes fondateurs*, Perrin, « Tempus », 2004, p. 127.

dans l'efficacité morale et sociale de la raison, dans la valeur de la personne humaine raisonnable et éducable ».

Raison et vérité en action, la laïcité selon Jaurès est donc un principe de vie de l'esprit et d'intelligence du monde ; elle n'a rien d'une philosophie officielle, d'une arme anticléricale ou d'un principe de neutralité précautionneuse. Toute doctrine même néfaste, rappelle-t-il, a le droit d'être propagée puisque la liberté de conscience et la liberté de croyance sont intangibles en République. Mais la laïcité de l'État républicain peut garantir à tout individu la possibilité de « jouir de l'intégralité du droit humain » en lui permettant d'opposer à toute croyance la liberté de l'esprit et l'acuité de l'intelligence. Cette laïcité comme préalable favorisant la liberté d'esprit et l'exercice de l'intelligence est d'abord chez elle à l'école publique. N'insistons pas trop sur ce thème, inépuisable chez Jaurès et qui a si largement entretenu le culte jaurésien après 1914 dans les milieux enseignants. Il suffit de constater que le corpus des interventions de Jaurès « pour la laïque » est impressionnant et d'une remarquable continuité de pensée mais que celle-ci n'a jamais été figée sur la défensive ou gelée dans un dogmatisme.

Tout au contraire, loin de revendiquer une « neutralité » laïque paresseuse, il n'a jamais cessé de frotter son idéal scolaire et républicain aux aléas et aux espoirs démocratiques qui traversent la vie sociale et politique, au choc des idées, aux progrès de la science et du droit, bref à la vie qui va et à la vérité en marche, sous toutes les formes qu'invente sans cesse l'intelligence humaine pour peu qu'on l'éclaire. Dès son premier discours parlementaire, le 21 octobre 1886, il s'est déjà démarqué de la stricte pensée de Jules Ferry et de Victor Cousin. Il partage leur souci de faire enseigner la morale et les devoirs envers Dieu à l'école publique mais il souhaite déjà qu'on puisse dépasser un jour le spiritualisme statique qui les imprègne et dont il dira en 1910 qu'il propose « un Dieu centre gauche » et « ne peut être la règle unique des esprits et le dogme scolaire », tout en recommandant aux municipalités de tout faire pour installer des « écoles expérimentales [...] où des programmes nouveaux, des méthodes nouvelles puissent être essayés, où des doctrines plus hardies puissent se produire » : à quelques mois de l'adoption des dernières lois scolaires, rares sont ceux qui voient aussi loin et aussi haut.

On sait la suite, toujours aussi pugnace et aussi effervescente, jalonnée par des « discours à la jeunesse » au cher lycée d'Albi en 1883, 1888 et 1903, par son action municipale à Toulouse, ses longues interventions à la Chambre de 1893 (« Vous avez interrompu la vieille chanson qui berçait la misère humaine »), 1895, 1904, 1910 (« Pour la laïque », son texte sans doute le plus connu et le plus vénéré) et 1913, par de multiples articles de presse, sans même parler de sa collaboration à la *Revue de l'enseignement primaire*. Jaurès s'y montre toujours attentif, curieux de tout ce qui pourrait favoriser le développement de l'école, sans oublier ceux de l'éducation populaire et des actions périscolaires ou parascolaires pour les apprentis ou les adultes et, notamment, celles conçues sur le modèle des universités populaires nées de l'Affaire : c'est ainsi qu'il a inauguré en 1909 puis fréquenté l'École socialiste lancée, sans grand succès mais si généreusement, par des normaliens[14].

---

14. Voir Christophe Prochasson, « Jaurès, l'École socialiste et le socialisme normalien », *BSEJ*, 84, janvier-mars 1982, p. 3-7.

Mais on ne s'étonnera pas de le voir refuser âprement que l'école puisse devenir un lieu de propagation de la « libre pensée » (lui-même n'a jamais été « libre penseur » [15]) ou un foyer d'anticléricalisme. Au contraire, on est frappé et même souvent étonné par la précocité, la constance et la hardiesse avec lesquelles, contre les républicains modérés et les radicaux, il a uni les progrès de l'école et ceux de l'aspiration à l'émancipation sociale et au socialisme. Dès 1893 il met les républicains devant le fait accompli : « Comment voulez-vous qu'à l'émancipation politique ne vienne pas s'ajouter pour les travailleurs l'émancipation sociale, quand vous avez décidé et préparé vous-mêmes leur émancipation intellectuelle ? » L'école républicaine éveillera des aspirations socialistes et l'intolérance de la République devant les progrès des idées socialistes chez les instituteurs syndicalistes n'est pas tolérable : sanctionner ceux qui ont « laissé tomber de leur conscience l'aveu de leur préférence pour une République autre que la vôtre », c'est « déserter l'esprit laïque et républicain ».

Dès 1895, au nom du « droit égal pour toutes les consciences de résoudre par la seule raison tous les problèmes de l'univers », il a soutenu à la Chambre que seul l'esprit socialiste pourrait donner « hauteur et efficacité » à l'enseignement, car les maîtres républicains ne toléreront plus d'enseigner une morale et des principes d'égalité et de fraternité aussi démentis par la réalité sociale : ils feront donc inévitablement, tacitement, œuvre socialiste en disant, tout simplement, que la République ne peut ni mentir ainsi ni se mentir plus longtemps à elle-même.

---

15. Voir Jacqueline Lalouette, *La Libre Pensée en France (1848-1940)*, Albin Michel, 1997 et *La République anticléricale*, XIXe-XXe *siècles*, Le Seuil, 2002.

En 1905, de manière plus discutable encore, il enregistre le « contraste poignant » entre les idéaux républicains et la « société de dureté, de combat, de haine et de passivité » promise aux enfants à leur sortie de l'école, et il soutient sans broncher que sans être un « prédicateur du socialisme », l'instituteur peut préparer au socialisme « en éveillant sans cesse chez les enfants du peuple la liberté et la curiosité de l'esprit », en dénonçant la routine et la résignation[16]. Jaurès, c'est le moins qu'on puisse dire, n'a pas caché son drapeau socialiste à l'école. Mais c'est parce qu'il a toujours rejeté « une neutralité morte » et qu'il conçoit de plus en plus clairement « qu'il y a deux forces liées qui préparent l'avenir, qui sont l'avenir, la force du travail et la force du savoir ». Or, répète-t-il, « il n'y a que le néant qui soit neutre » et les maîtres savent trop bien « qu'on n'enseigne pas ce qu'on veut, [...] que l'on n'enseigne pas ce que l'on sait ou ce que l'on croit savoir : on n'enseigne et on ne peut enseigner que ce que l'on est »[17]. Si bien que « l'éducation est, en un sens, une génération », promise déjà à la régénération socialiste.

S'il attend beaucoup de cette « génération » et de ce refus de dispenser un enseignement aseptisé, il n'attend rien en revanche de ceux, radicaux, guesdistes ou syndicalistes, qui dans son propre camp souhaiteraient que les maîtres fussent « violemment ou sournoisement tendancieux » en matière religieuse. C'est chez lui une constante, qui étonnera peut-être, que de dénoncer le sectarisme si répandu alors d'une pensée laïque courtement antireligieuse et faisant montre

16. *Revue de l'enseignement primaire et primaire supérieur*, 1er octobre 1905.

17. La formule, bientôt célèbre, est lancée au début du discours « Pour la laïque ».

d'un « anticléricalisme subalterne, superficiel et frivole ». Car, il le répète, puisqu'il « n'est pas de ceux que le mot "Dieu" effraie », il pense, même au plus violent de la Séparation, qu'une laïcité sans cesse élargie et ouverte aux évolutions du monde moderne ne sera pas toujours rejetée par les catholiques : « Pourquoi ceux qu'on appelle les croyants, ceux qui proposent à l'homme des fins mystérieuses et transcendantes, une fervente et éternelle vie dans la vérité et la lumière, pourquoi refuseraient-ils d'accepter jusque dans son fond cette civilisation moderne, qui est, par le droit proclamé de la personne humaine et par la foi en la science, l'affirmation souveraine de l'esprit ? Quelque divine que soit pour le croyant la religion qu'il professe, c'est dans une société naturelle et humaine qu'il évolue. Cette force mystique ne sera qu'une force abstraite et vaine, sans prise et sans vertu, si elle n'est pas en communication avec la réalité sociale ; et ses espérances les plus hautaines se dessécheront si elles ne plongent point, par leurs racines, dans cette réalité, si elles n'appellent point à elles toutes les sèves de la vie[18]. »

Et c'est pourquoi il n'admet pas que l'école veuille extirper ce sentiment religieux qui s'éteindra peut-être de lui-même ou qui pourra muter en secouant le joug de l'Église lorsqu'il aura baigné davantage dans la modernité. Si bien que contre Berthelot et le scientisme ambiant, contre les anticléricaux, mais en laïque très disposé au compromis et d'abord soucieux du vivre-ensemble en démocratie, il soutient que

18. Discours de Castres aux enfants des écoles, repris dans *L'Humanité*, 2 août 1904, cité dans *1905, la séparation des Églises et de l'État. Les textes fondateurs*, *op. cit.*, p. 152-153.

« l'absolu chrétien et catholique a été obligé, de génération en génération, à composer, à transiger avec une réalité sociale et intellectuelle qui le débordait » et, de Réforme en Révolution, de composer avec la raison et la liberté ; que nombre de fidèles veulent déjà « concilier leur foi avec les exigences modernes de la critique » ; qu'il n'est pas insensé de penser qu'un jour tous les « enfants de la patrie » pourront fréquenter la même école ; qu'il faut en conséquence enseigner à l'école le fait religieux, et même « le messianisme hébraïque », au beau milieu de toutes les idées nouvelles.

Jaurès a eu la même attitude apaisante tout au long de l'offensive laïque du Bloc des gauches puis dans la bataille de la Séparation engagée par la République radicale. Il ne s'y montrera certes jamais tendre pour l'Église, qui paie enfin son « crime contre la vérité, contre le droit et contre la République » ; en 1902, il soutient le procès fait aux congrégations qui refusent « l'enseignement de la raison et de la liberté » et n'est pas loin de souhaiter, il l'écrit au début de l'*Histoire socialiste*, « non seulement la laïcité complète de l'État, mais la disparition de l'Église même et du christianisme » ; en 1906, il vote pour l'affichage du discours de Viviani se flattant un peu vite d'avoir « éteint dans le ciel des lumières qu'on ne rallumera plus » ; il n'a jamais dénié aux radicaux et à Combes la capacité de concourir à l'émancipation économique et sociale du prolétariat en hâtant son émancipation intellectuelle et morale, à accepter un jour de collectiviser la production dès lors qu'ils ont accepté « le collectivisme de l'enseignement ». Bref, s'écrie-t-il en 1903 avec son optimisme habituel, « c'est dans le sens socialiste que s'orientera le magnifique mouvement de démocratie laïque que nous saluons avec joie ».

Tant de gages donnés n'ont cependant pas suffi à le protéger des critiques habituelles. Les tenants de l'« orthodoxie marxiste » (la formule est de lui) chez les socialistes trouvent son anticléricalisme trop tiède, tandis que les libres penseurs et certains radicaux l'accusent d'être un tartuffe qui se refuse à sauter le pas de la guerre religieuse et à faire de la laïcité une arme de déchristianisation. Quoi qu'il en soit, il a cependant joué aux côtés de Briand, rapporteur, un très grand rôle dans l'élaboration et l'adoption de la loi de 1905 séparant les Églises et l'État. Toujours mobilisé contre les ultras laïques qui voulaient une Séparation de combat, il a dédramatisé leur offensive en rédigeant sans doute et surtout en aidant fortement à adopter l'article 4 qui excluait qu'on remît des biens d'Église à des associations culturelles en rupture avec la hiérarchie catholique. En séance, assuré du soutien tacite d'Albert de Mun, il a subi le feu de Clemenceau dénonçant une « coalition monstrueuse et antirépublicaine sous la férule de Jaurès et le goupillon de M. de Mun » et le décrivant en « bourgeois bourgeoisant », en « bourgeois de Calais » puis en révolutionnaire en peau de lapin qui capitule une fois de plus devant l'autorité du pape et des évêques comme il l'a fait devant Guesde ou Kautsky.

Jaurès a su convaincre néanmoins, en posant « la question de savoir si vous voulez opprimer par la force et par la ruse les vieilles croyances ou si vous attendez du temps, des progrès de la raison, de l'entière sécularisation de l'État et de l'éducation laïque des générations successives l'évanouissement des croyances séculaires ». Clemenceau, à tout prendre, avait néanmoins posé au passage une autre question, celle de l'« arrière-pensée » qu'Henri Guillemin reposera bien plus tard : et si Jaurès avait au fond de lui-même « l'espoir de transférer les intelligences de l'unité catholique à l'unité socialiste, sans passer par la diversité, odieuse à son esprit, des énergies indépendantes [19] » ?

On a compris que la laïcité a été pour Jaurès le principe de circulation sanguine de la République, de l'État et, bientôt, du socialisme. C'est elle qui a fait de lui un républicain-socialiste alors que d'autres, radicaux-socialistes ou socialistes intolérants, flânaient en route. Comme tous ses contemporains, il a su très tôt qu'en matière laïque tout passerait d'abord par l'école dispensatrice du vrai, puis par l'État dont il s'agira de séculariser peu à peu les institutions restées sous dépendance religieuse et de le rendre au seul rôle qui lui convienne, la garantie de la liberté des cultes et des croyances. Rien que de très banal, donc, pour un homme de gauche. Mais Jaurès, comme l'a bien noté Madeleine Rebérioux, a innové et actualisé la conception laïque dont il a hérité, pour le plus grand profit de son engagement socialiste.

Il a senti tout d'abord que cette laïcité si française partait déjà à la rencontre du monde moderne. La Révolution, disait-il, a laïcisé la patrie, l'Empire la gloire, le XIXe siècle la science et l'école, mais demain, sans aucun doute, nous saurons laïciser l'administration, la société, l'activité et même la pensée, en montrant au passage que rien n'est infaillible ou dogmatique, que tout peut être passé au crible de la

19. *L'Aurore*, 30 mai 1905.

raison et de la vérité. La laïcité a été aussi pour lui l'envers de la neutralité : un encouragement à penser hardiment à tout propos, sur tous les sujets accessibles à la raison, sans œillères ni routine. Enfin, cet homme pourtant si soucieux de démocratie et de socialisme proprement français a su porter déjà, un des tout premiers, son regard laïque loin des rivages et des frontières de l'Hexagone, par sa découverte horrifiée de la colonisation, son exploration émerveillée de tant de nouveaux mondes, de la Chine à l'Amérique, par son éducation à la différence dans les débats pourtant si durs de l'Internationale. La laïcité telle qu'il l'entendait, protéiforme et évolutive, pleine d'énergie sociale et de ressort politique, expansive par vocation, gagne partout du terrain, croyait-il. Et seule une catastrophe comme la guerre pourrait la rétrécir ou en briser l'élan.

11

La voix de la paix

Contre la haine et pour la paix, contre la désunion et pour la fraternité, ce fut son dernier et plus farouche combat. Celui qui l'envahit à son corps défendant et fit grisonner ses espoirs. Celui dont s'emparèrent après la Grande Guerre les admirateurs si pacifiques et souvent si pacifistes du martyr statufié. C'est que Jaurès fut un des rares qui ait compris très tôt et très clairement qu'il fallait livrer bataille toutes affaires cessantes, y compris contre soi-même. Comme en matière de philosophie ou de démocratie, de socialisme ou de laïcité, c'est le réel qui a dérouté, a imposé la loi de la fatalité, tout en adjurant d'agir en justice et liberté, sans idéalisme aucun ; qui, enfin, a appris à cet être si moral, si pénétré d'union et d'unité, que peut s'imposer aussi et sans doute d'abord « la loi de la vie, la loi étroite du choix, de la préférence, du combat, de l'âpre et nécessaire exclusion. Avec qui es-tu ? Avec qui viens-tu combattre et contre qui ? » Questions terribles pour cet homme qui croyait de toute son âme, de toute son intelligence, on l'a vu, que « rien ne fait de mal ».

Quand la nuée porte l'orage

Dès le 23 janvier 1903, à la Chambre, il avait averti. L'essentiel désormais, disait-il, « c'est de surveiller les événements du point de vue de la paix ; c'est de conduire tous vos actes avec la méthode de la paix ». Oui, depuis trente-deux ans, ajoutait-il, existe « une large clairière de paix », les systèmes d'alliance « ménagent l'un avec l'autre des entrevues, des rapprochements et commencent à paraître comme une première organisation de l'Europe, préparant et ébauchant une alliance plus vaste, l'alliance européenne pour le travail et pour la paix ». Mais prenons garde. En Extrême-Orient, le nouvel impérialisme japonais s'oppose à l'expansion russe. Dans les Balkans, les grandes puissances jouent avec les délires nationalistes et les rivalités ethniques ou religieuses les plus barbares. L'Allemagne ne supporte plus notre soif de revanche et le chauvinisme de nos nationalistes. L'allié russe risque de nous entraîner plus loin que nous ne le voudrions et, pour commencer, draine notre épargne populaire et entretient notre presse la plus pourrie. La plaie de l'Alsace-Lorraine, qui pourrait cicatriser plus avantageusement pour nous dans le cadre d'une Europe du droit refusant tous nouveaux massacres, peut redevenir purulente. C'est donc affreusement clair : le monde du nouveau siècle est déjà une poudrière. Ce jour-là, Jaurès est descendu une fois encore de la tribune sous les huées ou les injures. Mais dans la rue, plus de dix mille passants se sont arraché le *Journal officiel* qui consignait le discours du « rêveur » déjà « agent de l'étranger ».

C'était renouer sous la pression des événements, et

cette fois en récoltant beaucoup plus de haine que de popularité, avec une constante de la politique républicaine et socialiste qu'il avait détaillée dans son discours à la Chambre du 7 mars 1895, aussitôt très connu et très cité, qui avait expliqué le refus socialiste de voter le budget de la Guerre. Prémisse : « Tant que, dans chaque nation, une classe restreinte d'hommes possédera les grands moyens de production et d'échange, tant qu'elle possédera ainsi et gouvernera les autres hommes, tant que cette classe pourra imposer aux sociétés qu'elle domine sa propre loi, qui est la concurrence illimitée, la lutte incessante pour la vie, le combat quotidien pour la fortune et pour le pouvoir ; tant que cette classe privilégiée, pour se préserver contre tous les sursauts de la masse s'appuiera ou sur les grandes dynasties militaires ou sur certaines armées de métier des républiques oligarchiques ; tant que le césarisme pourra profiter de cette rivalité profonde des classes pour les duper et les dominer l'une par l'autre ; [...] tant que cela sera, toujours cette guerre politique, économique et sociale des classes entre elles, des individus entre eux, dans chaque nation, suscitera les guerres armées entre les peuples. C'est de la division profonde des classes et des intérêts dans chaque pays que sortent les conflits entre les nations. » Conséquence : « Cette société tourmentée, pour se défendre contre les inquiétudes qui lui viennent sans cesse de son propre fond, est obligée perpétuellement d'épaissir la cuirasse contre la cuirasse ; dans ce siècle de concurrence sans limite et de surproduction, il y a aussi concurrence entre les armées et surproduction militaire. L'industrie elle-même étant un combat, la guerre devient la première, la plus excitée, la plus fiévreuse des industries. »

Conclusion : « Voilà comment, Messieurs, vous aboutissez à cette double contradiction : d'une part, tandis que tous les peuples et tous les gouvernements veulent la paix, malgré tous les congrès de philanthropie internationale la guerre peut naître toujours d'un hasard toujours possible ; et, d'autre part, alors que s'est développé partout l'esprit de démocratie et de liberté, se développent aussi les grands organismes militaires qui [...] sont toujours un péril chronique pour la liberté des démocraties. Toujours votre société violente et chaotique, même quand elle veut la paix, même quand elle est en état d'apparent repos, porte en elle la guerre comme la nuée dormante porte l'orage (*Très bien ! très bien ! à l'extrême gauche*). Messieurs, il n'y a qu'un moyen d'abolir enfin la guerre entre les peuples, c'est d'abolir la guerre entre les individus, c'est d'abolir la guerre économique, le désordre de la société présente, c'est de substituer à la lutte universelle pour la vie, qui aboutit à la lutte universelle sur les champs de bataille, un régime de concorde sociale et d'unité. Et voilà pourquoi, si vous regardez non pas aux intentions, qui sont toujours vaines, mais à l'efficacité des principes et à la réalité des conséquences, logiquement, profondément, le parti socialiste est dans le monde d'aujourd'hui le seul parti de la paix (*Applaudissements à l'extrême gauche*)[1]. »

Un peu plus tard, en juin 1905, quand toutes les menaces ont été déjà, hélas, très coalisées, il a donné, à usage d'abord de ses camarades allemands, l'analyse et le credo dont il ne sortira plus : « Le monde présent est ambigu et mêlé. Il n'y a en lui aucune fatalité,

1. Cité dans l'anthologie de Gilles Candar, *Jean Jaurès (1859-1914). « L'intolérable »,* Les Éditions Ouvrières, 1984, p. 101-109.

aucune certitude, ni le prolétariat n'est assez fort pour qu'il y ait certitude de paix, ni il n'est assez faible pour qu'il y ait fatalité de guerre. Dans cette indécision des choses et cet équilibre instable des forces, l'action humaine peut beaucoup. La formidable part d'inconnu n'est pas redoutable seulement pour nous, socialistes. Elle l'est aussi pour ceux qui déchaîneraient témérairement des guerres dont nul aujourd'hui ne peut prévoir les conséquences politiques et sociales et les contrecoups intérieurs. Donc, nous pouvons agir dès aujourd'hui, à quelque degré, sur la marche des événements, et comme nul ne peut déterminer d'avance le degré d'efficacité de notre action, nous devons donner tout notre effort comme si elle était en effet assurée du succès. »

Puis, lucide : « Nous n'avons pas, nous, socialistes, la peur de la guerre. Si elle éclate, nous saurons regarder les événements en face, pour les faire tourner de notre mieux à l'indépendance des nations, à la liberté des peuples, à l'affranchissement des prolétaires. Si nous avons horreur de la guerre, ce n'est point par une sentimentalité débile et énervée. Le révolutionnaire se résigne aux souffrances des hommes quand elles sont la condition nécessaire d'un grand progrès humain, quand, par elles, les opprimés et les exploités se relèvent et se libèrent. Mais maintenant, mais dans l'Europe d'aujourd'hui, ce n'est pas par les voies de la guerre internationale que l'œuvre de liberté et de justice s'accomplira et que les griefs de peuple à peuple seront redressés. »

Enfin, prémonitoire : « D'une guerre européenne peut jaillir la révolution, et les classes dirigeantes feront bien d'y songer ; mais il en peut sortir aussi, pour une longue période, des crises de contre-révolution, de réaction furieuse, de nationalisme exaspéré, de dictature étouffante, de militarisme monstrueux, une longue chaîne de violences rétrogrades et de haines basses, de représailles et de servitudes. Et nous, nous ne voulons pas jouer à ce jeu de hasard barbare, nous ne voulons pas exposer, sur ce coup de dé sanglant, la certitude d'émancipation progressive des prolétaires, la certitude de juste autonomie que réserve à tous les peuples, à tous les fragments de peuple, au-dessus des partages et des démembrements, la pleine victoire de la démocratie socialiste européenne. C'est pourquoi, nous socialistes français, sans qu'aucune personne humaine puisse nous accuser d'abaisser le droit, nous répudions à fond, aujourd'hui et à jamais, et quelles que puissent être les conjectures de la fortune changeante, toute pensée de revanche militaire contre l'Allemagne, toute guerre de revanche. Car cette guerre irait contre la démocratie, elle irait contre le prolétariat, elle irait contre le droit des nations, qui ne sera pleinement garanti que par le prolétariat et la démocratie. Aujourd'hui, la paix en Europe est nécessaire au progrès humain ; et la paix, la paix assurée, la paix durable, la paix confiante entre l'Allemagne et la France, est nécessaire à la paix de l'Europe[2]. »

Sa constance et sa force visionnaire dans l'énoncé de principes et d'attendus si inquiétants, le dévoilement d'une réalité devenue effrayante et le refus de toute guerre de revanche ont rehaussé encore l'homme-orchestre dans son camp où, du coup, on va l'aimer plus et mieux encore. Mais elles ont déchaîné

2. « L'alliance des peuples », *L'Humanité*, 9 juillet 1905.

une « nuée d'outrages », le mot est de lui, dont il n'a plus cessé d'être assailli. Il aurait peut-être pu dénoncer la politique extérieure et le jeu des alliances avec moins de dommages s'il avait consenti à ne pas les mettre si cruellement en regard avec « leur » société et « leur » monde ; s'il n'avait pas rendu sa critique aussi contagieuse en la faisant si démocratique, socialiste, européenne et même internationaliste. Mais comme il n'a jamais voulu dissocier l'interne et l'externe dans son réquisitoire, il n'a pu ni circonscrire ni juguler la cascade d'invectives chauvines puis d'appels au meurtre. Passe encore qu'il ait épousé la cause des grévistes, des instituteurs en mal de syndicat ou des capitaines félons, admettaient les bonnes âmes ! Mais qu'il conjugue ces soutiens avec la dénonciation des milieux patronaux lancés dans la conquête coloniale, des officiers qui cherchent outre-mer des galons plus faciles à gagner que dans la répression des « mutins » sur le front des grèves, des « maquignons de la patrie », industriels ou diplomates, qui la livrent aux appétits et aux animosités dans un monde à présent terriblement dangereux, voilà qui devient intolérable, ajoutaient-elles !

Les dix dernières années virent donc un crescendo de l'idée fixe dans les milieux nationalistes et chez quelques fielleux en rupture d'ultra-gauche, dans la presse de caniveau, les salons (chez la marquise Arconati-Visconti, le seul qu'il fréquentât, il a ferraillé en vain de 1905 à 1913 [3]), les presbytères lecteurs de *L'Action française* et les milieux « bien informés » : nommer trahison son souci de la paix, associer l'idée de le

3. Voir Gérard Baal, « Jaurès et la marquise Arconati-Visconti », *BSEJ*, 73, avril-juin 1979, p. 10.

tuer, lui, aux dangers que la patrie encourt à cause de lui seul. En faire en quelque sorte le bouc émissaire puis l'ennemi numéro un. De *La Croix* à *La Libre Parole,* du *Matin* à *L'Action française,* de *La Lanterne* à *L'Écho de Paris,* de plumitifs en caricaturistes, les campagnes de presse ont déversé sur « Herr Jaurès » des tombereaux d'ordures et les bien-pensants qu'elles mobilisaient n'ont donc jamais désarmé.

Un simple échantillon de ces menaces laisse à penser l'accablement de Jaurès parfois (en 1907 notamment) et le courage qu'il lui fallut, plus souvent, pour simplement persévérer. Chez Barrès, l'injure a pu être intellectuelle : « Fier de savoir si bien l'allemand, de Kant à Hegel, à Nietzsche, il passe nécessairement aux pangermanistes. » La voici plus expéditive chez Péguy : « Dès la déclaration de guerre, la première chose que nous ferons sera de fusiller Jaurès. Nous ne laisserons pas derrière nous ces traîtres pour nous poignarder dans le dos. » Chez Daudet, de la même eau : « Jaurès mériterait un châtiment exemplaire dans tout État organisé. » Franc-Nohain, en père noble : « La France parle, M. Jaurès taisez-vous ! » Déroulède en 1904, touchant Jaurès au point qu'ils se battent en duel : « Je vous tiens, Monsieur Jaurès, pour le plus odieux pervertisseur de conscience qui ait jamais fait en France le jeu de l'étranger. » Indépassable, Urbain Gohier en 1912 : « Jaurès est entretenu par les Rothschild, par le groupe du *Berliner Tageblatt* et par l'ambassade d'Allemagne pour être l'orateur de l'Empire au Parlement français, le reptile du Kaiser dans la presse française. » Et plus clair encore, on l'a vu, à l'annonce de la guerre : « S'il y a un chef en France à ce moment-là qui soit un homme, M. Jaurès sera collé au mur en même temps que les affiches de mobilisation. Sinon, les Français auront l'ennemi devant eux et la trahison dans le dos. » Dès le 23 juillet 1914, en point d'orgue, Léon Daudet a signé noir sur blanc un « Tuer Jaurès ! » dans *L'Action française*. Raoul Villain n'a eu qu'à conclure : « J'ai abattu le porte-drapeau, le grand traître de l'époque de la loi de Trois ans, la grande gueule qui couvrait tous les appels de l'Alsace-Lorraine. Je l'ai puni », comme il l'écrira à son frère, le 10 août, de la prison de la Santé.

Paix armée, paix véritable

On ne peut guère suivre ici le détail de ses batailles contre la guerre, multiples, avec de terribles emballements au gré de l'actualité internationale et démultipliées dans l'espace depuis 1904 et la guerre russo-japonaise. Il s'est battu sans répit parce que la cause de la paix le touchait au vif, dans sa vision unitaire et unioniste des êtres et du monde : elle mobilisait toujours plus dramatiquement, sur le tard, le jeune philosophe si conquérant, si décidé à affronter victorieusement « la réalité du monde sensible ». Jaurès, on l'imagine, a pratiquement tout analysé et commenté dans *L'Humanité* avec son habituelle force synthétique, collant aux dépêches, scrutant au jour le jour les tensions, les crises et les conflits, tentant de démêler le jeu et les intérêts des acteurs diplomatiques, politiques et économiques, de l'Extrême-Orient à l'Europe en passant par la Russie, de Chine et d'Indochine au Maroc et jusqu'au cœur des Balkans. Il a fait feu de tout bois pour convaincre, exhorter, rameuter, en historien et en intellectuel, en homme de presse, en parlementaire et en élu local, en socialiste et internationaliste ; toujours entre deux trains et trois meetings, jetant ses « papiers » d'un trait sur un coin de table, ruminant ses discours et ses appels, volant quelques jours au Bessoulet pour reprendre le manuscrit de *L'Armée nouvelle*.

Jamais il n'a été aussi actif qu'à ces moments extrêmes, en 1905, 1907, 1911, 1913 et bien sûr 1914, où ses combats à l'intérieur et l'extérieur sont de si intense actualité. Ils sont au fond de même nature puisqu'ils appellent tous à ruiner un monde d'injustice et de désunion promis peut-être à la folie meurtrière. Jamais aussi Jaurès n'a été à tel point épuisé que dans ces moments-là, brûlant ses forces, saisi de migraines, d'extinctions de voix et d'essoufflements, négligeant sa famille et ses amis, forçant sur les plats « simples » comme il disait les aimer, préférant trois pages de Sophocle à une visite médicale. Souvent seul, conscient d'être usé prématurément, mélancolique parfois et toujours assoiffé d'infini et de divin : un Jaurès du silence recueilli qui jette et relance dans la mêlée le Jaurès hué et piétiné, calomnié et acclamé, tant aimé et pourtant si détesté.

Quel était l'idéal de paix qu'il exposa si activement ? Ses principes fondateurs sont naturellement ceux que sa pratique philosophique et sa culture déjà immense lui ont apportés avant 1893 : de l'humanisme, de la justice et des droits de l'homme précocement découverts et mêlés chez lui découlaient déjà un sens très aigu de la paix sociale et internationale, un goût pour la réforme et la négociation. Ensuite, jusqu'en 1904, l'historien de la Révolution et de la guerre de 1870 a suivi au ras des passions humaines les chemins de la guerre et de la paix, de Valmy à Sedan. Le marxiste sans orthodoxie a réfléchi aux causes immédiates et profondes, à l'habileté diplomatique face à la brutalité des rapports de force économiques. Le dreyfusard a appris à considérer l'État-Major, l'armée et la Défense nationale avec d'autres yeux que le jeune homme jadis conquis par Gambetta. Le leader ouvrier si attentif au syndicalisme révolutionnaire sait de quel côté sont les uniformes dans la guerre sociale et où ils seraient en cas de grève générale, mais ne peut pas suivre les antimilitaristes de la CGT. Ainsi Jaurès le pacifique est-il resté décidé plus que jamais à mêler réflexion et action : action sur les attendus de la « paix armée », réflexion pour mieux préparer la « paix véritable »[4].

Cette dernière notion, très prospective et d'une générosité qui fit sur-le-champ lever sérieusement le doute, et d'abord dans son camp, n'a fait l'objet d'attentions et même de génuflexions qu'après l'assassinat de Jaurès et surtout après 1918, quand se posa la question d'un nouvel ordre international orchestré par une « Société des Nations ». Mais il est vrai qu'il en avait parlé souvent, en fière continuité avec sa pensée philosophique et son « arrière-pensée » religieuse : il croit profondément qu'une paix définitive attend l'humanité, qu'elle sera concorde et harmonie entre les êtres et la nation, entre la nation et le concert des nations ; organisée, elle marquera l'étape finale d'une humanité harmonique ; promesse, elle est dès aujourd'hui à la fois un idéal de la raison humaine et le pôle, le but et l'inspiration de l'action au quotidien. Seul le socialisme, ajoute-t-il, donnera un nom, le sien, à l'indescriptible mais pas inconcevable parousie

4. Voir Marie Guertin, « La philosophie de la paix chez Jean Jaurès », *BSEJ*, 124, janvier-mars 1992, p. 11-14.

historique et spirituelle qui verra la paix véritable régner dans toute et sur toute l'humanité.

Cependant, comme toujours chez Jaurès, la proposition la plus idéaliste d'apparence est aussitôt flanquée de modalités d'application politique ou juridique très concrètes. C'est même en arguant de ces perspectives de paix vraie et perpétuelle qu'il a examiné dans le détail des mesures très juridiques de désarmement progressif et de développement du droit international, de mise en place des mécanismes d'arbitrage international ou d'échanges universitaires, à propos notamment de l'annexion de l'Alsace-Lorraine, du génocide des Arméniens, des méfaits du colonialisme ou des guerres à répétition dans les Balkans. Et il a constamment alerté l'Internationale d'avoir à éduquer solidement sur tous ces points ses militants de toutes nationalités.

S'il vit avec moins d'euphorie ce qu'il nomme la « paix armée », la notion lui convient cependant puisque, pour l'apprécier et la faire évoluer politiquement, c'est le réel qu'il faut prendre à bras le corps, c'est d'un compromis toujours mis en doute qu'il faut tâter la solidité. En fait, Jaurès désigne ainsi le seul état de paix dont le monde ait eu à connaître : un qui-vive sous les armes, un armistice habilement prolongé, à coup sûr un entre-deux-guerres. Historien, il est très à l'aise pour montrer sa fragilité en multipliant les exemples tirés de l'histoire universelle, sur l'air trop connu du *Si vis pacem, para bellum*. Mais il s'est plutôt attaché, comme à son habitude, à lire l'actualité, à penser la dangerosité présente d'un monde bouleversé.

C'est pourquoi, partant du réel si accablant à partir de 1904-1905, il n'a de cesse de raisonner sur le retour à l'affrontement entre les hommes par temps de paix

« armée », sans hiérarchiser les causes profondes et immédiates, économiques et politiques : en construisant plutôt une histoire, une philosophie et une politique grâce auxquelles les hommes apprendront à épeler le temps présent puis à limiter son désordre. S'ensuit une analyse plurielle et effervescente des sources de la violence et du désordre contemporains, qui coulent selon lui à trois niveaux, qui communiquent entre elles sans lien direct de cause à effet : le politique exacerbé, avec son cortège de nationalisme exclusif et agressif, de despotisme et d'absolutisme, de militarisme faisant la course aux armements, de racisme et de fanatisme réveillés, de terrorisme et de massacres de masse ; l'économique et le commercial en version impérialiste, avec la mondialisation des jeux du capitalisme, la compétition géostratégique pour la délimitation des zones d'influences et la colonisation spoliatrice qui redistribuent si dangereusement les cartes du partage du monde entre les grandes puissances ; l'imaginaire de masse (nous dirions aujourd'hui le culturel et le médiatique), entretenu par l'immoralité et le double langage dans la diplomatie et les relations internationales, les mensonges de la grande presse qui suscitent l'inquiétude et la peur, l'obsession de la violence et la soif de sécurité. Rien de marxiste, on le voit, dans cette absence de hiérarchie des causes et des effets, mais une pleine modernité de l'analyse.

Prenons-en quelques exemples. Celui d'abord de l'Alsace-Lorraine, cardinal pour sa génération qui a connu la défaite de 1870 et le culte de la « Sainte Revanche »[5]. La position première de Jaurès, fort

5. Voir Gilles Candar, « Jaurès et l'Alsace-Lorraine », *BSEJ*, 99, octobre-décembre 1985, p. 6-9.

claire dès 1887, est celle d'un patriote resté gambettiste : « En France, il n'y a qu'une volonté, celle de la France ; et au fond de cette volonté, d'une transparence absolue, l'Europe a pu lire deux choses : un amour sincère de la paix, un inébranlable courage pour l'heure du péril. La France libre n'a qu'une diplomatie : montrer au monde toute son âme. [...] Désormais, quoi qu'il arrive, que nous ayons comme nous l'espérons bien la paix, ou au contraire, par la criminelle folie de l'agresseur, la guerre sainte pour notre France bien-aimée, Liberté et Patrie sont inséparables[6]. » Si bien, dit-il, qu'il faut attendre tout en restant « bien armés », combattre le nationalisme montant en convainquant l'opinion que tout dépend déjà des progrès de la démocratie en Allemagne comme en France. Plus tard, quand la haine revient, son engagement socialiste et internationaliste le conduit, contre Clemenceau, Delcassé ou Poincaré, à convenir que « la nation française est mutilée » tout en répétant « ni haine, ni renoncement, voilà notre devise » ; à conclure dès 1895 que « ce n'est pas dans la guerre de revanche qu'est la solution » car « dans les fautes des autres peuples nous reconnaissons trop les fautes du nôtre pour que notre patriotisme même nous permette de nourrir de meurtrières inimitiés ». Dix ans plus tard, en 1905, il a déjà idée que l'autonomie dans un ensemble européen serait une solution.

Puis, à partir de 1910, il pousse à agir pour l'autonomie, tant il est déçu sans doute par le nouveau statut octroyé par le Kaiser mais confiant dans la force du suffrage universel enfin accordé aux Alsaciens-Lorrains et dans la vivacité de leur culture régionale. Son

6. « La paix », *La Dépêche de Toulouse*, 12 février 1887.

argumentaire foncièrement pacifique épouse d'abord, à vrai dire, l'indécision de la situation en ne fermant aucune porte. Et sa phrase, du coup, se fait très sinueuse elle aussi : « De quelque manière que le problème d'Alsace-Lorraine [...] se résolve dans la suite des générations ; que l'Alsace-Lorraine, par un retour libre et consenti, fasse retour à la France ou qu'elle reçoive dans le cadre politique de l'organisation allemande une très large autonomie qui lui permettra de développer et d'harmoniser toutes les forces traditionnelles de sa culture, toutes les ressources de son génie propre et toutes les sympathies de sa conscience ; ou qu'elle participe à la vie légale et nationale de deux grands peuples, comme ces citoyens de la ligue latine, si magistralement décrite par Mommsen, qui avaient dans plusieurs villes, dans plusieurs États fédérés, le droit de cité ; ou encore, qu'elle ait un jour sa représentation distincte, son autonomie législative dans ce magnifique Parlement européen dont notre génial Saint-Simon a esquissé l'idée il y a près d'un siècle ; ou quelle que soit enfin la formule inconnue qui reconnaîtra et harmonisera tous les droits nationaux et toutes les forces historiques dans la grande paix du monde, dans la grande amitié des peuples, c'est seulement par la paix, et par la paix préalable, que la solution peut être préparée. » Sous le phrasé des formules, Jaurès n'oublie pourtant pas la réalité et, pragmatique, il renouvelle sa confiance dans l'élaboration patiente d'un droit nouveau : « Les difficultés qui séparent la France de l'Allemagne ne pourront recevoir un jour une solution juste et profonde que si la France et l'Allemagne se rapprochent, dès aujourd'hui, pour une fin supérieure de civilisation, comme si ces difficultés étaient réglées. Bien loin d'être un abandon des souvenirs et une répudiation du droit, c'est un acte de foi dans la puissance du droit. » Car « la race humaine ne sera sauvée que par une immense révolution morale »[7].

On retrouve le même souci d'empoigner le réel sans céder sur l'exigence idéale dans son observation et sa dénonciation des méfaits du colonialisme. Ainsi à propos du Maroc en 1903, quand Lyautey amorce la conquête, en 1905 quand Guillaume II vient à Tanger flatter le sultan, en 1906 à l'heure de la conférence d'Algésiras, en 1907 quand les massacres commencent, en 1911 surtout quand on frôle la guerre européenne puis en 1912 à l'occasion de la signature du traité de protectorat, il tient à dire que l'entreprise coloniale qui se déploie là-bas dans une si dangereuse rivalité diplomatique, militaire et économique entre la France et l'Allemagne est le principal facteur d'aggravation de la tension internationale. Il manifeste d'abord son optimisme foncier, quand il préconise une « pénétration pacifique », accepte l'arbitrage international en 1905-1906 ou vote en 1911 la convention apaisante qui abandonne le Maroc à la France en échange d'une partie du Congo confiée à l'Allemagne. Mais bientôt c'est le spectacle de la réalité crue, l'exploitation coloniale à grande échelle, qui arme autrement mieux son souci de paix. Il dénonce donc aussi haut les projets scandaleux des banquiers et des pourvoyeurs de matières premières, l'arrogance diplomatique et les bruits de bottes qui, mis en œuvre par un corps expéditionnaire tombé dans le « guêpier », orchestrent un vrai « pillage » du Maroc.

---

7. « L'Alsace-Lorraine et Berne », *L'Humanité*, 11 mai 1913 et « Symbole », *La Revue de l'enseignement primaire et primaire supérieur*, 13 avril 1913.

Puis le voici, bien seul encore, qui s'intéresse à la conscience nationale des Marocains affrontant les Français, « si rudimentaire qu'elle puisse être », avec son socle encore si solide de culture musulmane, son islam original, ses structures politiques singulières. Tant et si bien qu'il salue bientôt une nation marocaine qui lève, nourrie de ferveur populaire pour le sultan et de résistance à l'exploiteur étranger. Quand vient l'heure où il faut consentir au protectorat pour ne plus raviver les affrontements avec l'Allemagne, en 1912, il est si attentif et si bien informé de la situation qu'il demande aussitôt qu'on profite de l'apaisement ainsi négocié pour mettre en chantier une véritable alliance de nation à nation, qui sauvegardera « la liberté marocaine », modernisera l'empire chérifien et donnera « la possibilité d'un fonctionnement régulier du Maroc, sans abus, sans incendie, sans baïonnette[8] ».

On pourrait multiplier encore les preuves de cette obstination à ne jamais se détourner de la réalité. Une dernière suffira, cette affaire Couitéas en Tunisie dont on débattit bien peu en France de 1908 à 1912 mais où Jaurès a vu l'occasion d'appliquer concrètement ses critiques tout en proposant son arbitrage et, d'abord, en dénonçant l'affairisme et les roueries des radicaux et du « parti colonial »[9]. Basilio Couitéas, un Grec naturalisé en 1901, resté bien introduit dans la haute société de Tunis, avait eu ses hauts et ses bas, famélique puis opulent, gibier de tribunal passant de la collecte des impôts pour le compte du bey à l'industrie

8. Cité par Georges Oved, « Jaurès, le Maroc et la paix », *BSEJ*, 99, octobre-décembre 1985, p. 23.

9. Christian Poitevin, « Jaurès et les spoliations coloniales en Tunisie : l'affaire Couitéas (1908-1912) », *BSEJ*, 54, juillet-septembre 1974, p. 2-10.

des tabacs puis à l'exploitation d'immenses domaines agricoles qu'il faisait arracher aux indigènes, entre Sousse et Kairouan : un type assez banal d'aventurier colonial. Alerté par un officier des Bureaux arabes et un professeur socialiste de Tunis, Jaurès a échoué par deux fois à le faire condamner, en 1908 et en 1912, malgré ses interpellations et ses campagnes de presse. Mais en 1908, il a contribué à faire rendre partiellement justice aux tribus dépossédées et, d'abord, il a pu harceler les radicaux colonialistes, mettre en porte à faux les belles âmes de la Ligue des droits de l'homme si proches des précédents, dénoncer les faiblesses de la presse face au lobby des spoliateurs, ridiculiser l'administration coloniale et le ministère. Et surtout, comme à propos du Maroc, avec cette sorte de franchise et de réalisme assez prophétiques qui lui étaient habituels, il a déploré à la Chambre que l'évolution capitaliste trop rapide et trop brutale imposée en Tunisie par les bravaches et les arrivistes ait déjà piétiné la société indigène et s'attaque à cette civilisation musulmane si mal connue et appréciée en France. Le même Jaurès donc, ce jour-là, plaide à la fois contre les attendus les plus capitalistes de la colonisation pour la création d'un centre d'étude du monde arabe et pour une réorganisation administrative qui respectera un peu mieux le peuple tunisien.

Incontestablement, cette attention aux autres, ce refus viscéral autant que raisonné de la violence et de l'exploitation, ce souci d'harmonie à venir entre les peuples participent de son optimisme foncier, de sa générosité spontanée. Pendant une dizaine d'années avant la catastrophe, Jaurès a su ajuster sa générosité à tous les motifs d'inquiétude et aux crises multiformes, à toutes les situations d'aveuglement qu'il a su éclairer au moins partiellement en livrant la vérité telle qu'il l'entrevoyait. La cruauté du sort a fait qu'à l'été 1914 la conjoncture fût trop nouée pour que son habituel optimisme puisse suffire. Il fut surpris sans doute par la rapidité et la violence de la crise, il innocenta un peu vite le gouvernement français, se convainquit à tort et sur le tard que la guerre serait si brève qu'il était à peu près impossible d'agir quand le fatal *drohende Kriegsgefahrzustand* était enclenché. Et, plus largement, il a trop attendu des forces socialistes qui ont gagné les élections du printemps, de sa vieille amitié confiante avec un Viviani dont il veut ignorer la mollesse, de la volonté d'arbitrage des Anglais et, plus que tout, des grands bêlements pacifistes des sociaux-démocrates allemands.

Que faire de plus quand Liebknecht et Haase, le 30 juillet encore, se montrent si optimistes sur les chances du prolétariat international d'imposer la paix par la grève générale ? Entre paix véritable et paix armée, Jaurès n'a plus eu en 1914 qu'à rêver qu'on forcerait le cours des choses. Sans aucun doute près déjà de se rallier à toute solution défensive, il a rappelé le 18 juillet encore dans *L'Humanité* que « quoi qu'en disent nos adversaires, il n'y a aucune contradiction à faire l'effort maximum pour assurer la paix et, si cette guerre éclate malgré nous, à faire l'effort maximum pour assurer l'indépendance et l'intégrité de la nation[10] ».

10. Voir Jean-Jacques Becker, « Jaurès et la crise de juillet 1914 », *BSEJ*, 99, octobre-décembre 1985, p. 40.

Patriotisme et humanité

Ses assassins, eux, ont tenu que cette contradiction avait depuis longtemps disqualifié son action. Et pourtant ! Jaurès a soutenu le contraire et il a défendu jusqu'au bout, tout uniment, la cause de la paix et la défense de la nation ; ou plutôt, comme il l'expliqua aux instituteurs en 1908, il a plaidé pour activer « le patriotisme le plus fervent et l'internationalisme humain le plus généreux » dont seule la conjonction pouvait sauver la paix [11]. Il est inutile de rappeler, on l'a assez vu, que Jaurès enfant du Tarn et du collège républicain a toujours eu un attachement profond pour son pays, de « petite » en « grande » patrie, qu'il eut avec lui un contact aussi charnel que celui d'un Michelet, d'un Renan ou d'un Vidal de La Blache, lui qui hantait quotidiennement ses paysages, ses œuvres de haute culture et ses hommes de toutes conditions.

C'est qu'il pense et croit, dira-t-il dans *L'Armée nouvelle* juste après avoir dit sa tendresse pour Jeanne d'Arc, que la patrie tient par ses racines au fond même de la vie humaine et, si l'on peut dire, à la « physiologie de l'homme ». « À l'intérieur d'un même groupement régi par les mêmes institutions, exerçant contre les groupements voisins une action commune, écrit-il, il y a forcément entre les individus, même des classes les plus opposées ou des castes les plus distantes, un fonds indivisible d'impressions, d'images, de souvenirs, d'émotions. L'âme individuelle soupçonne à peine tout

11. Voir Trevor Field, « Le patriotisme de Jaurès : étude sémantique », *BSEJ*, 56, janvier-mars 1975, p. 2-6, et Madeleine Rebérioux, « Jaurès et la Nation », repris dans ses *Parcours engagés dans la France contemporaine*, Belin, 1999, p. 315-343.

ce qui entre en elle de vie sociale, par les oreilles et par les yeux, par les habitudes collectives, par la communauté du langage, du travail et des fêtes, par les tours de pensée et ces passions communs à tous les individus d'un même groupe que les influences multiples de la nature et de l'histoire, du climat, de la religion, de la guerre, de l'art ont largement façonné. » La patrie, pour tout dire, c'est « la multiplication de l'âme individuelle par l'âme de tous [12] ».

Il préfère la France « du patriotisme national et humaine » à celle du « chauvinisme étroit ». L'ancien dreyfusard déteste le patriotisme « de théâtre », « tapageur », le patriotisme « des mots », de l'exaltation indue du militarisme et du nationalisme ; il pourfend « les patriotes professionnels qui ne comprennent la patrie que comme une force exclusive et barbare » [13]. Puis, après 1905, le socialiste, l'internationaliste, l'homme de paix ne se contente plus de récuser le nationalisme politique des boulangistes, des antidreyfusards et des réactionnaires, de tous les ultra-cocardiers. Il dénonce plus violemment encore le capitalisme d'argent qui ruine le vrai patriotisme, les patrons de presse toucheurs de chèques douteux, les financiers et les industriels qui subventionnent et entretiennent à domicile « l'intransigeance patriotique » tout en multipliant les investissements juteux en Allemagne.

Il distingue donc avec pugnacité le patriotisme comme idéal révolutionnaire, celui de Valmy, des soldats de l'An II ou des Bleus de l'Ouest sous la Révolution, du patriotisme présent qui peut être le vulgaire

12. Jean Jaurès, *L'Armée nouvelle* (1911), Imprimerie nationale, 1992, t. II, p. 481.

13. « Arbitrage international », *La Dépêche de Toulouse*, 13 septembre 1905.

marchepied d'un nationalisme chauvin. Il associe donc systématiquement, tout en un, son propre sentiment patriotique à son amour de la liberté, de la République, de la révolution et de l'humanité. Les chapitres de l'*Histoire socialiste* consacrés à la Législative, par exemple, fourmillent de dénonciations des « ennemis de la liberté, c'est-à-dire de la Patrie » et non seulement décrivent la « force patriotique et révolutionnaire de l'armée » nouvelle mais rappellent qu'alors, quand monta la conscience nationale contre la duplicité de Louis XVI, dans chaque âme « c'est la patrie elle-même, c'est la commune liberté qui vibre et qui frémit ».

Mais Jaurès est trop homme de son temps, trop calé sur l'assise rurale et régionale de son enfance, sur la vieille liberté des villes de son Midi aussi, pour ne pas associer encore la patrie au « goût de terroir ». Il a dit dès 1901 sa crainte de voir un jour son patriotisme charnel, terrien et si proche en fidélité et en émotion de celui d'un Péguy ou d'un Barrès affadi puis défait par cette course capitaliste à l'argent, par la multiplication des sociétés anonymes où le travail et le profit n'ont plus odeur humaine. Et le fils de La Fédial n'a jamais craint d'associer la propriété paysanne à cet enracinement de la patrie qu'il n'entend pas oublier : « La propriété du paysan est un morceau de sa vie : elle a porté son berceau, elle est voisine du cimetière où dorment ses aïeux, où il dormira à son tour ; et du figuier qui ombrage sa porte, il aperçoit le cyprès qui abritera son dernier sommeil. Sa propriété est un fragment de la patrie immédiate, de la patrie locale, un raccourci de la grande patrie. De l'actionnaire à sa propriété inconnue, tous ces liens sont brisés. Il ne sait pas en quel point de la patrie jaillit pour lui la source des dividendes, et c'est souvent de la terre étrangère que cette source jaillit. Que de valeurs étrangères sont mêlées dans le portefeuille capitaliste aux valeurs nationales, sans qu'aucun goût de terroir permette de les discerner[14]. » Par la fidélité du paysan propriétaire luttant contre l'anonymat du capital moderne, de la grande industrie et de la grande ville, voici la patrie qui participe surtout d'une proximité du travail.

Jaurès est trop longtemps resté fidèle à cette ligne terrienne pour pouvoir suivre autant qu'il l'aurait fallu la mêlée confuse et dangereuse qu'a créée, après 1905, l'internationalisation du capital confrontée à la crispation nationaliste en Extrême-Orient, en Russie, en Autriche-Hongrie, dans les Balkans ou dans l'Empire ottoman. Sur la question des nations, des nationalités et des nationalismes, il a sans aucun doute négligé la richesse inventive de l'austro-marxisme et ignoré les premières affirmations si abruptes des bolcheviks ; il a même refusé d'aller aussi loin qu'il eût fallu dans la discussion avec Rosa Luxemburg sur la vanité ou non de la défense nationale à l'âge de l'impérialisme. En fait, même au sein de l'Internationale socialiste il n'a jamais eu le sentiment qu'il lui faudrait justifier la nation ou cesser de la révérer. Il est resté trop français, trop « terroir », trop historien, trop convaincu de l'universalité des principes républicains qui régentent le pays des droits de l'homme, pour jamais y songer. Il s'est néanmoins soucié, comme à son habitude, d'affronter une réalité plus complexe et plus brouillée. Il a admis que l'impérialisme et le colonialisme projetteraient sans doute un jour à l'échelle du monde entier

14. Jean Jaurès, *Études socialistes. Cahiers de la Quinzaine*, 1901, p. 258.

les rivalités et les affrontements de tous ordres qui jusqu'alors n'opposaient que les nations. Mais en 1911, après sa lecture admirative du livre *The Great Illusion* du journaliste anglais Norman Angel, il en est venu à penser beaucoup trop vite que l'enchevêtrement des dépendances économiques calmait déjà l'ardeur belliciste des États-nations. De leur côté, Guesde et Hervé soutenaient eux aussi, et plus naïvement encore, que « l'ère des grandes guerres européennes est close », tant l'imbrication mondiale des intérêts capitalistes a diminué « les chances de guerre de nation à nation ». Et Jaurès a persévéré dans cette illusion. Le 20 juillet 1914, il écrivit encore dans *L'Humanité* que « le capitalisme, en ce qu'il a de plus sain, de plus fécond, de plus universel, a intérêt à apaiser et prévenir les conflits[15] ». Sa vision patriotique de l'avenir n'en a certes pas été altérée, mais il est clair que l'évolution finale de la crise européenne l'a dérouté.

L'inquiètent davantage l'antipatriotisme et l'antimilitarisme qui ont gagné dans les minorités ouvrières et populaires actives après 1905, chez quelques socialistes aussi et surtout chez les syndicalistes. Contre Gustave Hervé, le socialiste « sans patrie » qui proclamait que « notre patrie, c'est notre classe », contre les antimilitaristes des Bourses du travail, des syndicats puis d'une bonne part de la CGT qui sont devenus au passage farouchement antipatriotes, contre tous ceux qui non seulement pensent qu'il n'y aura plus de guerres de défense nationale mais souhaitent qu'en cas de malheur les prolétaires mobilisés mettent la crosse en l'air et refusent de marcher, il n'a cessé d'argumenter, de tenter de convaincre, anxieusement,

15. Suzanne Berger, *Notre première mondialisation. Leçons d'un échec oublié*, Le Seuil, 2003, p. 84.

laborieusement, sachant trop bien que ces propositions extrémistes pourraient devenir ravageuses mais ne voulant jamais discréditer cette avant-garde des impératifs prolétariens.

Dans l'Internationale, il a sans doute milité depuis 1905 pour une solidarité internationale des travailleurs pour empêcher la guerre « par tous les moyens, depuis l'intervention parlementaire, l'agitation publique, les manifestations populaires, jusqu'à la grève générale ouvrière et l'insurrection ». Mais il a rappelé aussi que la patrie elle-même pouvait évoluer et qu'elle ne serait jamais pour lui ni une « idole » pétrifiée ni une forme d'oppression. Il faut au contraire, répète-t-il, mieux la penser, mieux la confronter aux nouveautés du monde moderne : « L'apparente crise de l'idée de patrie est une crise de croissance », tient-il dans *L'Armée nouvelle*. Cette fois encore, pour tourner la patrie vers l'avenir, il a mobilisé naturellement l'histoire et rameuté Michelet, père selon de lui de la plus fière théorie extensive de l'idée nationale : « Bien loin qu'il confonde la Patrie avec le passé comme nos nationalistes imbéciles, chaque siècle n'est pour lui que le lieu de passage de l'esprit en mouvement, et c'est dans la direction de l'avenir qu'il faut chercher la Patrie », qui en France paraît à Michelet comme à lui-même « une patrie extensible et souple qui recule soudain sa frontière morale pour comprendre tout ce qui est beau » [16]. Mais surtout il a élaboré un argumentaire contemporain tenant à prouver que les patries modernes seront demain la chose de tous ; que l'appropriation collective des moyens de

16. « Michelet et le socialisme », *La Petite République*, 16 juillet 1898.

production et de la force de travail refondera l'unité nationale à un niveau supérieur ; que les nations ainsi passées au socialisme seront invincibles tout en ayant perdu leur agressivité.

Cela n'est pas le plus probant, on en conviendra, dans l'analyse de Jaurès, car l'on retrouve bien là son optimisme inébranlable mais cette fois trop peu fondé. Pourtant, sa bataille contre l'antipatriotisme n'a pas été inutile puisqu'elle lui a permis de rappeler que la patrie resterait « le cadre, le point d'appui, la pierre du foyer » dans un pays où le prolétariat, sans cesse mieux instruit par l'école républicaine, a participé et participe toujours à la culture nationale, où sa pratique du métier et son habileté au travail ont forgé une culture ouvrière qui, « encyclopédie vivante à l'image de l'*Encyclopédie* du XVIIIe siècle », a toujours pu rejoindre et enrichir la culture « cultivée », celle des livres et des maîtres. Bref, « c'est dans le prolétariat que le verbe de la France se fait chair » car les prolétaires, descendants directs des paysans et des artisans, n'ont jamais été des déracinés en France.

L'élu de Carmaux sait d'instinct et de cœur que la classe ouvrière française a une patrie. C'est pourquoi il n'a pas cessé de railler la formule malheureuse de Marx dans *Le Manifeste communiste*, « un prolétaire n'a pas de patrie », sottement reprise par Hervé et les antimilitaristes, tant elle lui paraît être « la négation sarcastique de l'histoire elle-même », « l'idée sacrifiée à la boutade ». Jaurès n'a certes jamais fait de la patrie française une idée transcendantale. Mais il avait trop le goût des héritages, le sens de l'histoire, la connaissance des travailleurs et la pratique des autres peuples pour ne pas croire, même en 1914, que la vieille nation saurait aider encore à l'affirmation de la raison et de la vérité, concourrait à unir. Refus de la désunion et de la rupture, et surtout dans le malheur, sens de l'héritage humain, confiance dans le progrès en continu, encore et toujours. C'est exactement ce que pensait certain jeune philosophe en 1892.

Faisons donc l'effort d'ouvrir *L'Armée nouvelle*, ce livre boursouflé et inimitable qu'il rédigea seul et avec enthousiasme pour accompagner ses projets de réforme de la défense nationale et de l'armée déposés en 1910. Ce cri du cœur jaurésien a essuyé tous les sarcasmes, ceux de la droite extrême et des traîneurs de sabre, mais aussi, plus cruels, ceux des guesdistes, des syndicalistes révolutionnaires et, naturellement, de tous les antimilitaristes. Il l'a pourtant brandi, souvent, pendant l'âpre débat sur la loi portant de deux à trois ans la durée du service militaire en 1913. C'est dans ce livre-là qu'il a le mieux résumé sa pensée de patriotique homme de paix. En termes d'organisation militaire et de stratégie, il n'a pas pu l'emporter, même si les événements après le 31 juillet 1914 lui donneront quelquefois si cruellement raison : ses « milices » populaires encadrées par des officiers mieux formés et moins imbus de l'esprit de caste ne seront pas levées ; l'offensive à tout prix n'a pas été mise en doute à l'État-Major avant les premiers grands massacres et la découverte de la puissance du feu moderne. L'important est qu'il y ait ramassé l'essentiel dans des formules qui longtemps n'ont pas été oubliées. En voici quelques-unes, sur lesquelles Jaurès a pris congé.

« Il n'y a plus d'Icaries. Le socialisme ne se sépare plus de la vie, il ne se sépare plus de la nation. Il ne déserte pas la patrie ; il se sert de la patrie elle-même pour la transformer et pour l'agrandir. » Ce roulement ne rappelle pas seulement des temps héroïques, il a gardé une sorte de force abrasive : « Les patries, en leur mouvement magnifique de la nature à l'esprit, de la force à la justice, de la compétition à l'amitié, de la guerre à la fédération, ont à la fois toute la force organique de l'instinct et toute la puissance de l'idée. Et la classe prolétarienne est plus que toute autre classe dans la patrie, puisqu'elle est dans le sens du mouvement ascendant de la patrie. Quand elle la maudit, quand elle croit la maudire, elle ne maudit que les misères qui la déshonorent, les injustices qui la divisent, les haines qui l'affolent, les mensonges qui l'exploitent, et cette apparente malédiction n'est qu'un appel à la patrie nouvelle, qui ne peut se développer que par l'autonomie des nations, l'essor des démocraties et l'application à de nouveaux problèmes de toute la force des génies nationaux, c'est-à-dire par la continuation de l'idée de patrie jusqu'à l'humanité. » Toujours resurgit le leitmotiv de la démocratie prise en main : « Voilà pourquoi l'Internationale ouvrière et socialiste rappelle aux prolétaires de tous les pays le double devoir indivisible de maintenir la paix, par tous les moyens dont ils disposent, et de sauvegarder l'indépendance de toutes les nations. » Et encore : « On pourrait presque dire : un peu d'internationalisme éloigne de la patrie ; beaucoup d'internationalisme y ramène. Un peu de patriotisme éloigne de l'Internationale ; beaucoup de patriotisme y ramène[17]. » Ainsi l'unité de sa pensée restait-elle sauve. Mais sans qu'elle ait pu contribuer à éviter l'irréparable. « Nous mobilisons. Jaurès assassiné » titra à Toulouse sa chère *Dépêche* le samedi 1er août 1914.

17. Jean Jaurès, « Internationalisme et patriotisme », *L'Armée nouvelle, op. cit.*, p. 467-496, *passim*.

Entre deuil et espoir

Autour de Jaurès assassiné, l'union nationale s'est faite en 1914 et tout montre que lui-même n'aurait vraisemblablement pas refusé de contribuer à l'« Union sacrée ». Puis, dès après 1917, avec le regain de la lutte contre la guerre et l'apparition de « la grande lueur à l'Est », la gauche a repris la main et orchestré son souvenir en faisant de lui le héraut de la paix et, après 1918, le prophète de l'âge pacifique qu'ont programmé les vainqueurs. Et les socialistes ont surenchéri en surimposant à cet hommage initial leur fidélité au héros de leur Cause. Qu'il ait été la première victime du conflit qu'il voulait tant éviter, que son héroïque sacrifice n'ait pas pu redresser le fléau de la balance, que les prolétaires français et allemands aient si activement participé à l'hécatombe, rien n'importait : c'est à un Titan assumant l'histoire et non à une victime qu'il fallait jurer fidélité.

En 1948 son héritier direct, Léon Blum, l'a rappelé : « La seule alternative de sa vie et de sa mort a transformé, bouleversé jusqu'à nous le cours des choses. » En 1960 encore, Ernest Labrousse, dans le premier texte publié par la Société d'études jaurésiennes, se gardait aussi bien de faire de Jaurès un prophète dont la voix se serait tue qu'un martyr de l'inachèvement. Sa « lutte contre l'iniquité », écrivait-il, a été rehaussée au contraire par cette « fidélité jusqu'à la mort aux causes saintes »[1]. L'impuissance de Jaurès et du mouvement ouvrier à conjurer la guerre a d'abord été lue comme l'interruption d'un destin. La tombe de « notre Jean », comme disaient ceux qui l'aimaient, ne pouvait border qu'une voie sacrée.

Cette litanie de la fidélité a réchauffé les cœurs des héritiers et entretenu leur bonne foi dans un socialisme « démocratique » fait d'espérance plus que de doctrine et qui ne sera jamais, pas plus qu'avant 1914, une social-démocratie ou une avant-garde révolutionnaire. Par un victorieux 21 mai 1981, après avoir déposé au Panthéon une rose sur la tombe de l'Ancêtre, un François Mitterrand venu d'ailleurs se gardera bien de rompre la chaîne du souvenir. Le 16 novembre 1988, inaugurant le Centre national et le musée Jean-Jaurès de Castres, il a même repris l'antienne : « Jaurès assassiné, ce fut le premier deuil, une immense douleur. Jaurès toujours vivant dans nos mémoires, c'est aussi le premier espoir, une immense espérance[2]. » Une gauche éplorée de naissance qui ne reprend espoir que dans la douleur et l'adversité : c'est ainsi, puisque Jaurès en atteste. C'est lui, aussi bien, qui la lave de ses fautes passées et à venir.

Quoi qu'il en soit, célébrer de la sorte le martyr de la paix, le « héros tué en avant des armées » comme

1. « Avenir de Jaurès », *BSEJ*, 1, juin 1960, p. 3.

2. « Allocution prononcée par François Mitterrand », *Jean Jaurès. Cahiers trimestriels*, 139 supplément, janvier-mars 1996, p. 22.

disait Anna de Noailles, le porte-drapeau et le camarade éternel a non seulement préservé de l'oubli le militant exemplaire mais a sorti son action de l'incertitude et de l'inachèvement si affreusement scellés au 31 juillet 1914, en laissant proliférer une mémoire singulièrement oublieuse, comme toutes les mémoires, de tout ce qui chez Jaurès pouvait moralement, intellectuellement et politiquement troubler l'élan présupposé. La révérence émue a ainsi souvent asphyxié la référence en pensée. Et trop aimer le Vénérable a dispensé de se brûler en le lisant de plus près[3]. C'est pourquoi, après avoir été nourries dès les années 1920 au lait de la citation hors contexte – vieille chanson qui berçait la misère humaine, fleuves fidèles à leurs sources et courant à la mer, réel secourant l'idéal, nuées dormantes portant l'orage et autres raccourcis d'un catéchisme en morceaux choisis –, ses œuvres à peu près complètes et en édition critique ne sont toujours pas accessibles à la veille du cent cinquantenaire de sa naissance. Si bien qu'on a vanté en toute confiance depuis 1914 la pertinence d'une vulgate à corpus très étroit et laissé à l'abandon une pensée arthritique et livrée en pages détachées. Un texte jaurésien aussi incomplet a certes joliment illustré la légende dorée. Mais il n'a pas été de très bon secours pour une gauche socialiste souvent perplexe et démunie devant la réalité mouvante et déroutante du monde sensible.

3. Voir Jean-Pierre Rioux, « Lectures posthumes de Jaurès », dans Madeleine Rebérioux et Gilles Candar dir., *Jaurès et les intellectuels, op. cit.*, p. 231-250.

De Lénine à Mitterrand

Les circonstances historiques il est vrai n'ont guère aidé à préserver le capital politique d'un jauressisme, puisque a été ruinée d'entrée de jeu l'idée la plus fixe de « notre Jean » : unir les sectes socialistes, chroniquement divisées, dans un esprit tout empreint d'eschatologie. L'auteur des meilleurs raccourcis théoriques du socialisme à la française avait triomphé temporairement en 1908 à Toulouse avec son éloge de la réforme, l'homme-orchestre du mouvement ouvrier s'est imposé en 1912. Mais en 1914, face à la menace de guerre, la désunion déjà n'était pas loin. Et dès 1915 une réédition de *L'Armée nouvelle* puis la première biographie, par Rappoport, ont campé le saint patron de la SFIO en contempteur de l'Union sacrée, pendant qu'au congrès du parti, cette même année, un témoin atterré nous dit qu'on « jetait Jaurès d'un bout à l'autre de la salle, comme un porc qu'on brûle sur une botte de paille ». En avril 1919, au temps du Bloc national hégémonique après la Victoire, des croix de guerre ont certes été accrochées aux effigies du « premier soldat de la guerre défensive », les drapeaux rouges et les couplets antimilitaristes ont refleuri pour dire la colère après l'acquittement de Villain. Mais au congrès de Tours de 1920 l'empoignade pour ou contre la scission imposée par les bolcheviks, victorieux eux aussi, a pris violemment Jaurès à témoin. Sembat et Blum ont plaidé pour la continuité et l'héritage et, de fait, ils garderont la « vieille maison » que Jaurès avait tant contribué à bâtir « au-delà des réformistes et des révolutionnaires ». Rappoport et une majorité du parti, qui croient naïvement que « Lénine a vengé Jaurès », ont déjà laissé entendre que tout jauressisme serait un abandon de la lutte des classes et un refus du soutien révolutionnaire à la cause de la IIIe Internationale et de Moscou réunis. Le grand Témoin a bel et bien été enrôlé dans les camps ennemis, sans exégèse inopportune de son action passée. Il n'était déjà qu'un souvenir exemplaire qu'il s'agissait de se ménager.

On le vit bien en 1924 quand le gouvernement du Cartel des gauches crut servir les affaires du républicanisme avancé en faisant panthéoniser le porte-flambeau de la paix et le militant des droits de l'homme. En fait, ce fut moins âpre mais tout aussi désordonné qu'en 1920. La République radicale-socialiste et centre-gauche s'honora en entourant avec dévotion le démocrate sincère et elle commanda même spécialement pour l'occasion des musiques et des chœurs et un *Chant d'apothéose*. Les mineurs de Carmaux, en grand uniforme prolétarien autour du cercueil « remonté » d'Albi, formèrent l'autre et vraie haie d'honneur face aux poilus en bleu horizon qui présentaient les armes. Mais Blum ne parla de bon cœur qu'au nom des seuls socialistes : « Nous le gardons pour nous et tout en le gardant nous le remettons à la nation et à l'histoire. »

Les communistes en voie de bolchevisation accélérée, eux, firent cortège à part, encensèrent un Jaurès plus rouge que tricolore et leurs Jeunesses cassèrent du flic et du « socialo » sur la chaussée pour mieux lutter contre « les prêtres des religions décadentes [qui], à mesure que leur flamme s'éteint, que leur foi s'abolit, multiplient les images saintes à l'usage des fidèles leurrés[4]. » Ainsi l'Octobre russe puis la scission de Tours ont-ils ruiné à jamais la version jaurésienne de l'unité socialiste.

La guerre de dévolution, l'idéologisation et la politisation de l'héritage ont aussitôt pris le pas sur la simple et forte fidélité, filiale et stupéfaite, de 1914. Quelques semaines après le triste Noël de Tours, *L'Humanité,* son cher journal, s'affichait déjà en « journal communiste » et jusqu'en juillet 1934, le PCF et ses *Cahiers du bolchevisme* n'eurent de cesse d'accabler le « réformiste » en soutenant que « les idées démocratiques et pacifistes de Jaurès furent une entrave dans les luttes des ouvriers français contre l'impérialisme » ; bref, que « le jauressisme est mort » car « la vie s'est chargée de vérifier et de réaliser dans la pratique les thèses de Marx et de Lénine[5] ».

Le culte en continu de Jaurès-le-pacifique a donc tenté de compenser les effets néfastes de cette division. Tout au long des années 1920 se multiplièrent à cet effet les inaugurations de statues et de monuments, de plaques d'avenues et de groupes scolaires. On édita des odes et des plaquettes à sa gloire, on peaufina l'art des citations de fin de banquet, l'industrie des breloques et des bustes, des pots à eau et des photographies cartonnées ou métallisées donna à plein (les brocantes, aujourd'hui encore, exhument régulièrement ce cher bric-à-brac).

---

4. Voir Robert Brécy, « Chant d'apothéose pour Jaurès au Panthéon », *BSEJ*, 82, juillet-septembre 1981, p. 4-6 ; Françoise Prigent, « L'opération 'Panthéon' (23 novembre 1924) », *BSEJ*, 21, avril-juin 1966, p. 6-11 ; Jean Rabaut, « La mise au Panthéon de Jean Jaurès vue par Paul Nizan », *BSEJ*, 48, janvier-mars 1973, p. 2-7 ; Jean Rabaut, « Le PCF et Jaurès (1920-1936) », *BSEJ*, 63, octobre-décembre 1976, p. 11-21.

5. *Les Cahiers du bolchevisme*, mai 1931, cités par Jean Rabaut.

On célébra ainsi, à l'envi, le « grand disparu », le « cœur noble et généreux », le « grand visionnaire » et même, une seule fois il est vrai, le « grand dominicain de la religion humaine ». En vain, sauf chez les humbles au grand cœur que ces sanglots réconfortaient et attelaient, apaisés, aux tâches militantes. Ailleurs, plus haut dans les hiérarchies partisanes et sociales, on arbora un jauressisme plus républicain que socialiste, en prêt-à-porter. Cette propension fut plus marquée dans les tendances droitières de la SFIO et fit son lit dans les années 1930 chez les « néos » de Déat, mais elle irrigua aussi divers courants du pacifisme, conflua à l'occasion du côté d'Herriot ou de Briand, renforça les républicains de combat et, surtout, un Jaurès en vieux maître d'école barbu au sourire doux arma en générosité le tréfonds du monde des laïques et des instituteurs. C'était beaucoup en termes de culture politique et de symbolique, mais cela compta très peu dans la mise en œuvre des stratégies et des politiques de gauche.

Il est pourtant vrai que sous le signe de l'antifascisme, un jauressisme moins pâle, de vaillance militante et, de nouveau, d'appel à l'unité, a orné les temps chaleureux du Rassemblement populaire, des lendemains du désastreux 6 février 1934 à l'été désenchanté de 1937 où l'échec était déjà au rendez-vous. Les portraits de Jaurès ouvrirent donc des cortèges et légitimèrent des serments de fidélité, authentifièrent derechef la remise en marche de l'unité. Mais ils n'avaient joué aucun rôle dans l'événement qui avait changé la donne : le virage à 180 degrés de Staline, de l'Internationale communiste puis des camarades français à partir de juin 1934, enfin acquis à l'idée des

« fronts » populaires antifascistes et donc moins ennemis jurés des « sociaux-traîtres » et de « leur » Jaurès. Ce qui n'empêchera pas le PCF, à l'été 1936, de dénoncer de nouveau un jauressisme chronique du renoncement à la SFIO, quand Blum refusera d'intervenir en Espagne, ni de tenter de s'annexer en exclusivité, par tous les moyens de la propagande et de la polémique, le tribun tricolore désormais héraut du peuple communisant dressé comme en l'an II.

Restons-en là dans cet éphéméride de l'entre-deux-guerres, où chacun a cru qu'on pouvait tout justifier pêle-mêle en tenant pour acquise la complicité bienveillante du tribun mort, les adieux à la révolution syndicaliste à la française dans les grandes grèves de 1919-1920, l'arrogance bolchevique puis stalinienne, la crédulité pacifiste et la faiblesse radicale, la bataille antifasciste, la kyrielle des lâchetés, des abandons et finalement des impuissances, avant 1939 comme avant 1914. Les faits, têtus, ont démenti les formules sonores, noué et dénoué les filiations incertaines, sanctionné les inconséquences et, au bout du compte, Jaurès ne s'est jamais tout à fait relevé de tant de facilités et de démentis. La célébration du culte n'a pas dissimulé plus longtemps l'épuisement de la référence politique.

Il fallut attendre longtemps pour que son œuvre et sa pensée soient réinscrites au fronton de la gauche et de la République. Un « blanc » terrible a marqué les années noires, pendant une nouvelle guerre européenne puis mondiale proprement impensable en termes jaurésiens et au cours de laquelle, effectivement, la référence au martyr de la paix fut pratiquement inexistante dans la Résistance intérieure, à Londres ou à Alger, mais où, en face, quelques rares voix « néos » déshonorèrent leur jauressisme d'avant-guerre en y puisant des arguments en faveur de la collaboration franco-allemande et de la grande Europe[6].

Ce n'est qu'en 1959, après les chocs de Budapest, de Suez, de Bandoeng et, en France, de la guerre d'Algérie et du 13 mai 1958, que quelques jalons pour un renouveau furent plantés, à l'occasion du centenaire de la naissance du tribun. Un « national-mollettisme » d'inspiration encore très guesdiste avait assez ravagé la SFIO pour que quelques socialistes s'émeuvent d'en avoir été trop longtemps les complices ; des communistes erratiques s'inquiétaient des lenteurs de Khrouchtchev à rapporter au grand jour sur le stalinisme assassin ; quelques débris de l'ultragauche et des trotskistes repentis voulaient savoir pourquoi Trotski n'avait pas détesté ce réformiste ; des néo-dreyfusards luttaient contre la torture en Algérie ; une poignée de gaullistes rêvaient de renouer avec l'esprit de la Résistance ; des chrétiens cherchaient et voulaient trouver une nouvelle gauche.

Dans ces eaux politiques très mêlées mais frémissantes, un Jaurès redécouvert, rafraîchi, corrosif et franc du collier fut entendu comme une corne de brume. Puisque les installés de la gauche impuissante et vaincue l'avaient, par leurs palinodies, réduit à l'état d'épave glorieuse, eux seuls, venus des marges, des extrêmes et des terres vierges, pouvaient de nouveau prier l'enfant du Tarn de jeter un cri d'alarme et d'allégresse. Ils fondèrent et peuplèrent une Société d'études jaurésiennes, présidée par Ernest Labrousse, l'éminent historien en Sorbonne et jaurésien de toujours, un « Bleu » des Charentes toujours dreyfusard

6. Voir par exemple Alexandre Zévaès, *Un apôtre du rapprochement franco-allemand. Jean Jaurès*, Aux Armes de France, 1941.

et socialiste, qui avait même collaboré à *L'Humanité* avant que le journal ait passé au communisme. Ils n'eurent de cesse de rajeunir et d'exhumer la pensée et les batailles de celui qu'à l'instar des trotskistes ils appelèrent leur « Vieux ». « Nous avons réagi contre la glose et l'extase par l'analyse sociale et politique », dira la plus ardente et la plus savante d'entre eux, Madeleine Rebérioux.

Ainsi fut découvert un Jaurès foisonnant et plein de santé dont la robustesse et l'ardeur réveilleraient. L'anticolonialiste à l'heure des crises marocaines, le découvreur de l'Amérique latine, l'homme saisi d'une « arrière-pensée » religieuse que Michel Launay et Henri Guillemin, avant Vincent Peillon, offraient pour la première fois à la méditation de la gauche, le républicain et le parlementaire pas si dupe, peut-être, du progressisme républicain, le Méridional qui n'avait pas oublié sa langue occitane, le leader ouvrier, le penseur en franc-tireur, l'intellectuel au premier chef. Au moment même où l'apport de Jaurès semblait « avoir été comme rongé », où l'image du chantre de la paix n'était plus de saison dans l'après-guerre froide, ce renouveau fut d'intelligence. En 1964, Madeleine Rebérioux lançait : « Rien de moins désuet que sa pensée lors même que paraissent dater les solutions qu'il propose. »

Cette redécouverte si active est restée à peu près lettre morte. Ni les colloques ni les exégèses n'ont eu l'effet d'électrochoc qu'espéraient ces conjurés de 1959. Le nouveau Parti socialiste a eu visiblement d'autres chats à fouetter que de faire étudier Jaurès et autour de lui aucun parti ou formation de gauche n'en ressentit non plus le besoin. Mai 68, en outre, a ignoré complètement un Jaurès tenu alors pour plus qu'obsolète. Ainsi s'est épaissi le silence dans ces gauches diverses, moins soucieuses d'unité que de programme commun, accédant au pouvoir et tâtant en urgence du réformisme, mais si déroutées et si désarmées devant les évolutions du monde qu'elles n'eurent pas loisir de mettre en chantier le moindre *New Deal* intellectuel. Ce qui n'empêcha pas leurs leaders en exercice de toujours célébrer dans les règles l'hommage à Jaurès, avec une componction qui rappela le dépôt des chrysanthèmes à la Toussaint. François Mitterrand, notamment, s'est empressé de se dire « fidèle à l'enseignement de Jaurès » en s'installant à l'Élysée en mai 1981. Son ancien Premier ministre Pierre Mauroy préside depuis 1992 une Fondation Jean-Jaurès qui cultive l'« ingénierie démocratique », et un de ses anciens ministres et député du Tarn, Paul Quilès, a orchestré en 1994 le 80e anniversaire de l'assassinat. Tout cela n'a rien eu que de très convenable et affectueux.

Pour que vive l'arrière-pensée

Et pourtant, un Jaurès toujours jeune ne pourrait-il pas aider, demain, dès à présent, à libérer le sens critique, à sonder les plaies, à lire le réel et dire le vrai ? À droite, à gauche comme au centre, à l'heure des bilans et de la recherche d'horizons nouveaux, après un XXe siècle dont le tragique a tant contredit l'optimisme jaurésien, ne pourrait-on pas avoir à cœur de considérer de nouveau sa vie, son œuvre, sa philosophie, ses modes de pensée ? En se félicitant d'abord que ce leader, si attentif à ce qu'on nommerait aujourd'hui la « société civile » en mouvement et l'« air du temps » si changeant, n'ait jamais eu, ou si peu, de théorie du parti et qu'il ait toujours souhaité mettre la politique partisane et ses dirigeants à l'abri des dangers de l'isolement où le pouvoir les enferme et de l'immoralisme qu'entretient la tentation de l'argent et de l'intrigue. En sachant aussi que depuis l'affaire Dreyfus il a participé à la défense d'une République menacée qui a répliqué en fortifiant l'État, en amenuisant son énergie libérale, en privilégiant les « blocs » et en récompensant ses fonctionnaires zélés, sous le regard bienveillant de Combes et des anticléricaux : avant 1914, comme l'a dit joliment Jean Rivero, « pourvu qu'on ne fût ni congréganiste, ni anarchiste, ni nationaliste, ni ouvrier en grève, ni prince du sang, chacun jouissait d'une liberté totale, protégés par des juges entièrement dociles au pouvoir ». Il est vrai que ce dévouement à l'État, si vigoureusement dénoncé par Péguy, a déteint sur toute la gauche. Il est encore plus vrai que, pris dans ce mimétisme étatiste, les socialistes non guesdistes en 1905, Jaurès en tête, ont sacrifié à la cause de l'unité leur propre conception du parti, autrement plus libre, ou même plus libertaire.

Malgré cela Jaurès n'a pas désespéré de faire un jour de la SFIO un de ces lieux d'exception où l'on remettrait toujours en chantier l'examen du réel, où l'on proposerait des méthodes nouvelles pour mieux appréhender et entendre la société. Il a refusé autant qu'il le pouvait toute velléité de faire de l'idéal de gauche le renfort, le substitut ou le fondement de quelque doctrine d'État. Jamais il n'a pensé que le pouvoir donnerait une justification et une légitimité à l'idéologie, fût-elle la plus conquérante ; que la promesse d'un avenir meilleur pouvait couvrir les exactions présentes ; que la conscience individuelle de chaque citoyen pourrait cautionner un embrigadement pour la Cause. Jamais, au grand jamais, le militantisme n'a été pour lui une valeur intrinsèquement bonne, tant il a pressenti souvent chez certains de ceux qui s'y adonnaient la tentation d'adorer l'Organisation pour elle-même, de faire du Parti un fétiche et du Pouvoir un absolu à confisquer. Derrière le militant il a toujours craint de découvrir le caporal de gauche, le politicien finasseur, l'élu conciliant ou même l'obsédé qui jouira de sa puissance.

Il ne s'agit pas, bien entendu, de nier son échec en 1914, qui a tant fait larmoyer. Il s'agit de relire, à la lumière de tant de drames et de désillusions du XXe siècle, celui qui a soldé pour tout compte son aspiration à la paix, à la justice, au progrès et à l'internationalisme. Celui que Péguy nommait « le grand pontife de l'optimisme officiel » croyait trop, décidément, que « rien ne fait de mal ». Et pourtant, son refus de l'« abstraction systématique » des marxistes sur modèle social-démocrate allemand et guesdiste qui rêvaient de régenter un prolétariat « incohérent, mineur, débile, obscur », est une invitation permanente à lutter contre le leurre grandiloquent et le mensonge théorisé. Son rapport à la classe ouvrière aussi, riche, nuancé, en constante évolution, l'a averti que la pire tentation consisterait à isoler un « prolétariat » dans sa mission régénératrice, puis dans sa dictature future : rien n'est moins léniniste que son rapport aux travailleurs. Au contraire la classe élue, selon lui, n'a pas d'autre mission que de réconcilier le peuple et la Nation avec eux-mêmes, de briser le cercle de l'exploitation et de l'inégalité, de remettre la liberté en usage pour tous.

Ainsi s'explique qu'il ait protesté contre toute abdication de l'intelligence devant les vertus supposées d'un spontanéisme ouvrier, les théorisations gauchistes de la violence, le mythe cégétiste et sorélien de la grève générale : devant tout « y'a qu'à » d'impatience populiste. Qu'il ait refusé aussi d'aliéner son droit à la critique devant une classe ouvrière sans doute porteuse d'avenir mais qui ne s'émancipera pas seule, sans alliances ni assimilation en profondeur des bienfaits de la République et de la démocratie. Son affirmation constante des vertus d'une liberté née dans la France de la Révolution en a fait, autant que Proudhon, le premier penseur d'un socialisme qui ne s'en laissera pas conter par l'État. Le monde nouveau pour lequel il combat ne sera pas, répétons-le, « une tutelle nouvelle ou d'intellectuels ou de bureaucrates » et rien, pense-t-il, ne serait pire qu'une parousie inattendue, ou à contretemps, quand les responsabilités des socialistes auraient grandi plus vite que leur force de proposition et leur capacité d'organisation.

Ainsi l'intellectuel chez Jaurès a-t-il conforté le socialiste et l'homme de gauche, avec son génie d'éloquence et de plume, son immense savoir de philosophe et d'historien, son attention à tous les regains du monde, sa quête du neuf. Il a eu assez de temps et de force pour dire que le peuple français avait vocation à bâtir une démocratie et un socialisme originaux et divers, pleins d'une charge libératrice qui bousculera les doctrinaires. L'activisme des travailleurs confondra, croit-il, les petits maîtres ès-socialisme qui rêveraient déjà d'un ordre nouveau « somnolent, asservi et abêti ». Dès 1887, rappelons-le, le jeune élu du Tarn savait que « la démocratie française n'est pas fatiguée de mouvement, elle est fatiguée d'immobilité ». Pour tout dire, Jaurès a peut-être laissé un testament en forme de conseil lapidaire : restez intraitables sur le principe de liberté et ne construisez rien sans morale. Il a lancé, nous l'avons vu, un jour de 1895 cet éclair : « Si nous ne pouvions pas marcher et chanter et délirer même sous les cieux, respirer les larges souffles et cueillir les fleurs du hasard, nous reculerions. »

Les cieux, justement. On n'a guère aimé, surtout à gauche, ses « fleurs du hasard » et pas davantage ce délire « sous les cieux », au nom du laïcisme étroit et de la libre pensée de combat. Jaurès, lui, a considéré que pour bâtir un avenir plausible, il valait mieux avoir des arrière-pensées. « J'ai sur le monde, si cruellement ambigu, une arrière-pensée sans laquelle la vie de l'esprit me semblerait à peine tolérable à la race humaine », a-t-il confessé dans *L'Armée nouvelle*. Cette « arrière-pensée » qu'il n'a jamais reniée c'est, on l'a vu à maintes reprises, celle du jeune philosophe de *La Réalité du monde sensible* et de *La Question religieuse et le socialisme* souhaitant que « la vie de l'humanité soit religieuse jusque dans sa moelle » et croyant, dans un mélange de spiritualisme et de christianisme évangélique, que sans « l'union ardente des âmes dans un idéal divin, toute vie n'est que misère et que mort ». C'est ce Jaurès-là qui a refusé tout système, puisque « quiconque n'a pas une foi ou besoin de foi est une âme médiocre ; quiconque a un système ou une doctrine pour appuyer sa foi est un lourd scolastique ». « Même si les socialistes éteignent un moment toutes les étoiles du ciel, je veux marcher avec eux dans le chemin sombre qui mène à la justice », a-t-il ajouté pour ne pas marchander sa fidélité. Mais pourquoi, en retour, sur le « chemin sombre » a-t-on si peu ou si mal accepté d'être dérouté par celui qui offrait de si bon cœur un tel supplément d'âme ?

Le cours d'une vie

1859

Naissance à Castres (3 septembre)

1860

Naissance de son frère Louis (18 août)

1869

Jean et Louis boursiers au collège de Castres (octobre)

1876

Premier discours public, au préfet du Tarn (19 mai)
Prix d'honneur de l'Académie de Toulouse et bachelier
L'inspecteur Deltour le fait « monter » à Sainte-Barbe

1878

« Duchâtel à François Ier », discours français, premier prix au Concours général, publié (1879) au *Recueil de discours français* chez Delalain frères
Reçu premier à l'École normale supérieure
Louis entre à l'École navale

1881

Discours de « Cacique général » de l'École normale supérieure à son directeur, Fustel de Coulanges (1er janvier)

Reçu troisième à l'agrégation de philosophie
Nommé professeur au lycée d'Albi (octobre)
Rencontres avec des républicains du Tarn

1882

Mort de son père (27 mai)

1883

Chargé (janvier) puis maître de conférences (novembre) à la Faculté des lettres de Toulouse
Discours de distribution des prix au lycée d'Albi (3 août), publié à Albi
S'installe à Toulouse avec sa mère

1884

Chargé du cours de morale à la Faculté
Premières conférences et réunions publiques

1885

Conférences dans le Tarn (mai)
Candidat aux législatives sur la liste d'Union républicaine (16 août)
Élu député du Tarn (4 octobre) avec 50,9 % des suffrages exprimés

1886

Ne vote pas avec les socialistes après la grève de Decazeville (14 mars)
Proposition de loi sur les caisses de secours et de retraite (8 avril)
Mariage avec Louise Bois (29 juin)
Première intervention à la Chambre, sur les communes et l'enseignement primaire (21 octobre)

1887

Premier article dans *La Dépêche de Toulouse* (21 janvier)
Intervention à la Chambre sur les droits de douane et la défense des petits cultivateurs (8 mars)
Rendez-vous manqué à *La Revue socialiste* de Benoît Malon (mars)

Rapporte sur la loi instituant des délégués mineurs (17 juin et 8 juillet)

1888

Adresse aux instituteurs dans *La Dépêche de Toulouse* (15 janvier)
Discours de distribution des prix au lycée d'Albi (31 juillet), publié à Albi
Discours sur l'organisation de l'enseignement primaire (1er décembre)

1889

Discours contre le scrutin d'arrondissement (11 février)
Naissance de sa fille Madeleine (19 septembre)
Battu aux législatives dans la 1re circonscription de Castres (22 septembre) avec 47,8 % des suffrages
Article contre les « sectes » socialistes dans *La Dépêche* (27 octobre)
Reprend ses cours à Toulouse et avance ses thèses (novembre)
Premier cours public (1er décembre)
« Les idées politiques et sociales de Jean-Jacques Rousseau », conférence à la Faculté des lettres (19 décembre)
Première lecture du *Capital*

1890

Première référence à Marx dans *La Dépêche* (25 février)
Élu conseiller municipal de Toulouse à une élection partielle, puis adjoint au maire (27 juillet)
Discours de distribution des prix aux élèves des écoles laïques (10 août)
Article de *La Dépêche* sur « Le rôle politique des syndicats ouvriers » (17 décembre)

1891

Salue la « marée socialiste » dans *La Dépêche* (mai)
Reçoit le président Sadi Carnot à Toulouse (20 mai)
Arbitre la grève des traminots de Toulouse (juillet)
Rédaction de *La Question religieuse et le socialisme* (été)

Discours à l'inauguration de la Faculté des lettres de Toulouse (17 novembre)
Publication de sa thèse principale chez Alcan

1892

Publication de sa thèse latine chez Chavin et fils à Toulouse (janvier)
Soutient sa thèse annexe (5 février) et sa thèse principale (12 mars) à la Sorbonne
Rencontre avec Jules Guesde à Toulouse (27 mars)
Réélu conseiller municipal à Toulouse (1er mai)
Discours de distribution des prix au lycée de Toulouse (31 juillet)
Inaugure la Faculté des lettres de Toulouse (17 novembre)
Les mineurs de Carmaux lui demandent d'être candidat (décembre)

1893

Élu député à une législative partielle dans la deuxième circonscription d'Albi (22 janvier) avec 52,1 % des suffrages
Discours sur le scandale de Panama (8 février)
Discours sur le devoir du gouvernement répubicain (13 mars)
Premiers articles à *La Petite République* (avril)
Premier article littéraire pour *La Dépêche* signé « Le Liseur » (15 mai)
Conférence aux étudiants collectivistes (21 juillet)
Réélu député de Carmaux aux élections générales (20 août) avec 59,3 % des suffrages
« La vieille chanson », discours à la Chambre (21 novembre), aussitôt publié en brochure
Préface et récuse *La Morale sociale* de Benoît Malon

1894

Projet de dégrèvement sur la propriété non bâtie (17 janvier)
Controverse avec Lavergne sur le collectivisme dans *La Dépêche* (janvier)
Projet de modification des tarifs douaniers (février)

Discours sur le socialisme agraire et l'importation des blés (17 et 20 février)

Discours sur la propagande anarchiste et la réaction (30 avril)

« La République et les libertés du corps enseignant », discours à la Chambre (21 juin)

Contre les « lois scélérates » (25 juin)

Discours sur les profiteurs du Panama (25 juillet)

Inaugure la Maison du Peuple à Toulouse (4 septembre)

Assiste au congrès de Nantes du POF, sans adhérer (14-18 septembre)

« Le Procès du *Chambard* », défense de Gérault-Richard (5 novembre), aussitôt publié

S'oppose à Lafargue sur *Idéalisme et matérialisme dans la conception de l'histoire* (12 décembre), publié en 1895

Débat sur les conseils de guerre et expulsion de la Chambre (24 décembre)

Duel avec Barthou (25 décembre)

1895

« L'Instruction publique », discours à la Chambre (11 février), publié chez Godfroy (1896)

« Comme la nuée porte l'orage », discours à la Chambre sur le budget de la Guerre (7 mars)

« L'organisation socialiste », premier article dans *La Revue socialiste* (mars)

Séjour chez les Viviani en Algérie (avril-mai)

Les verriers de Carmaux en grève demandent son soutien (août)

Réunion à Toulouse en soutien aux verriers de Carmaux (15 septembre)

« La grève de Carmaux », discours à la Chambre, publié par le POF (24-25 novembre)

1896

Les verriers quittent Carmaux pour Albi (janvier)

Demande une « politique coloniale » dans *La Petite République* (17 mai)

Première participation, à Londres, à un congrès de l'Internationale (27 juillet)
Inauguration de la Verrerie ouvrière d'Albi (25 octobre)

1897

« Socialiste et paysans », discours à la Chambre sur la crise agricole, édités par *La Petite République* (19 juin)
Discours sur l'idée socialiste (3 juillet)
Défense des Arméniens à la Chambre
Bernard Lazare lui dit la vérité sur Dreyfus (décembre)
Préface, avec Deschanel, l'*Enquête sur la question sociale en Europe* de Jules Huret
Se lie d'amitié avec Léon Blum

1898

Article sur le socialisme dans *Cosmopolis* (janvier)
Signe le manifeste des parlementaires socialistes non favorables à Dreyfus (19 janvier)
Interpelle sur Dreyfus à la Chambre (22 janvier)
Dépose un projet de loi sur la citoyenneté des Arabes en Algérie (2 février)
Dépose au procès Zola (12 février)
Battu par le marquis de Solages aux législatives à Carmaux (8 mai) avec 45,1 % des suffrages
Premier article d'appel à l'unité des socialistes (28 mai)
Co-directeur et éditorialiste de *La Petite République* (juin)
Appel au congrès général des socialistes au Tivoli (7 juin)
Décide de relancer le soutien à Dreyfus (7 juillet)
La Sorbonne lui refuse une charge de cours (juillet)
Premier article de « Preuves » dans *La Petite République* (10 août)
Naissance de son fils Paul-Louis (27 août)
Publication des *Preuves* (septembre)
Création d'un Comité d'entente entre socialistes (septembre)
« Socialisme et liberté » dans *La Revue de Paris* (1er décembre)

1899

Réunion sur l'Affaire à Toulouse, suivie d'affrontements (13 janvier)

« L'Unité socialiste » dans *Le Mouvement socialiste* (janvier)

Au congrès de Londres de l'Internationale contre la guerre (8 mars)

Approuve l'entrée de Millerand au cabinet de Waldeck-Rousseau (24 juin)

Au procès de Rennes avec Dreyfus et les dreyfusards (8 août-9 septembre)

Congrès de Japy (3-8 décembre)

Publication d'*Action socialiste (Première série)* chez Bellais (Péguy)

1900

« Le socialisme, buts et moyens », conférence à Bordeaux (1er février), publiée dans *La Revue socialiste* (mars)

« Bernstein et l'évolution de la méthode socialiste », conférence aux Étudiants collectivistes (10 février), publiée chez Bellais

Parution du premier fascicule de l'*Histoire socialiste* (12 février)

Interventions sur les crimes en Martinique (mars-avril)

« L'Art et le Socialisme », conférence au théâtre de la Porte-Saint-Martin (13 avril), publiée dans *Le Mouvement socialiste* (1er et 15 mai)

« Le Théâtre social », conférence au théâtre du Château-d'Eau (26 juillet), publiée dans la *Revue d'art dramatique* (décembre)

Réunion salle Wagram de l'Internationale (23-27 septembre)

Congrès salle Wagram des socialistes français (28-30 septembre)

« Les deux méthodes », conférence contradictoire avec Guesde à l'Hippodrome de Lille, publiée par le POF (26 novembre)

Préface *Parlementarisme et socialisme* de Kautsky, chez G. Jacques

1901

Longue extinction de voix (janvier-février)
« La réglementation des grèves et l'arbitrage obligatoire », discours au Comité général socialiste, *La Revue socialiste* (mars)
Grève des mineurs de Carmaux (avril)
Constitution du PSF, après la scission au congrès socialiste de Lyon (mai)
Violente campagne d'Urbain Gohier contre lui dans *L'Aurore* (mai)
« Travail d'Émile Zola », conférence au théâtre des Batignolles (15 mai), publiée (1903)
Première communion de sa fille Madeleine (7 juillet)
Remet à Péguy « Question de méthode » (17 novembre)
Deux premiers volumes de l'*Histoire socialiste* (décembre), *La Constituante* et *La Législative*
Péguy publie « Question de méthode » en tête des *Études socialistes* dans les *Cahiers de la Quinzaine* (décembre)
Réédition de sa thèse principale de doctorat

1902

« Le prolétariat et la paix », articles dans *La Petite République* (janvier)
Création du Parti socialiste français (4 mars)
Retrouve son siège à Carmaux (27 avril) avec 51,5 % des suffrages
Soutien au ministère Combes (14 juin)
Discours pour un arbitrage de la grève des mineurs (23 octobre)
Volumes 3 et 4 de l'*Histoire socialiste,* La Convention

1903

Vice-président de la Chambre et participation à la Délégation des gauches (13 janvier)
Discours sur la paix, le *Journal officiel* vendu à la criée (23 janvier)
Discours sur les retraites ouvrières (4 mars)
« Le faux impérial », discours à la Chambre (6-7 avril),

publié par Cornély Congrès de Bordeaux du PSF, soutien à Millerand (12-14 avril)
« Le programme socialiste », conférence à Denain, *La Revue socialiste* (avril)
« Discours à la jeunesse » à la distribution des prix au lycée d'Albi (31 juillet), publié par Cornély
« La doctrine saint-simonienne et le Socialisme », *La Revue socialiste* (avril)
Diligente l'enquête parlementaire sur les grèves du textile à Lille et Armentières (novembre)
Demande une « pénétration pacifique » au Maroc (20 novembre)
« Les grèves », conférences dans le Nord, *La Revue socialiste* (novembre)
Incident avec Cachin au congrès de Toulouse (5 décembre)
Quitte *La Petite République* (23 décembre)
Fait créer la Commission d'histoire économique de la Révolution (décembre)

1904

Battu à la vice-présidence de la Chambre par le radical Doumer (janvier)
« Le socialisme et le radicalisme en 1885 », préface aux *Discours parlementaires*, tome Ier, publié chez Cornély (janvier)
Discours à la Chambre pour l'abolition de l'enseignement congréganiste (4 mars), publié chez Stock (1922)
« Le programme socialiste, les organisations ouvrières et l'action internationale », conférence à Levallois-Perret (27 février), *La Revue socialiste* (avril)
« Un discours » à la Chambre sur la suppression de l'enseignement congréganiste (13 mars), publié en 1922
Premier numéro de *L'Humanité* (18 avril)
L'Humanité publie la note du Saint-Siège contre le gouvernement français (17 mai)
Discours des prix aux élèves des écoles de Castres (31 juillet)

« La tactique socialiste », discours au congrès de l'Internationale à Amsterdam (19 et 21 août), publié dans *La Revue socialiste* (septembre)
Quitte la Délégation des gauches (septembre)
Défend Combes dans l'affaire Syveton (28 octobre)
Duel avec Déroulède à Urrugne (6 décembre)

1905

Campagne pour la révolution russe dans *L'Humanité* (janvier)
Fait approuver la démarche unitaire au congrès du PSF (26-28 mars)
Discours pour la paix dans la crise franco-allemande (10 avril)
Adoption de l'article 4 de la loi de Séparation (22 avril)
Congrès de l'unité salle du Globe à Paris, naissance de la SFIO (23-24 avril)
« Le socialiste et la patrie », conférence contradictoire avec Hervé, *L'Humanité* (29 mai)
« L'alliance des peuples », discours interdit à Berlin par Bülow, publié simultanément dans *L'Humanité* et *Vorwärts* (9 juillet)
« Le socialisme et les partis », *Revue de l'enseignement primaire et primaire supérieur* (22 et 29 octobre)
« L'Internationalisme à la Chambre », discours à la Chambre, publiés par la SFIO (8 et 15 décembre)

1906

Campagne pour les retraites ouvrières (janvier)
Réélu de justesse aux législatives à Carmaux (6 mai) avec 51,1 % des suffrages ; 51 députés SFIO
« Réplique à Clemenceau », ou « Radicalisme et socialisme », débat à la Chambre, publié par *L'Humanité* (12 juin)
Mort de sa mère (9 juillet)
Première tribune libre de la CGT dans *L'Humanité* (août)
Accepte la « Charte d'Amiens » de la CGT au congrès de Limoges de la SFIO (1-4 novembre)

1907

Discours sur « La grève des électriciens » (11 mars), publié par Lecoffre

Contre Briand sur le syndicalisme des instituteurs (10-14 mai)

Soutien aux viticulteurs du Languedoc (18 juin)

Appel contre la guerre aux congrès de Nancy de la SFIO (11-14 août)

Impose son appel contre la guerre au congrès de l'Internationale à Stuttgart (16-24 août)

« Le congrès de Stuttgart et l'antimilitarisme », conférence au Tivoli-Vauxhall, *L'Humanité* (8 septembre)

Violentes attaques de presse contre lui (septembre)

1908

Discours à la Chambre sur l'impôt sur le revenu (27 et 28 février), publiés par *L'Humanité*

La guerre franco-allemande, 1870-1871, dans le volume 11 de l'*Histoire socialiste* (février)

Controverse avec Clemenceau sur l'action sociale du gouvernement (13 mars)

Violemment pris à partie à la Chambre pour avoir dénoncé les exactions de La Chaouïa au Maroc (27 mars)

Protestations après les affaires de Draveil et de Villeneuve-Saint-Georges (juin-juillet)

« Éloge de la réforme », discours triomphal au congrès de la SFIO à Toulouse (15-18 octobre)

Discours à la Chambre contre la peine de mort (12 novembre)

« Bilan social du XIXe siècle », *Conclusion* de l'*Histoire socialiste*, volume 12

1909

Accepte l'accord sur le Maroc avec l'Allemagne (février)

Campagne contre les trusts miniers en Algérie (mars)

« Le parti socialiste et la crise postale », discours à la Chambre (13 mai), publié par *L'Humanité*

Mariage de sa fille Madeleine (22 juin)

Rédaction partielle de *L'Armée nouvelle* (été)

Pris à partie dans la manifestation contre l'assassinat de Ferrer (14 octobre)

« L'antagonisme anglo-allemand », discours à la Chambre, publié par *L'Humanité* (18 novembre)

Conférence inaugurale de « L'École socialiste » à Paris, critique du syndicalisme révolutionnaire (29 novembre)

1910

« Pour la laïque », discours à la Chambre (14 janvier), publié par *L'Humanité*

Intervient dans la querelle des manuels scolaires (24 janvier)

« Conférence du citoyen Jaurès au Grand Théâtre de Nîmes » (4 février), publiée à Nîmes

Au congrès de Nîmes de la SFIO, soutient contre Guesde les retraites ouvrières (6-9 février)

Vote la loi sur les retraites ouvrières (31 mars) ; signe avec Viviani la préface du texte de la loi publié chez Hayard

Entre à la Commission de l'armée à la Chambre (mai)

Réélu confortablement à Carmaux aux législatives (8 mai) avec 52,4 % des suffrages ; 76 députés SFIO

Débat sur les coopératives (14-16 juillet)

Bataille contre la guerre au congrès de l'Internationale à Copenhague (28 août)

Soutient la grève des cheminots et dénonce Briand (25 octobre)

Dépose une proposition de loi sur l'armée nouvelle (14 novembre)

Intervient en faveur de Jules Durand, docker du Havre (17 décembre)

Paul Reboux et Charles Müller le parodient dans *À la manière de*, vol. 2

1911

Conférence à Toulouse sur Tolstoï (10 février), publiée par l'Émancipatrice avec un discours d'A. France, *Deux discours sur Tolstoï*

Soutien aux luttes des vignerons champenois (février-avril)

Critique des grandes concessions en Afrique (6 avril)
Pour le rachat des compagnies ferroviaires par l'État (16-19 avril)
L'Armée nouvelle chez Rouff (avril), puis à *L'Humanité* (1915)
Débarque à Rio de Janeiro (9 août)
Article de *La Dépêche* sur l'éducation populaire et les patois (15 août)
Débarque à Bordeaux, retour de Buenos Aires (26 octobre)
« Les forces de paix », discours à la Chambre (20 novembre), publié par *L'Humanité*
Conferencias publiées par Juan B. Justo chez Vanguardia à Buenos-Aires, dont deux traduites, « Civilisation et socialisme », *Clarté* (31 juillet 1923) et « L'organisation militaire de la France », *Europe* (octobre 1958)

1912

Renouvelle ses propositions à la Chambre pour une « armée nouvelle » (15 février)
« L'Action syndicale et le Parti socialiste », discours au congrès de Lyon de la SFIO, publié par *L'Humanité* (18-21 février)
Intervention à la Chambre sur l'affaire Couitéas (1er février)
Campagne de soutien financier à *L'Humanité* (mai)
La *Revue de métaphysique et de morale* publie sa conférence de 1889 sur Rousseau (mai)
Dénonce le traité de protectorat du Maroc (28 juin)
Pour l'amélioration de la retraite des mineurs (11-12 juillet)
Grève à la Verrerie d'Albi (septembre)
Meeting pour la paix à Berlin (17 novembre)
« Guerre à la guerre », discours au congrès de l'Internationale, dans la cathédrale de Bâle (24 novembre)
Discours à la Chambre sur l'armée nouvelle (9 décembre)

1913

Discours sur la politique étrangère (19-20 janvier)
Discours sur l'école laïque (3 mars)

Polémique avec Andler sur la social-démocratie allemande (4 mars)
Membre du Comité de rapprochement franco-allemand (11 mai)
Discours du Pré-Saint-Gervais contre les trois ans (25 mai)
« Contre les trois ans », discours à la Chambre (17-18 juin), publié par *L'Humanité*
Préface, mélancoliquement, *Le Député en blouse* d'Ernest Montuses, chez Figuière

1914

Discours aux obsèques de Pressensé (22 janvier), publié (février) dans le *Bulletin* de la Ligue des droits de l'homme
Soutient la grève des mineurs pour leurs retraites (25 février)
Livre les conclusions de l'enquête sur le scandale Rochette (mars)
Succès socialiste aux législatives (26 avril), 103 députés ; Jaurès très largement réélu à Carmaux avec 58,4 % des suffrages
Discours contre les « clauses inconnues » des traités (7 juillet)
Fait adopter la grève générale contre la guerre au congrès de Paris de la SFIO (14 juillet)
« Les causes de la guerre », discours de Vaise (25 juillet), publié en 1915
Discours au Bureau socialiste international à Bruxelles (29 juillet)
« Sang-froid nécessaire », dernier article dans *L'Humanité* (31 juillet)
Assassinat au café du Croissant (31 juillet)
Levée du corps à Passy, discours puis cortège jusqu'à la Concorde (4 août)
« Union nationale » à la Chambre, Deschanel salue le « martyr de ses idées » (4 août)
Inhumation au cimetière des Planques à Albi (5 août)

1916

Constitution de l'éphémère Société des Amis de Jaurès, présidée par Lévy-Bruhl (7 juin)

1918

Paul-Louis Jaurès meurt pour la France (3 juin)

Une statue de Jaurès à Moscou (7 novembre)

1919

Raoul Villain acquitté, Louise Jaurès condamnée aux dépens (29 mars)

Manifestation de masse en protestation contre l'acquittement (6 avril)

1921

L'Humanité s'affirme « journal communiste » (avril)

Premiers monuments publics, érigés à Cransac (1er mai) et à Perpignan

1923

Érection du monument sur la grand-place de Carmaux.

1924

Transfert des cendres au Panthéon (23 novembre)

1929

Inauguration de la statue devant le Capitole à Toulouse (24 mars)

1931

Annonce de la mort du jauressisme dans *Les Cahiers du bolchevisme* (mai)

Publication du premier volume des *Œuvres*, par Max Bonnafous, chez Rieder

1934

Appel à l'unité à gauche, en mémoire de Jaurès (31 juillet)

1936

Blum renouvelle le serment du Front populaire « devant l'image sacrée de Jaurès » (31 juillet)

Première réédition de Jaurès en brochure par le Parti communiste

1937

Journée nationale du souvenir (31 juillet), à l'initiative du Rassemblement populaire
Mort de l'amiral Louis Jaurès

1959

Centième anniversaire de sa naissance ; constitution (14 novembre) de la Société d'études jaurésiennes

1981

François Mitterrand sur sa tombe au Panthéon (21 mai)

1984

François Mitterrand au café du Croissant pour le 70e anniversaire

1988

Inauguration du Centre national et musée Jean-Jaurès à Castres (16 novembre)

1992

Création d'une Fondation Jean-Jaurès, présidée par Pierre Mauroy

2000

Début de l'édition critique des *Œuvres,* sous la responsabilité de la Société d'études jaurésiennes

Lectures

Documentation

Il y a des dizaines de milliers de références à Jaurès sur Internet, dans les bibliothèques et les librairies. Consulter donc d'abord, sur toutes questions, le Centre national et musée Jean-Jaurès, 2, place Pélisson, 81100 Castres, tél. 05 63 72 01 01 et son site (www.jaures.fr.fm). Voir également le Musée de l'histoire vivante, 31, boulevard Théophile-Sueur, 93100 Montreuil, tél. 01 48 70 61 62 et son site (www.museehistoirevivante.com). Nombreux renseignements aussi en suivant la « Route touristique Jean-Jaurès » qui traverse vingt-cinq villes, lieux et régions fréquentés par Jaurès (www.amis-musées-castres.asso.fr).

La Société d'études jaurésiennes (renseignements : 21, boulevard Lefebvre, 75015 Paris), fondée en 1959, fortement marquée par ses présidents Ernest Labrousse (1959-1982) puis Madeleine Rebérioux (1982-2005), a multiplié les recherches, les rencontres et les publications ; elle tient au courant de l'activité scientifique avec, depuis 1995, *Jean Jaurès. Cahiers trimestriels*, précédé de

1959 à 1994 par *Jean Jaurès. Bulletin de la société d'études jaurésiennes* (abrégé ici en *BSEJ*).

Pour travailler avec des élèves, voir : « Jaurès », *Textes et documents pour la classe,* CNDP, 867, 1er janvier 2004 ; Jean-Pierre RIOUX dir., *Patrons et ouvriers au XIXe siècle (1840-1914)*, La Documentation française, 1973 (sur Carmaux) ; une bande dessinée, de CAPELLE et ENJALBERT, *Jean Jaurès*, Centre national et musée Jean-Jaurès, 1990.

VUES D'ENSEMBLE

Partir du petit livre (très fervent mais sûr et bien illustré) de Madeleine REBÉRIOUX, *Jaurès. La parole et l'acte*, Gallimard, « Découvertes », 1994 [1] ; d'un recueil de photographies présenté par Jean-Noël JEANNENEY, *Jean Jaurès*, Nathan, « Photo poche », 2001 ; d'un catalogue d'exposition, en 1994 à l'Assemblée nationale, *Jean Jaurès. L'époque et l'histoire*, Castres, Centre national et musée Jean-Jaurès, 1994.

On dispose de quatre excellentes biographies :

Marcelle AUCLAIR, *La vie de Jaurès ou la France d'avant 1914*, Le Seuil, 1954 (très vivant, avec les derniers témoignages)

Max GALLO, *Le grand Jaurès*, Robert Laffont, 1984 (détaillé et chaleureux)

Harvey GOLDBERG, *Jean Jaurès. La biographie du fondateur du Parti socialiste*, Fayard, 1970 (universitaire, par un Américain)

Jean RABAUT, *Jean Jaurès*, Librairie académique Perrin, 1971 et 1981 (fouillé).

Sont disponibles deux livres longtemps classiques

Charles RAPPOPORT, *Jean Jaurès. L'Homme, le Penseur, le Socialiste* (1915), Anthropos, 1984, réédition par Claudie

1. Sauf mention contraire, le lieu d'édition est Paris.

Weill et Daniel Lindenberg ; *Jean Jaurès présenté par Vincent Auriol*, PUF, 1962. Le très vif *Jean Jaurès. Esquisse biographique* de Lucien LÉVY-BRUHL, Rieder, 1924, n'a hélas jamais été réédité.

Les articles essentiels de celle qui a dominé les études jaurésiennes, Madeleine REBÉRIOUX, sont rassemblés dans ses *Parcours engagés dans la France contemporaine*, Belin, 1999, parties 3 et 4.

Des colloques organisés et publiés (avec d'importantes bibliographies) par la Société d'études jaurésiennes ont fait le point sur des questions majeures :

Actes du colloque Jaurès et la Nation, Toulouse, Association des publications de la Faculté des lettres et sciences humaines de Toulouse, 1965

Jaurès et la classe ouvrière, Les Éditions Ouvrières, collection « Mouvement social », 1981

« Jaurès et la Défense nationale », *BSEJ*, 130, octobre-décembre 1993

Madeleine REBÉRIOUX et Gilles CANDAR dir., *Jaurès et les intellectuels*, Les Éditions de l'Atelier, 1994 (avec une utile bibliographie sur tous les autres sujets)

« Jaurès et l'État », *Jean Jaurès. Cahiers trimestriels*, 150, octobre-décembre 1998.

ŒUVRES

Lire Jaurès en continu reste difficile voire impossible, à la fois parce que la masse de ses écrits est énorme et dispersée, surtout si l'on veut recueillir aussi des articles de presse (à l'inverse, sa correspondance a été peu conservée), et que les deux grandes entreprise éditoriales ont été l'une interrompue puis l'autre retardée et encore loin d'être achevée.

Si bien qu'on ne dispose que de quatre volumes publiés, sur les dix-huit prévus, d'une excellente édition d'*Œuvres de Jean Jaurès*, chez Fayard, sous la direction de Madeleine Rebérioux et Gilles Candar et sous la responsabilité de la Société d'études jaurésiennes :

tome III, *Philosopher à trente ans*, 2000, établi par Annick Taburet-Wajngart

tome VI, *L'affaire Dreyfus I (novembre 1897-septembre 1898)* et tome VII, *L'affaire Dreyfus II (octobre 1898-septembre 1899)*, 2001, établis par Éric Cahm

tome XVI, *Critique littéraire et critique d'art*, 2000, établi par Michel Launay, Camille Grousselas et Françoise Laurent-Prigent

Le tome I, *Les années de jeunesse (1859-1889)* et le tome IV, *Les dimensions du militant (1893-1897)*, sont annoncés.

De 1931 à 1940 Max Bonnafous avait publié aux Éditions Rieder neuf des quarante puis vingt volumes prévus d'*Œuvres de Jean Jaurès* : pour l'essentiel, *De la réalité du monde sensible*, des *Études socialistes*, *L'Armée nouvelle* et, sur cinq volumes, un bon recueil de nombreux textes *Pour la paix* publiés entre 1897 à 1914. Cette édition, non scientifique, est restée longtemps la seule et elle rend encore service, par défaut.

Autres textes

Des textes de Jaurès tenus pour majeurs, des articles et des conférences publiés ou des discours sténographiés (et signalés dans notre chronologie) ont été diffusés en brochures et éditions militantes jusqu'aux années 1960 mais très peu repris depuis, même au Parti socialiste.

Certains ont néanmoins été réédités :

L'Armée nouvelle (1911), Imprimerie nationale, 1992, 2 vol., présentation de Jean-Noël Jeanneney, texte intégral ;

L'Armée nouvelle, Union générale d'éditions, « 10-18 », 1969, extraits présentés par Madeleine Rebérioux

« Éloge de la réforme. Discours de Jean Jaurès au congrès de Toulouse en 1908 », *Notes de la Fondation Jean-Jaurès,* 9, septembre 1998

Études socialistes (1901-1902), Genève, Slatkine Reprints, 1979, présentation de Madeleine Rebérioux

Le Grand débat. Jaurès-Lafargue-Guesde, Le Temps des cerises, 1994, avant-propos de Roger Bordier (*Idéalisme et matérialisme dans la conception de l'histoire*, 1895-1896 et *Les deux méthodes*, 1900)

La guerre franco-allemande,1870-1871 (1908), Flammarion, « Science », 1971, préface de Jean-Baptiste Duroselle et postface de Madeleine Rebérioux

Histoire socialiste de la Révolution française (1900-1908), Éditions sociales, 1969-1973, 6 vol. et index, édition par Albert Soboul, préface d'Ernest Labrousse

Pour la laïque, suivi de *La question religieuse et le socialisme et autres textes* (1913 et 1959), Éditions du Bord de l'eau, 2004, préface de Vincent Peillon

Préface aux discours parlementaires (1904) Genève, Slatkine Reprints, 1980, présentation de Madeleine Rebérioux

Les Preuves. Affaire Dreyfus (1898), La Découverte, 1998, préface de Jean-Denis Bredin, introduction de Madeleine Rebérioux, notes de Vincent Duclert

Textes choisis (en fait *Socialisme et liberté,* de 1898, et le *Discours à la jeunesse* de 1903), Éditions Bruno Leprince, « L'encyclopédie du socialisme, 6 », 2003, édition établie et présentée par Gilles Candar.

Anthologies

Jaurès est resté un auteur en morceaux choisis. Paul Desanges et Jean-Luc Mériga ont donné la première bonne anthologie juste après la Grande Guerre : Jaurès, *Pages choisies*, Rieder, 1922 (réédition, modifiée, en

1928). Émile Vandervelde a suivi en 1929 avec son *Jaurès*, Alcan, « Réformateurs sociaux. Collection de textes » ; puis F. Crastre en 1931 avec *Les plus beaux discours de Jaurès*, Éditions du Centaure, « Les grands orateurs républicains ». Le choix de textes a ensuite épousé l'évolution historiographique et la conjoncture politique de gauche. À savoir :

Jean Jaurès. *Pages choisies*, t. I, *Contre la guerre et la politique coloniale*, introduction et notes par Madeleine Rebérioux, Les Éditions sociales, « Les classiques du peuple », 1959

Jean Jaurès. *L'esprit du socialisme. Six études et discours*, préface de Jean Rabaut, Gonthier, « Médiations », 1964

Jean Jaurès. *La classe ouvrière*, textes rassemblés et présentés par Madeleine Rebérioux, Maspero, « Petite collection », 1976

Jean Jaurès, *Anthologie*, présentée par Louis Lévy (Calmann-Lévy, 1946), rééditéé avec une préface de Madeleine Rebérioux, Calmann-Lévy, 1983

Jean Jaurès (1859-1914). « L'intolérable », présenté par Gilles Candar, Les Éditions Ouvrières, 1984

Jean Jaurès. *Libertés*, présentation de Gilles Candar, préface de Madeleine Rebérioux, postface d'Yves Jouffa, Ligue des Droits de l'Homme et EDI, 1987.

L'enfant du Tarn

Sur le rapport de Jaurès à son pays natal et à l'espace français, bien étudié aujourd'hui, voir Maurice Andrieu, *Jean Jaurès citoyen adoptif de Toulouse*, Privat, 1987 (anecdotique) ; Alain Boscus et Rémy Cazals, *Sur les pas de Jaurès. La France de 1900*, Privat, 2004 (colloque pionnier) ; Jean Sagnes, *Jean Jaurès et le Languedoc viticole*, Les Presses du Languedoc et Max Chaleil, 1988 (bonne vue d'ensemble) ; le dossier « Les 'petites patries' dans la France républicaine », *Jean Jaurès. Cahiers trimestriels*, 152, avril-juin 1999 (essentiel)

Du philosophe au politique

Les travaux récents sont signalés dans le dossier « Jaurès philosophe », *Jean Jaurès. Cahiers trimestriels*, 155, janvier-mars 2000. Partir de deux synthèses, à comparer à quarante ans d'écart : André Robinet, *Jaurès et l'unité de l'être*, Seghers, 1964 et l'avant-propos d'Annick Taburet-Wajngart du tome III, « Philosopher à trente ans », des *Œuvres de Jean Jaurès, op. cit.* Sur « l'arrière-pensée » voir, classiques, Henri Guillemin, *L'arrière-pensée de Jaurès*, Gallimard, 1966 et Madeleine Rebérioux, « Socialisme et religion : un inédit de Jaurès (1891) », chap. 14 de ses *Parcours engagés dans la France contemporaine*, Belin, 1999 puis, neuf et stimulant, Vincent Peillon, *Jean Jaurès et la religion du socialisme*, Grasset, 2000. Mise en perspective comparatiste dans Frédéric Worms dir., *Le moment 1900 en philosophie*, Lille, Presse universitaires du Septentrion, 2004.

Le soubassement philosophique de son action politique est bien dit par Bruno Antonini, *État et socialisme chez Jean Jaurès*, L'Harmattan, 2004.

Le dreyfusard

Jaurès dans l'Affaire a été bien étudié. On dispose de l'ensemble de ses textes, rassemblés et commentés aux tomes VI et VII des *Œuvres* par Éric Cahm ; de la réédition des *Preuves*, La Découverte, 1998, par Jean-Denis Bredin, Madeleine Rebérioux et Vincent Duclert ; d'un colloque de l'Assemblée nationale, « Le Parlement et l'affaire Dreyfus (1894-1906). Douze années pour la vérité »,

Jean Jaurès. Cahiers trimestriels, 147, 1998, qui reproduit les débats à la Chambre.

Des ensembles d'articles et des actes de colloques ou de journées d'études ont été publiés dans *Jean Jaurès. Cahiers trimestriels* :

137, juillet-septembre 1995, « L'affaire Dreyfus, histoire »

138, octobre-décembre 1995, « Jaurès, les socialistes et l'affaire Dreyfus »

141, juillet-septembre 1996, « Questions de justice, de l'affaire Dreyfus à la guerre d'Algérie »

151, janvier-mars 1999, « *J'accuse !* et *Les Preuves* »

154, octobre-décembre 1999, « L'affaire Dreyfus, histoire (II) ».

Le contexte général et l'action de Jaurès sont rappelés dans :

Vincent Duclert, *L'affaire Dreyfus*, La Découverte, 1994 (précis indispensable)

Jean-Denis Bredin, *L'Affaire*, Fayard/Julliard, 1993 (le meilleur récit)

Michel Drouin dir., *L'affaire Dreyfus de A à Z*, Flammarion, 1994 (encyclopédique)

Pierre Birnbaum dir., *La France de l'affaire Dreyfus*, Gallimard, 1994 (percutant).

L'historien

Sur l'historien, et surtout de la Révolution française, sur sa place et son rôle dans l'historiographie, partir de l'article de Vincent Duclert dans Christian Amalvi dir., *Dictionnaire biographique des historiens français et francophones*, La Boutique de l'histoire, 2004, p. 163-165. Puis consulter :

Maurice Dommanget *et al.* dir., *Jaurès historien de la Révolution française*, Castres, Centre national et musée Jean-Jaurès 1989 (recueil d'articles), 1989

Valérie LECOULANT, *Jaurès, historien de la Révolution française*, Montreuil, Musée de l'histoire vivante, 1993 (la seule étude complète)

Christine PATRARD et Michel VOVELLE dir., *Héritages de la Révolution française à la lumière de Jaurès*, Aix, Publications de l'université de Provence, 2002 (l'histoire de la « Commission Jaurès »)

« Illustrer la Révolution », *BSEJ*, 122, 1991.

Les meilleurs textes ont été réédités : l'*Histoire socialiste de la Révolution française, op. cit.* ; *La guerre franco-allemande (1870-1871), op. cit.* ; « Le bilan social du XIXe siècle », *BSEJ*, 77, avril-juin 1980

LE MARXISTE ET LE SOCIALISTE

Mise au point de Madeleine REBÉRIOUX dans *Histoire du marxisme contemporain*, t. III, UGE, « 10-18 », 1977, p. 205-245, repris dans ses *Parcours engagés dans la France contemporaine, op. cit.*

Vues générales dans :

Jean-Jacques BECKER et Gilles CANDAR dir., *Histoire des gauches en France*, vol. 1, *L'héritage du XIXe siècle*, La Découverte, 2004 (la meilleure mise au point)

Alain BERGOUNIOUX et Gérard GRUNBERG, *Le long remords du pouvoir. Le Parti socialiste français (1905-1992)*, Fayard, 1992

Monique CANTO-SPERBER, *Les règles de la liberté*, Plon, 2003

Jacques DROZ dir., *Histoire générale du socialisme*, vol. 2, *de 1875 à 1918*, PUF, « Quadrige », 1997

Jacques JULLIARD, *Autonomie ouvrière. Études sur le syndicalisme d'action directe*, Le Seuil, 1988

Tony JUDT, *Le marxisme et la gauche française (1830-1981)*, Hachette, 1987

Georges LEFRANC, *Jaurès et le socialisme des intellectuels*, Aubier, 1968

Daniel Lindenberg, *Le marxisme introuvable*, Calmann-Lévy, 1975

Daniel Lindenberg et Pierre-André Meyer, *Lucien Herr. Le socialisme et son destin*, Calmann-Lévy, 1977

Jacques Moreau, *Les socialistes français et le mythe révolutionnaire*, Hachette Littératures, 1998

Rolande Trempe, *Les mineurs de Carmaux (1848-1914)*, Les Éditions Ouvrières, 1971

Jean Verlhac, *La formation de l'unité socialiste (1898-1905)*, L'Harmattan, 1997

Claude Willard, *Les guesdistes*, Les Éditions sociales, 1965

Michel Winock, *Le socialisme en France et en Europe (xixe-xxe siècle)*, Le Seuil, 1992

« Tendances non jaurésiennes du Parti socialiste », *BSEJ*, 50, juillet-septembre 1973.

L'orateur, le journaliste et l'écrivain

Voir d'abord le tome XVI des *Œuvres de Jean Jaurès*, *op. cit.* Puis :

Alain Boscus, *Jean Jaurès orateur*, Albi, Éditions d'Art vivant, 2002

Camille Grousselas, *Jaurès écrivain*, Nanterre, Editions européennes Érasme, 1990

Michel Launay, *Jaurès orateur, ou l'oiseau rare*, Jean-Paul Rocher, 2000

Pierre Muller, *Jaurès. Vocabulaire et rhétorique*, Klincksieck, 2000.

Début d'étude comparée sur son éloquence dans Fabrice d'Almeida dir., *L'éloquence politique en France et en Italie de 1870 à nos jours*, 1re partie, Rome, École française de Rome, 2001.

Il n'y a pas d'études sur son activité parlementaire hors tribune, ni sur sa passion pour la presse et sa pratique du journalisme. Seul a été bien étudié son rôle à *L'Humanité* : voir, à jour, le chapitre 1 de Christian DELPORTE, Claude PENNETIER, Jean-François SIRINELLI et Serge WOLIKOW dir., L'Humanité *de Jaurès à nos jours*, Nouveau Monde éditions, 2004.

LE LAÏQUE ET « L'INSTITUTEUR »

Aucune étude d'ensemble, hormis des articles cités au chapitre 10. Voir cependant Jean BAUBEROT, *Vers un nouveau pacte laïque ?*, Le Seuil, 1990, chap. 4 ; Jean-Marie MAYEUR, *La séparation des Églises et de l'État*, Les Éditions de l'Atelier, 2005 ; Jean-François CHANET, *L'école républicaine et les « petites patries »*, Aubier, 1996 ; Mona OZOUF, *L'École, l'Église et la République (1871-1914)*, Le Seuil, 1994.

LE PATRIOTE ET L'INTERNATIONALISTE

Il n'existe pas de synthèse sur la vision qu'avait Jaurès de l'Europe, de l'outre-mer et du monde. Et pas davantage sur son rôle au sein de l'Internationale socialiste. Voir, à défaut, ses *Pages choisies. Contre la guerre et la politique coloniale*, par Madeleine REBÉRIOUX, *op. cit.* ; Madeleine REBÉRIOUX, « France : diversité des options à la veille de la guerre », dans Georges HAUPT dir., *La IIe Internationale et l'Orient*, Cujas, 1967 ; Georges HAUPT, *Le Congrès manqué. L'Internationale à la veille de la Première Guerre mondiale*, Maspero, 1965 ; Ulrike BRUMMERT dir., *Jean Jaurès, la France, l'Allemagne et la deuxième Internationale*, Tübingen, Günter Naar Verlag, 1989.

L'essentiel a toutefois été dit à l'occasion de trois colloques : *Actes du colloque Jaurès et la Nation, op. cit.* ; « Jaurès et la Paix », *BSEJ*, 99, octobre-décembre 1985 ; « Jaurès et la Défense nationale », *op. cit.*

La haine et l'assassinat

Outre les travaux classiques de Jean-Jacques Becker (partir de *L'Année 14*, Armand Colin, 2004), voir :

Actes du colloque Jaurès et la Nation, op. cit (essentiel)

François Broche, *Les grands crimes politiques. Jaurès*, Balland, 1978

Alexandre Croix, *Jaurès et ses détracteurs*, Éditions du Vieux Saint-Ouen, 1967

Sophie Darblade-Mamouni, *L'affaire Villain*, De Cecchi, 1999

François Fonvieille-Alquier, *Ils ont tué Jaurès !*, Robert Laffont, 1968

Marcel Le Clère, *L'assassinat de Jean Jaurès*, Mame, 1969

Jean Rabaut, *Jaurès et son assassin*, Éditions du Centurion, 1967, puis *Jaurès assassiné*, Bruxelles, Complexe, 1984 (les meilleures mises au point).

La mémoire et ses enjeux

Aucune étude d'ensemble du souvenir de Jaurès, de l'évolution des témoignages, des commémorations, des rivalités politiques autour de sa statue et de son culte. On trouve cependant des indications et des bibliographies dans Maurice Agulhon, *Histoire vagabonde*, tome I, Gallimard, 1988 (les monuments) ; le colloque *Jaurès et la classe ouvrière, op. cit* ; Madeleine Rebérioux et Gilles Candar dir., *Jaurès et les intellectuels, op. cit.* (en particulier Jean-Pierre Rioux, « Lectures posthumes de Jaurès ») ; Jean-Pierre Rioux, *Tombeaux pour la gauche*, Presses de Sciences Po, 1996 ; *BSEJ* et *Jean Jaurès. Cahiers trimestriels, passim.*

La France au temps de Jaurès

Maurice Agulhon, *La République, de Jules Ferry à François Mitterrand (1880-1995)*, t. V de *Histoire de France*, Hachette Littératures, 1997

Suzanne Berger, *Notre première mondialisation. Leçon d'un échec oublié*, Le Seuil, 2003

Serge Berstein et Michel Winock dir., *L'invention de la démocratie (1789-1914)*, dans *Histoire de la France politique*, Le Seuil, 2002

François Caron, *La France des patriotes*, t. V de *Histoire de France*, Fayard, 1998

Jean-Claude Caron, *La nation, l'État et la démocratie en France de 1789 à 1914*, Armand Colin, 1995

Francis Demier, *La France du XIXe siècle (1814-1914)*, Le Seuil, 2000

Claude Digeon, *La crise allemande de la pensée française (1871-1914)*, PUF, rééd. 1992

Annie Kriegel et Jean-Jacques Becker, *1914. La guerre et le mouvement ouvrier français*, Armand Colin, 1964

Jean-Marie Mayeur, *Les débuts de la IIIe République (1871-1898)*, Le Seuil, 1973

Christophe Prochasson, *Les années électriques (1880-1910)*, La Découverte, 1991 ; *Les intellectuels, le socialisme et la guerre (1900-1938)*, Le Seuil, 1993

Madeleine Rebérioux, *La République radicale ? (1898-1914)*, Le Seuil, 1975

Jean-Pierre Rioux et Jean-François Sirinelli, *Le temps des masses. Le XXe siècle*, tome IV de l'*Histoire culturelle de la France*, Le Seuil, « Points-Histoire », 2005.

Index

Table

Composition et mise en page

NORD COMPO
multimédia

Achevé d'imprimer en décembre 2005
à Saint-Amand-Montrond
par **Bussière**
pour le compte des Éditions Perrin
76, rue Bonaparte
Paris 6e

N° d'édition : 1998. – N° d'impression : 054738/1.
Dépôt légal : mars 2005.
Imprimé en France